ESSAI

SUR

L'HISTOIRE LITTÉRAIRE

DU MOYEN AGE.

PARIS. — IMPRIMERIE DE CASIMIR,
rue de la Vieille-Monnaie, n° 12.

ESSAI

SUR

L'HISTOIRE LITTÉRAIRE

DU MOYEN AGE,

PAR

J. P. CHARPENTIER (DE S^t.-PREST),

PROFESSEUR DE RHÉTORIQUE
AU COLLÉGE ROYAL DE SAINT-LOUIS.

> Toute la suite des hommes, pendant
> le cours de tant de siècles, doit être
> considérée comme un même homme qui
> subsiste toujours, et qui apprend con-
> tinuellement. (PASCAL.)

PARIS.

MAIRE-NYON, LIBRAIRE,

QUAI CONTI, N° 13.

—

1833.

ESSAI

SUR

L'HISTOIRE LITTÉRAIRE

DU MOYEN AGE.

CHAPITRE PREMIER.

Plan de l'ouvrage.

Les siècles ont leur fatalité. Souvent ils sont moins appréciés par leurs efforts que par leurs résultats. Si la fortune leur manque, malgré leurs travaux et leurs mérites, ils demeurent obscurs. Soit injustice, soit nécessité de notre nature, qui, dans sa courte durée, ne peut tenir compte que des succès, l'histoire ne consacre que certaines époques; dans le labeur de la pensée, dans les découvertes de la science, la gloire, bien souvent, échappe à l'inventeur. Il en est des siècles intermédiaires dans les progrès de l'intelligence humaine, comme des époques de transitions morales et politiques : ils disparaissent et s'effacent dans les siècles qui les suivent et qu'ils ont enfantés. Le temps des réparations est venu. L'histoire, qui, mieux inspirée, a, depuis quelques années, recueilli avec un religieux patriotisme, et fait revivre les sacrifices obscurs et généreux qui, aux treizième et quatorzième siècles, ont reconquis les libertés municipales, envahies et détruites par la féodalité; l'histoire doit aussi son intérêt et ses veilles à ces luttes non moins pénibles, non moins hardies, qui, dans des siècles d'ignorance et de malheurs, ont maintenu la dignité de la pensée, et répandu ces lumières qui plus tard ont lui sur nos têtes.

Si donc il était une époque qui, long-temps négligée, laissât encore, malgré les travaux dont, en ces derniers temps, elle a été le texte, des faces non observées, des aspects inconnus, des monumens précieux à mettre en lumière, une telle époque exciterait sans doute nos sympathies; or, tel est le moyen âge.

Ce ne sont pas là, toutefois, ses seuls titres à notre intérêt. Il nous touche de plus près et par plus de points. Tous tant que nous sommes, peuples modernes, nous venons du moyen âge. Là, sont les racines de notre langage, de notre droit, de nos institutions, de nos mœurs, de nos croyances. L'étudier, c'est donc nous occuper de nous-mêmes, et contempler notre pensée, nos opinions d'aujourd'hui, dans leurs premiers développemens et sous leur forme native. Aussi le moyen âge est-il devenu l'intérêt et l'étude, j'ai presque dit la mode de nos jours. La gravure, le dessin, tous les arts, tous les objets de luxe et même d'utilité domestique, l'imitent ou le contrefont.

D'où vient ce mouvement de la pensée, cette sympathie de l'imagination, pour une époque si long-temps abandonnée? Ce retour vers le moyen âge est-il le caprice d'un moment? une étude sans motif et sans but, sans autre attrait qu'une curiosité impatiente, qui s'en va fouillant les obscurités des temps passés, reconstruisant à plaisir, et souvent sur des bases fausses, un monument dégradé, mais dont les ruines mêmes nous étonnent et nous accablent? Non : à cette passion si vive et si profonde il y a une autre cause, et plus puissante.

Le moyen âge, c'est nous. Nous, avec nos opinions inquiètes, notre société ébranlée, notre besoin et notre dédain de croyances. Aujourd'hui, comme au moyen âge, le monde demande à la science un avenir, qu'il pressent et qu'il ignore. C'est, n'en doutons pas, ce rapport si puissant entre nous et le moyen âge qui fait notre enthousiasme pour lui. Générations intermédiaires, ouvriers mystérieux dans une œuvre que nous ne verrons pas s'accomplir, nous y apportons notre pierre et nos sueurs; mais du monument futur nous ne connaissons ni le plan ni l'harmonie. Le ciment du moyen âge, la foi nous manque.

D'ailleurs, cet intérêt que le moyen âge réclame historiquement, il le mérite par lui-même, par ses créations intellectuelles. Long-temps on a semblé croire que l'esprit humain, stérile, endormi pendant dix siècles, s'était, tout à coup, réveillé au seizième siècle, avec la science toute faite. Il n'en va pas ainsi. Dans le monde intellectuel ainsi que dans le monde physique, la nature suit une marche constante et régulière : les idées ont leur développement progressif. L'esprit humain travaille quelquefois en silence, obscur, inaperçu; mais il travaille. Le moyen âge, loin d'être une lacune, est un progrès. Désert stérile en apparence, et couvert de ronces, il a réellement été fécond. Comme les autres siècles, il a poursuivi et accompli sa tâche, laborieuse, confuse, mais utile encore et glorieuse : c'est le tableau dont nous voulons esquisser quelques parties.

Au quatrième siècle, la littérature romaine disparaît et périt dans les ruines de l'empire et du paganisme. Une autre littérature s'élève avec une autre société, avec une croyance nouvelle. Ainsi, dès nos premiers pas dans le moyen âge, nous avons un double spectacle, un double intérêt.

Telle est la face de la littérature du quatrième au sixième siècle. Alors commence une seconde décadence, plus rapide, plus complète que la première. La littérature profane n'est plus représentée que par quelques essais d'une poésie misérable ; la littérature sacrée, par des légendes, curieuses sans doute par la foi populaire qui s'y attachait, et qu'elles nourrissaient en la charmant, mais plus faibles encore, plus barbares de style.

Charlemagne paraît ; un progrès rapide marque son règne, et prépare, bien qu'un instant ralenti, la renaissance des lettres.

Bientôt brille au midi une lumière nouvelle. Le génie de l'Orient luit sur l'Espagne, se réfléchit sur la Provence et éclate sur l'Italie. Alors, l'esprit humain brise le vieux cachet de la civilisation romaine. Sous l'empreinte antique, sous une culture artificielle, on découvre une végétation native, une littérature populaire, la littérature romane. Nous en suivrons les premiers essais dans la poésie des troubadours, et, avec eux, nous déplorerons sa ruine.

Tandis que l'imagination, la plus spontanée, la plus vive, la plus prompte des facultés, se développait avec tant d'éclat, la philosophie et les études sérieuses ne prenaient pas un essor moins hardi. Nous assisterons aux débats et aux triomphes de la scolastique, qui, sous une autre forme, sont la lutte de la liberté contre le pouvoir, de la philosophie contre la théologie; lutte terminée d'abord à l'avantage de Rome, dans la victoire de saint Bernard sur Abailard, mais, plus tard, au profit de l'indépendance philosophique.

Sortis de la France, nous entrons dans l'Italie. Les traditions classiques, dont les faibles rayons, épars en Europe, n'y répandaient que de pâles clartés, là, seront plus vives et mieux conservées. Nous en verrons sortir brillante et soudaine une littérature nouvelle. Puis, à côté d'une poésie jeune, d'une langue moderne, nous rencontrerons l'exil et les travaux d'une littérature ancienne; nous contemplerons, dans ses derniers représentans et dans ses premiers interprètes, cette littérature grecque, belle encore dans ses dégradations, et conservant la grâce et l'élégance, sinon l'inspiration et la pureté. Une légère esquisse de la formation des idiomes de l'Espagne et de l'Angleterre achèvera ce tableau littéraire du moyen âge.

Ainsi deux mondes, et deux littératures différentes; la barbarie de la civilisation à côté de la barbarie de l'ignorance; l'antiquité classique, et les origines des idiomes modernes; l'unité religieuse, et les premiers essais de la philosophie, voilà le fond sur lequel se dessineront ces études historiques et littéraires, qui, bien que détachées de nos *études sur la littérature romaine*, en forment la suite et le complément nécessaire.

Nous allions ainsi cheminant au milieu des obscurités, des ruines, des merveilles du moyen âge; tout entier à notre travail, occupé d'en vaincre les nombreux obstacles, lorsque, sur notre route, nous en avons rencontré un que nous n'avions pas prévu. M. Villemain a fait, de la littérature du moyen âge, le sujet de son cours en 1829-1830. Un tel joûteur nous devait détourner d'essayer ce qu'il a si bien exécuté. Aussi notre travail n'eût pas vu le jour, s'il fût né uniquement sous les inspirations du célèbre professeur : il les suit, parce qu'il les avait devancées. Cet *Essai* était commencé depuis long-temps, et presque achevé[1] avant que M. Villemain eût annoncé qu'il ferait du moyen âge le texte de ses brillantes leçons. L'idée de ce travail est donc nôtre; et cette circonstance, en lui donnant une couleur particulière, une allure différente, lui laissera peut-être aussi une utilité à part; car notre pensée n'a pas été, et partant notre marche n'a pas dû être la marche et la pensée de M. Villemain.

Deux influences ont agi sur le moyen âge : l'une, venue de l'antiquité, vit au sein des cloîtres; elle forme un monde savant à part, qui a son langage à lui, ses idées, ses formules; l'autre, indice d'une société nouvelle, éclate au sein du peuple, dans un idiome informe, mais naïf et vierge. La première se trahit surtout du sixième au douzième siècle; née au dixième siècle, la seconde ne se manifeste puissante et complète qu'au treizième. M. Villemain a eu principalement pour but de reproduire cette seconde influence, et nous, la première; son cours commençait où finit notre ouvrage; ce

---

[1] Voir le 5ᵉ volume du *Lycée* (page 694), dans lequel nous avons inséré notre chapitre sur Dante.

qui, pour lui, forme le fond, pour nous est l'accessoire : son point de départ est notre terme.

Cependant, comme au moyen âge tout se mêle et se tient, nos travaux ont dû quelquefois, bien que marchant à côté et à l'insu l'un de l'autre, mais dans la même route, se rencontrer. La littérature romane est venue se placer sous notre plume, comme sous la sienne la littérature savante. Mais nous l'avons considérée d'un point de vue différent. M. Villemain y a surtout cherché une étude littéraire, nous, une expression de mœurs ; il a donc dû s'attacher aux détails, nous aux traits généraux.

Nous devions dire ces différences ; si elles ne la justifient, elles expliqueront la publication de notre travail, malgré les périls d'une telle concurrence.

D'autres ouvrages sont venus encore faciliter notre travail, en le décourageant peut-être. M. Guizot, dans cette analyse savante et animée qu'il a faite du moyen âge, a jeté sur la littérature du sixième siècle, sur les efforts de Charlemagne pour dissiper les ténèbres de l'ignorance, ces grands traits de lumière dont il a éclairé l'histoire politique. Nous avons profité de ses recherches.

Enfin M. de Châteaubriand, dans ses *Études*

historiques, a aussi répandu çà et là sur quelques faits qui se rattachent à la marche de l'esprit humain pendant le moyen âge, ces hautes et profondes pensées qui ne s'oublient plus.

Un mot maintenant sur notre travail.

De toutes les littératures du Nord, la littérature anglaise est la seule qui soit entrée et qui ait dû entrer dans notre cadre. Nous voulions peindre seulement le progrès de l'intelligence humaine dans les nations filles de l'empire et de l'idiome latins. Ce plan et aussi notre ignorance des littératures du Nord nous avertissaient de nous renfermer dans la France, dans l'Italie, dans l'Espagne. L'Angleterre, par l'invasion des Normands, par la conquête de Guillaume, par ses poètes anglo-normands, par les élémens du latin mêlés dans sa langue aux élémens teutoniques, l'Angleterre se rattachait à notre sujet : nous avons pu, nous avons dû l'y comprendre.

Nous n'avons point voulu, après M. de Sismondi, après M. Raynouard, refaire l'histoire de la littérature romane ; nous n'avons pas songé à abréger l'*Histoire littéraire des Bénédictins ;* le temps et le savoir nous eussent manqué. Dans le désert immense et fécond du moyen âge, nous n'avons pas eu la prétention de tout parcourir, de tout peindre. Nous avons tâché seulement de défricher quelques coins de terre négligés, quelques sites inconnus, quelques beautés enfouies. Nous avons surtout essayé de saisir et de fixer le progrès moral et intellectuel de cette grande préparation des temps et des peuples modernes : tel a été notre but, telle l'unité philosophique de notre ouvrage. Puissions-nous avoir fait passer dans nos expressions, dans nos idées, un peu de la conviction admirable, de l'enthousiasme sublime du moyen âge ! car l'enthousiasme, c'est la vie : la terre est déserte pour qui n'y aperçoit pas le ciel.

Nous avons été cherchant partout cette vie, ce progrès de l'esprit humain, les demandant surtout au cloître, où ils se sont développés pendant six siècles. De toutes ces recherches, nous nous sommes réservé les lenteurs et les ennuis. Nous aurions pu multiplier les citations ; nous avons cru que là, comme ailleurs, la modération était encore la sagesse. Si nous sommes arrivé à la généralisation, ce n'est que par une pénible analyse.

Toutefois, malgré nos recherches, nous sentons ce qui doit manquer à notre ouvrage : pour nos imperfections, nous demandons les conseils de la critique ; pour nos peines, sa justice.

CHAPITRE II.

Origines du moyen âge.

Les premières années d'un siècle ne lui appartiennent pas; elles ne sont que le prolongement et l'écho du siècle qui le précède, et qui achève en quelque sorte de mourir dans la couleur indécise du siècle qui le remplace. Ainsi des grandes époques de l'esprit humain : elles ne se peuvent bien comprendre et expliquer que par les temps qui les ont préparées, et dont elles sont l'ouvrage. Il est donc nécessaire, pour bien saisir et contempler le moyen âge, de porter nos regards en arrière, et de remonter au-delà; il en faut étudier la naissance dans la vieillesse de l'empire romain, et dans la disposition des esprits à cette époque de lutte entre le paganisme mourant et le christianisme plein de jeunesse et d'avenir. Avec le christianisme, en effet, commence le moyen âge, comme avec Constantin la royauté moderne.

Le premier trait caractéristique du moyen âge, le besoin de croyances et aussi de superstitions, se trahit dès le deuxième siècle, au sein même de la société païenne. Alors s'empare de tous les esprits une singulière curiosité, une passion nouvelle pour les sciences occultes. Apulée nous a révélé tous ces mystères bizarres, qui semblaient annoncer, en les dénaturant, les habitudes ascétiques, les pratiques rigoureuses et sombres qui firent du moyen âge une longue expiation : la vie monastique eut son principe dans les initiations philosophiques autant que dans les cérémonies chrétiennes.

Ne peut-on aussi découvrir l'origine de la scolastique et de ses vaines subtilités dans les disputes qui occupaient à Rome l'oisiveté des sophistes grecs ? Graves questions de mots dont Aulu-Gelle nous a laissé les frivoles sujets, et qu'agitait dans les plaisirs du *triclinium* ou dans le silence de ses *villas*, le peuple-roi déchu de sa liberté et chassé du Forum.

Tout allait préparant le monde moderne. Dernier admirateur de la fortune romaine, Plutarque avait vainement essayé de ressusciter les superstitions et les vertus qui valurent à Rome l'empire de l'univers ; les dieux s'en allaient; ce panégyrique de la gloire, du courage et de la sagesse de la ville éternelle, en est l'oraison funèbre.

Moins crédule et plus pénétrant, Lucien a vu cette double ruine; dieux, philosophes, rois, croyances et superstitions, héros et divinités, le monde ancien tout entier, il le livre au ridicule, aux moqueries, aux injures du peuple : Lucien est le Voltaire du paganisme.

Cependant le paganisme, avant d'expirer, tente un dernier effort, mais dans une langue qui n'est pas la langue nationale. L'idiome majestueux qui avait reçu et consacré le génie religieux de la vieille Rome, se sentait impuissant à en défendre les dieux. Julien s'arme du style et du langage de Lucien pour terrasser la secte qui menace et l'empire et la religion. Par un calcul politique, ou par une de ces dernières convictions qui s'attachent aux cultes nationaux, il veut relever des autels renversés et des dieux impuissans. Il oppose aux vertus chrétiennes des vertus artificielles; à la morale de l'Évangile, la morale des écoles d'Athènes et d'Alexandrie : Libanius est le prêtre de cette religion replâtrée.

Bientôt le paganisme vaincu se retire; la philosophie reste seule à lutter contre la religion nouvelle. Alexandrie est le théâtre de cette autre guerre, le rendez-vous de toutes les opinions vaincues, de toutes les misères du monde romain corrompu, auxquelles viennent se joindre les superstitions de l'Orient, mêlées, sous Alexandre, à l'ancienne philosophie grecque. Ces superstitions produisirent le pythagorisme de Plotin, de Jamblique et de Porphyre, qui plus tard se confondit, chez les Arabes, avec la philosophie d'Aristote. Recueillies aussi, dit-on, dans les cellules des moines de l'Orient, grands partisans d'Origène[1], lui-même platonicien, ces diverses opinions formèrent en France le fond des subtilités de la scolastique, qui se composa ainsi de la philosophie de l'Église primitive, des interprétations de l'école d'Alexandrie, et des allégories de l'Orient.

L'école d'Alexandrie fut le dernier dépôt de la philosophie païenne, le dernier combat de la pensée ancienne contre le christianisme; avec elle périt le monde philosophique de l'antiquité. Cette source de la sagesse platonicienne, si long-temps abondante et pure, alla se perdre et tarir dans les plaines de la Perse, avec Diogènes et Hermias, Eulalius et Priscien, Damascius, Isidore et Simplicius [2].

---

[1] Buhl., *Hist. de la Phil.*, t. 1 et 2.

[2] Isidorus, celeberrimæ illius et miserrimæ Hypathiæ conjux, quorum discipuli fuerunt et amici Damascius, Olympiodorus, Hierocles ac Simplicius, omnes pariter ingenio, virtute atque infortuniis illustres, qui secum ipsi antiquitatis decus et libertatem rationis humanæ contumulaverunt,

La littérature latine se décompose avec la société; elle a complètement perdu sa physionomie primitive et originale, si tant est qu'elle en ait jamais eu une. Conservée comme instrument de la parole, comme pensée et comme expression nationale elle n'existait plus. Elle avait passé à d'autres croyances, à un monde moral nouveau, à des peuples qui, tout en la corrompant, lui préparaient une vie nouvelle. A cette époque, la littérature n'est plus latine; elle est africaine, gauloise. Tertullien, saint Cyprien, saint Jérôme, lui communiquent l'âpreté et aussi le feu de leur rude génie. Missionnaires d'une doctrine qui doit conquérir le monde, pour plier le langage à leurs pensées, ils le brisent, créant ainsi, dans leur latin vulgaire et incorrect, les matériaux d'un autre idiome, et l'unité chrétienne.

La littérature latine ne s'effaçait pas seulement sous l'influence du christianisme; elle disparaissait aussi sous la langue grecque, que la translation du siége impérial à Constantinople avait rendue prédominante, de même qu'elle avait mis l'empire d'Orient au-dessus de l'empire d'Occident.

ultimi philosophorum et Græcorum ultimi. (*Procl. præfat. gener. XXII.*—Édit. de M. Cousin.)

Cette littérature grecque elle-même était bien changée. La poésie, vide de pensées et de sentimens, décrivait minutieusement le monde physique à défaut du monde moral qui lui manquait. Musée chantait les amours de Héro et de Léandre; Longus, ceux de Daphnis et de Chloé : amours fades et languissans, auprès de ces luttes morales, de ces passions vertueuses, que la foi avait créées. La prose, pour couvrir sa pauvreté, empruntait les couleurs de la poésie, offrant déjà tous les vices d'un genre faux, dont l'apparition récente n'est pas une nouveauté.

La prose et la poésie, bannies du monde païen et de la littérature profane, devaient cependant se retrouver quelque part. L'éloquence brillait dans les orateurs chrétiens, dans les combats de la parole évangélique contre les attaques de l'hérésie et les persécutions du paganisme. La poésie puisait ses inspirations dans les convictions nouvelles qui sauvaient la société. Saint Grégoire de Nazianze a les hautes qualités du poète. La poésie se nourrissait encore des doutes mêmes qui balançaient l'enthousiasme de la foi nouvelle. Synesius redisait quelques-unes de ces inquiétudes chrétiennes, rêveuses et ardentes, mêlées d'espérance et de découragement, de simplicité et de hardiesse, et qui, alors comme aujourd'hui, troublaient les cœurs les plus paisibles et les plus fermes convictions : chants sublimes et doux, que de nos jours Lamartine a retrouvés, et qui, comme une rosée bienfaisante, ont ranimé les cœurs flétris, et charmé les imaginations inquiètes et désenchantées.

Le génie grec païen, ce génie si éminemment poétique, ne pouvait non plus s'éteindre sans laisser échapper de sa lyre un hymne d'adieu : Proclus est le dernier chantre de Jupiter, et l'école philosophique d'Alexandrie, le dernier foyer de l'inspiration. Proclus est le hiérophante de cette religion de l'imagination et de la pensée, de ce paganisme symbolique, que les philosophes d'Alexandrie opposaient au culte chrétien. L'extase était, suivant Proclus, la condition nécessaire de la philosophie; aussi s'y plongeait-il tout entier, et se vantait-il de jouir du commerce de Dieu et du commerce des intelligences supérieures.

Tout était mûr pour une grande révolution; philosophie, littérature, idiomes, tout tombait. L'antiquité ne vivait plus que dans ce qui n'était pas elle, dans les opinions qui appartenaient au christianisme, et qui, indécises encore et mélangées, allaient se fixer et s'épurer au moyen âge. L'unité de l'empire romain était brisée comme celle du monde intellectuel ; force et majesté, tout s'en allait.

Le cinquième siècle fut le dernier siècle de Rome : les Vandales sont maîtres de l'Afrique, les Lombards de l'Italie, les Visigoths de l'Espagne, les Francs de la Gaule.

Alors, avec l'empire et sous ses ruines, disparaissent les sciences et les lettres. Dispersées par la conquête, elles se réfugient au pied des autels, consolant et protégeant les vaincus, et préparant, quoique obscures et presque éteintes, la grandeur et la force de la pensée moderne, par l'unité et la vie de la pensée chrétienne. Ainsi, au milieu de ces travaux du moyen âge épars çà et là, en Irlande, en Angleterre, en Italie, en France, en Espagne ; dans ces fragmens de l'esprit humain, nous trouverons un centre et un appui, et, sous cette variété et ce désordre apparens, l'ordre et l'unité.

Souvenirs classiques, pensée religieuse, naïveté barbare, tels sont donc les trois caractères du moyen âge, ses trois origines. Par ses études, il se rattache à l'antiquité ; par ses croyances, il est lui-même ; par le sang germanique, il enfante les peuples modernes. Il est le lien du passé, le germe de l'avenir. Il cache les racines de nos lois, de nos mœurs, de nos idiomes. Mais plus qu'aucune autre terre, le sol gaulois a réuni toutes ces influences ; c'est donc là qu'il les faut d'abord étudier.

CHAPITRE III.

Les Gaules. — Leur état intellectuel avant et sous la domination romaine.

La physionomie druidique, le caractère gaulois, furent deux fois atteints et altérés par des influences étrangères : au midi, par l'influence grecque; au nord, par l'influence romaine. On rapporte à l'année 591 avant Jésus-Christ, d'une part, la fondation de Marseille par une colonie de Phocéens; de l'autre, l'invasion de l'Italie supérieure par Bellovèse. Mais ces influences ne furent pas les mêmes. Le Midi fit bientôt revivre les arts de la Grèce, tandis que les conquérans de la haute Italie détruisirent, sur les rives du Pô, la civilisation étrusque [1].

[1] « Anno trecentesimo sexagesimo quarto, Gallos traditur fama, dulcedine frugum maximeque vini, nova tum voluptate captos, Alpes transisse, agrosque ab Etruscis ante cultos possedisse. » (Tit.-Liv., liv. 5.) Deux cents ans avant que les Romains vissent s'accroître leur puissance, les Toscans avaient perdu l'empire de cette contrée, nommée aujourd'hui Lombardie, qui leur fut arrachée par les Gaulois. Ces peuples, poussés par le besoin, et attirés par la douceur de ses fruits et

Le goût des lettres, dans le midi de la Gaule, est attesté par les fables mêmes qui nous en sont restées, et qui forment la seule histoire de ces temps reculés. Mercure, contemporain de Joseph, règne dans les Gaules; Apollon, surnommé Belenus, mot latin formé d'un ancien mot celtique, qui signifie blond, Apollon y avait des temples, dont, au quatrième siècle, se voyaient encore les débris. Minerve était aussi honorée dans les Gaules [1]. Les Gaulois prétendaient à une théologie plus ancienne, plus raisonnable, plus sublime, que celle du paganisme, et antérieure à la philosophie grecque.

De toutes ces sciences, il ne nous reste pas de monumens. Le nom de *bardes*, mot celtique, *chantre* ou *chanteur*, est seul parvenu jusqu'à nous, comme un souvenir de cette haute antiquité de savoir et de poésie. Les bardes étaient les poètes et les musiciens des Gaulois, et les

surtout de son vin, se précipitèrent sur l'Italie, conduits par leur chef Bellovèse, défirent et chassèrent les habitans du pays, s'y établirent, y construisirent un grand nombre de villes, lui donnèrent, du nom qu'ils portaient à cette époque, le nom de Gaule. (MACHIAV., *Disc. sur Tite-Live*, t. 3, chap. 4.)

[1] Deum maxime Mercurium colunt. Post hunc Apollinem, et Martem, et Jovem, et Minervam. (*De Bello Gallic.*, lib. 6, cap. 17.)

précurseurs des troubadours. Les bardes gaulois avaient un caractère différent de celui des bardes germains ; ils formaient un ordre régulier, une classe privilégiée ; ils se confondaient avec les druides, ou plutôt ils étaient les druides eux-mêmes. Les bardes germains, au contraire, avaient une destinée plus libre et plus aventureuse ; ils ne relevaient que d'eux-mêmes et de leur inspiration [1]. Dans les Gaules, les bardes se rattachaient à la classe des prêtres ; en Germanie, à la classe des guerriers. Ils soutenaient contre les prêtres cette lutte que l'esprit libre et guerrier de la Grèce soutint le premier contre l'esprit religieux et despotique de l'Asie ; lutte dont Homère, dans l'*Iliade*, et dans *Iphigénie*, Euripide, nous ont laissé une vive image.

A côté des bardes étaient les *vates* ou *fatistes*, autres poètes moins célèbres. Confondus à tort avec les druides et les bardes, ils en étaient distincts. Leurs fonctions étaient de prendre les auspices, de tirer les augures ; ils offraient aussi des sacrifices et s'occupaient de physique. Ils étaient les représentans de l'influence étrangère dans les Gaules, dont les druides étaient le vrai corps savant.

[1] Tacit., *De Morib. Germ.*

Les druides vantaient leur antiquité. Elle serait, dit-on, contemporaine de celle des Prophètes ou Devins d'Égypte, des Chaldéens de Babylone et d'Assyrie, des Semancées de la Bactriane, des Mages de la Perse, des Gymnosophistes des Indes. Leur autorité était absolue. Seuls en possession de la science, ils formaient le premier ordre de l'État; la noblesse formait le second [1] : hiérarchie qui leur survécut dans le pouvoir des évêques gaulois, et dont les traces étaient manifestes dans l'ancienne constitution politique de la France. On y retrouve le clergé avec le privilége et l'influence de la science religieuse; avec ses assemblées particulières; avec l'exemption du service militaire et des impôts; avec le droit de justice criminelle et civile [2]. Aussi un pieux écrivain [3] a dit que les évêques gaulois étaient des *druides chrétiens*, et les conciles, dans les premiers siècles de la monarchie, de véritables conseils nationaux, où ils jouaient le premier rôle. Les nobles ont aussi la main sur le peuple: Seuls en pos-

---

[1] Cæs., *De Bell. Gall.*, lib. 6, cap. 13.

[2] Religiones interpretantur. — Certo anni tempore considunt in loco consecrato. — Militiæ vacationem omniumque rerum habent immunitatem. — Præmia pœnasque constituunt.

[3] De Maistre, *le Pape*, pag. 24.

session de porter les armes, ils sont, du reste, soumis au pouvoir et à la superstition [1]. Ces deux puissances, la noblesse et les druides, ont fait, pendant le moyen âge, les luttes de la féodalité. La monarchie et le peuple ne sont nés qu'au quinzième siècle; la féodalité, attaquée alors, n'a péri qu'en 89, par le triomphe du tiers-état; jusque-là il n'y avait toujours, comme au temps de César, que deux ordres [2].

Les priviléges des druides étaient immenses: prêtres, théologiens, jurisconsultes, médecins, rhéteurs, orateurs, mathématiciens, géomètres, astrologues, ils tenaient en leurs mains tous les moyens de puissance. Cette confusion de titres a peut-être préparé, ou du moins rendu facile, celle que nous trouvons au moyen âge dans les diverses fonctions du clergé. Mélange de cruauté et de raison, les druides enseignaient l'immortalité de l'âme, et immolaient des hommes [3]. Ils régnaient par la

---

[1] On comprend Clovis fendant de sa hache la tête du soldat qui veut s'emparer d'un vase sacré, par ces mots de César : « Neque sæpe accidit, ut, neglecta quisquam religione, aut capta apud se occultare, aut petita tollere auderet; gravissimumque ei rei supplicium cum cruciatu constitutum est. » (Cæs., lib. 6, cap. 17.)

[2] Qui aliquo sunt numero atque honore, genera sunt duo.

[3] In primis hoc volunt persuadere, non interire animas...

superstition et par la science, les deux grandes dominations ; ils disposaient du présent et de l'avenir. Pour maintenir leur empire par la difficulté et le mystère, les druides n'enseignaient que de vive voix [1]; ils interdisaient la connaissance des choses sacrées. Nulle partie de l'histoire et de la philosophie n'était confiée à l'écriture. Les traditions populaires se conservaient dans des chants ou ballades : de là cette obscurité profonde qui couvre les antiquités littéraires et politiques de la Gaule, détruites, du reste, par la conquête romaine. Un mélange de liberté et d'esclavage, de civilisation et de barbarie, de lumières et de superstitions grossières, de courage et de basses terreurs; fut, dans le peuple, le résultat du pouvoir des druides. La nation gauloise ne pouvait plus être considérée comme barbare, et elle n'était pas encore civilisée.

Les druides régnaient ainsi dans les Gaules, lorsque la littérature et la philosophie grecque y pénétrèrent. Amie du grand jour autant que les druides l'étaient du mystère, cette colonie de philosophes, qui sortit de l'Ionie, déposa

aut pro victimis homines immolant. (Cæs., lib. 6, cap. 14, 16.)

[1] Neque fas esse existimant ea litteris mandare, quod neque in vulgum disciplinam efferri velint.

sur le sol gaulois les germes d'une science véritable [1], un goût plus pur, des mœurs plus douces, et la liberté. Les lois et les coutumes de la Grèce régnèrent dans le midi de la Gaule. Marseille [2], plus heureuse que Carthage, alliait le génie du commerce au génie des lettres. Rivale d'Athènes, comme elle, elle vit les Romains venir chercher les enseignemens de ses maîtres et les beautés de son climat. Unie à Rome par des alliances honorables [3], Marseille devint la Grèce des Romains, et leur province pour les armes ; d'où le nom de *Provence*. Son influence se répandit au loin. Ses colonies bâtirent Agde, Nice, Antibes, Arles, Narbonne, Vienne, Toulouse, Nîmes, Bordeaux.

La Gaule cisalpine, qui alors comprenait la Ligurie, l'Istrie, les provinces voisines en deçà et au-delà du Pô, ne resta pas en arrière de ce grand mouvement. Ainsi Milan, Côme, Bresse, Vérone, Bergame, Trente et Vicence, se ressentirent des influences du Midi et de la Grèce ; influences qui aussi, sans doute, se retrouvèrent dans le réveil de l'Italie moderne. Toutes les Gaules s'éclairèrent à

---

[1] Strab., liv. 4, pag. 181.
[2] Tac., *Agric.*
[3] Semper in externis populo communia vestro
     Massiliam bellis testatur fata tulisse. (Lucain, liv. 3.)

cette brillante et pure lumière du génie grec.

Cependant, en face de ces écoles pleines de la sagesse des Grecs, s'élevèrent des écoles plus nationales. Autun, siége principal des druides, capitale des Éduens, rivalisait avec Marseille. Mais bientôt les druides et leurs sciences disparurent et périrent dans la conquête romaine. Toutefois, les druides ne cédèrent pas sans combat. Retirés dans leurs forêts, ils y maintinrent leur caractère et leur indépendance. Auguste interdit à tout Romain la pratique de la religion druidique; Claude abolit leur culte, qui se réfugia, avec la langue des Celtes, dans les dernières classes du peuple. Les dolmin, le prodigieux monument de Carnac, et de grands ouvrages souterrains [1], sont les seuls monumens qui nous restent de la puissance des druides; quelques noms conservés à des villes ou à des lieux en ont aussi retenu le souvenir [2].

Trois influences donc et trois idiomes dans la Gaule : les idiomes et les influences celtiques, grecques, romaines.

La langue celtique et son origine sont restées enveloppées de ténèbres. Rattachée tour à tour à l'hébreu, au phénicien, à l'idiome des Scythes; considérée par quelques philologues

[1] *Journal des Antiquaires*, tom. 5.
[2] Mont-Dru.

comme une émanation et un débris de la langue primitive ¹, elle a trompé toutes les recherches de la critique. Commune à tous les peuples de l'Occident, elle se retrouve au fond de l'Espagne, de la Germanie, de la Grande-Bretagne. Portée au-delà des Alpes et des deux Pannonies, dans la Grèce et la Macédoine, les Galates la parlaient avec le grec ². Sa nature est inconnue, comme son origine; mais elle se trahit plus particulièrement dans le bas-breton ³. Sous son toit enfumé, le paysan bas-breton en a con-

¹ Belin de Balu, — Latour-d'Auvergne; Origines Gallicæ.

² Hieron., *In præf. epist.* 1 *ad Galatas.*

³ Le breton, débris du celtique, se subdivisait en nombreux dialectes : on les comptait par diocèses, et on pourrait les compter par bourgs, villages et hameaux, selon ce proverbe breton :

Kant bro, kant kis,
Kant parrez, kant ilis :

Cent pays, cent modes, cent paroisses, cent églises.

Ces trois dialectes bas-bretons sont ceux de Tréguier, de Quimper et de Vannes.

Le breton est rude et aspiré.

La terminaison en *rix*, qui signifie *puissant*, terminaison commune aux différentes provinces des anciennes Gaules, doit être considérée comme un débris et une preuve d'une langue primitive commune, la langue celtique. (Lepelletier, *Dict. de la langue bretonne.*— Miorcet de Kerdamet, *Hist. de la langue des Gaulois.*— Picot, *Hist. des Gaulois.*— *Mém. des Inscr.*, tom. 37, page 391.)

servé de nombreux vestiges. Dans une partie de la Grande-Bretagne, le peuple parle encore cette langue, qui, depuis deux mille ans, n'a peut-être pas subi d'altération essentielle. Un autre dialecte celtique s'est maintenu dans le pays de Galles, malgré les lois et le gouvernement anglais, malgré les continuelles relations d'un pays avec l'autre.

On se demande comment cette langue celtique put, dans les Gaules, disparaître si complètement sous la conquête, et ailleurs se conserver. C'est qu'ailleurs elle ne rencontra que des idiomes grossiers comme elle, ou qui même s'en rapprochaient. Dans les Gaules, elle fut étouffée par un idiome savant et vigoureux, auquel plus tard céda la langue des vainqueurs germains eux-mêmes, comme leur rudesse et leur fougue aux lois et à la civilisation romaines. Dans les Gaules, la langue celtique s'effaça donc, et se dut effacer sous le latin. Cependant, au deuxième siècle, d'après le témoignage d'Irénée, évêque de Lyon, et d'après un passage du Digeste[1], on parlait celtique dans les Gaules, ou du moins dans quelques parties; ainsi que le punique en Afrique[2];

[1] Bonamy, *Mém. de l'Acad. des Inscript.*, t. 24, p. 589.
[2] M. Raynouard, *Orig. et form. de la langue rom.*, p. 4. —Div. Aug., *in Confess.*, lib. 1, cap. 14. *Id.*, sermo 168.

suivant même un passage de Sulpice-Sévère [1], passage, du reste, diversement interprété, le celtique vivait encore au cinquième siècle.

La langue grecque, introduite dans les Gaules avec les Phocéens, était plus particulièrement la langue vulgaire de la Gaule narbonnaise. Les Marseillais employaient le grec même dans leurs actes publics; les druides eux-mêmes s'en servirent; les Helvétiens en firent en quelque sorte une langue officielle [2]. Au deuxième siècle, portée de nouveau avec le christianisme dans les Gaules, elle y est la langue de la primitive Église. Dans l'église d'Arles, sous saint Césaire, les laïques comme les clercs chantaient des psaumes, des hymnes et des antiennes en grec et en latin [3].

La langue grecque, nous l'avons vu, sortit du Midi; elle passa dans la Gaule celtique au-delà du Rhône; elle était surtout connue à Lyon et dans d'autres endroits de la Gaule, dans l'Aquitaine, dans la Picardie, dont le patois en offre des traces nombreuses [4].

[1] In vero celtice, vel, si mavis, gallice loquere.

[2] In castris Helvetiorum tabulæ repertæ sunt litteris græcis confectæ. (Cæs., *De Bell. Gall.*, lib. i, cap. 29.)

[3] Benedict., t. i.

[4] Henri Estienne, *Traité de la conformité du langage français avec le grec.* — De là peut-être ces locutions grecques si nombreuses dans la langue française : δημου ανδρα, homme

Aux quatrième et cinquième siècles, la langue grecque était encore entendue à Arles [1]. Les caractères grecs dont se servaient les Gaulois, caractères que, selon quelques auteurs, ils auraient apportés avec eux d'Asie en Europe, mais qu'ils reçurent des Phocéens, se sont conservés au-delà du sixième siècle.

Comme la langue celtique, la langue grecque fut étouffée par le latin, qui, introduit dans les Gaules par la conquête de César, devint en quelque sorte la langue naturelle du pays. Dès le temps de Tacite, les noms de famille adoptés par les personnages importans, à l'imitation des Romains, ont une tournure latine, même dans l'armée indépendante de

---

du peuple (Homère, *Iliade*, lib. 2, v. 198); μακρὰ φίλη, grande amie (Théocrite); καλαμας αυλον, flûte de canne (*Ibid.*); εορτην ποιεῖν, faire une fête; ορθωσαι υμνον (Pind., *Olymp.*, l. 3, v. 5), dresser un contrat, un plan; μυρίαν χαριν, mille grâces (Eurip., *Alc.*, v. 554); επ' ἄμφω καθευδειν, dormir sur les deux oreilles; οφρα ιδης Μενελαον (Hom., *Iliad.*, liv. 4, v. 205), *voir* un malade, en parlant d'un médecin; αιματος εἰς αγαθοιο (*Id.*, *Odyss.*, l. 4, v. 611), vous êtes d'un bon sang; οἰκιας μεγαλης ἦν (Plat., *In Men.*), il était d'une grande maison; θαττον η βαδην (Xenoph., *Hist. Græc.*, v. 4, 53), plus vite que le pas; ἦν αὐτοῖς ειδεναι (Demosth., *De falsâ lege*, 20), c'était à eux de savoir; ποῖ σου ποδα κυκλεις (Eurip., *Oreste*, v. 631), où tournez-vous vos pas? (De Maistre, t. 1, p. 177.)

[1] Benedict., t. 1, p. 56.

Civilis. Perdue dans l'empire du peuple-roi, indifférente aux intérêts politiques, la Gaule chercha dans la littérature et la philosophie une distraction, et la gloire qui lui manquait. Bientôt la jeunesse gauloise parla familièrement la langue de Cicéron et de Virgile. On voit des académies et des prix d'éloquence en divers endroits des Gaules. Sous Tibère, Autun comptait quarante mille étudians, au rapport de Suétone et d'Ausone [1]. Les Gaules furent heureuses sous Constance Chlore, sous Constantin, sous Constantin II et Constant. Quelques lois de ces deux derniers princes, dans le Code théodosien, portent la date de Trèves, Boulogne et Autun. Elles ont surtout pour but d'encourager les lettres. Julien aimait les Gaules. Après en avoir repoussé les barbares, il releva les murailles des villes qui avaient été détruites pendant la guerre. Il orna surtout et embellit Paris, jusque-là ville faible et presque sans nom. Il éleva sur la rive méridionale du fleuve quelques édifices publics, dont les ruines n'ont pas entièrement péri [2]. Les écrivains gaulois furent les dernières illustrations de la

---

[1] Pelloutier, *Hist. des Celtes.*

[2] Le palais des Thermes fut le séjour de quelques rois mérovingiens. Ses débris ont formé le collége de la Sorbonne, le monastère des Mathurins, la rue Saint-Jacques. Ses étages

littérature latine. La poésie trouva dans Ausone un heureux imitateur de l'élégance classique. Son poème sur la *Moselle*, quelques-unes de ses idylles sont bien supérieures à la poésie de son temps. Sous Constance Chlore, les écoles d'éloquence à Autun, dirigées par l'orateur Eumène, brillèrent du plus vif éclat. Au quatrième siècle, un dessin géographique du monde entier ornait les murs de l'école d'Autun. Vingt autres villes gauloises avaient des écoles aussi florissantes. Gratien, fils aîné de Valentinien, élevé par le poète Ausone, pendant un règne de neuf ans ne s'éloigna guère des Gaules, où il publia quelques lois utiles [1], surtout pour encourager la culture des lettres. Sous Honorius même, plusieurs villes s'étaient élevées à une grande population et une grande richesse. Trèves, Aix-la-Chapelle, Strasbourg avaient servi tour à tour de résidence impériale ; l'on y avait construit, à l'imitation de Rome, des palais magnifiques, des

pompeux et ses jardins balancés dans les airs, ont été célébrés par le poète Fortunat. (Lib. 6, cam. 8.)

Saint-Benoît est bâti sur l'emplacement d'un temple de Bacchus ; et, au quatorzième siècle encore, le peuple adorait saint Bacch et fêtait saint Benoît, le jour même où, sous la domination romaine, on célébrait le dieu du vin à l'ombre des treilles de Lutèce.

[1] **Lex** xi.

bains, des cirques et des théâtres. Trèves, chef-lieu de la préfecture des Gaules, se trouvait en quelque sorte la capitale d'un grand empire; Arles, résidence du vicaire propre des Gaules, participait à cette magnificence.

L'invasion des Francs surprit les Gaulois dans cette prospérité, et dans les loisirs de la littérature. La rudesse germanique vint s'attaquer et bientôt céder aux charmes de cette civilisation qu'elle effraya d'abord. Le dialecte des Germains frappait désagréablement les oreilles des jeunes Gaulois, et ils disaient que le son de la lyre bourguignonne faisait fuir les muses épouvantées. Cependant toutes les villes, à l'exception de Marseille, continuèrent à entretenir des écoles célèbres. Sous la domination des Bourguignons, Lyon et Vienne conservèrent les leurs; Bordeaux et Arles fleurirent sous les Visigoths; Clermont, Agen, Périgueux, continuèrent aussi à cultiver les lettres et les sciences. Les fils de Théodoric s'instruisirent aux écoles de la Gaule, s'y adonnèrent à l'étude des lois, et s'y formèrent à l'harmonie d'un plus noble langage.

Cette prospérité des études dans la Gaule, au milieu des invasions successives qui la troublèrent, s'explique par le caractère des conquérans, et aussi par leurs anciennes relations avec l'empire romain. Les Francs, quand ils parurent dans les Gaules, n'étaient plus barbares. Mêlés depuis long-temps aux dignités, à la vie, à la politique romaines, ils y avaient adouci leur primitive âpreté. D'ailleurs, les Francs se séparaient naturellement des autres barbares par des mœurs moins rudes. Les Francs, suivant Procope, se distinguaient par leur politesse et leur urbanité. Agathias leur donne le même éloge [1]. La conquête fut donc tempérée et par le caractère même des vainqueurs, et par la manière dont elle se fit.

Les Francs s'étaient mis en possession de l'empire long-temps avant de déclarer leur avénement. Appelés par les empereurs au commandement des armées, au partage des dignités, ils avaient saisi toutes les avenues du pouvoir : ils ne prirent pas l'empire, ils en héritèrent. La première race ne fut qu'un changement de dynastie, et, sous un nom nouveau, la continuation de la vie et de l'administration

---

[1] Εἰσὶ γὰρ οἱ Φράγγοι, οὐ νομάδες, ὥσπερ ἀμέλει ἔνιοι τῶν βαρβάρων, ἀλλὰ καὶ πολιτείᾳ ὡς τὰ πολλὰ χρῶνται Ῥωμαϊκῇ· ἔχουσι δὲ καὶ ἄρχοντας ἐν ταῖς πόλεσι καὶ ἱερεῖς, καὶ τὰς ἑορτὰς ὁμοίως ἡμῖν ἐπιτελοῦσι, καὶ ὡς ἐν βαρβάρῳ γένει, ἔμοιγε δοκοῦσι σφόδρα εἶναι κόσμιοί τε καὶ ἀστειότατοι καὶ οὐδέν τι ἔχειν τὸ διαλλάττον ἢ μόνον τὸ βαρβαρικὸν τῆς στολῆς καὶ τὸ τῆς φωνῆς ἰδιάζον. (Agathiæ de Francis lib. I, cap. 2.)

romaines. Les Francs laissèrent aux Gaulois leurs positions et leurs honneurs, à la population ses libertés municipales; plus généreux que les Romains, à qui cinq siècles avaient suffi pour détruire complètement l'ancienne société gauloise, avec son langage, ses mœurs, ses lois, sa religion.

Ainsi trois influences ont passé sur la Gaule, et y ont laissé leur empreinte : les druides, le caractère religieux, les Phocéens, l'imagination et les souvenirs de la Grèce, la conquête romaine, la civilisation et les libertés municipales : élémens plus ou moins altérés qui se retrouveront dans les agitations du moyen âge, et qui, avec les débris des trois idiomes celtique, grec, romain, y représenteront les trois anciennes races du sol, détruites ou effacées par l'invasion franque.

Du reste, ce que n'avaient pas fait les Francs, une autre influence le fit. Trèves, Bordeaux, Toulouse, Poitiers, Lyon, Narbonne, Arles, Marseille, Vienne, Besançon, Autun, foyers de la science antique, mais païenne, virent la solitude succéder au bruit et à la foule des auditeurs. La philosophie, la médecine, la jurisprudence, les belles-lettres, la grammaire, l'astrologie, toutes les sciences profanes disparurent devant une science nouvelle, la théologie ; les écoles civiles, devant les écoles cathédrales ou épiscopales [1]. Ces écoles, dont les deux premières furent fondées après l'an 360 par saint Martin, l'une à Ligugé, près Poitiers, l'autre à Marmoutiers, près de Tours, se multiplient au cinquième siècle. Saint Castor, évêque d'Apt, fonde le monastère de Saint-Faustin à Nîmes, et un autre dans son diocèse ; Cassien établit à Marseille celui de Saint-Victor ; saint Honorat et saint Caprais, celui de Lerins, le plus célèbre du siècle, dans l'une des îles d'Hières. S'élevèrent ensuite Condat ou Saint-Claude, en Franche-Comté ; Grigny, dans le diocèse de Vienne : tous asiles ouverts à la religion et à la science ; lumières nouvelles qui devaient éclipser les clartés mourantes des écoles impériales.

[1] Les écoles épiscopales les plus florissantes du sixième siècle au milieu du huitième, furent celles de : 1° Poitiers : il y avait plusieurs écoles dans les monastères du diocèse, à Poitiers même, à Ligugé, à Ansion, etc. ; 2° Paris ; 3° le Mans ; 4° Bourges ; 5° Clermont : il y avait dans la ville une autre école, où l'on enseignait le Code théodosien, circonstance remarquable, et que je ne retrouve pas ailleurs ; 6° Vienne ; 7° Châlons-sur-Saône ; 8° Arles ; 9° Gap. — Les écoles monastiques les plus florissantes à la même époque étaient celles de : 1° Luxeuil, en Franche-Comté ; 2° Fontenelle ou Saint-Vaudrille, en Normandie ; on y vit jusqu'à trois cents étudians ; 3° Sithiu, en Normandie ; 4° Saint-Médard, à Soissons ; 5° Lerins. (M. Guizot, t. 2, p. 118.)

Ces écoles ecclésiastiques furent établies même dans les campagnes ; elles y portèrent la civilisation avec la foi. Cette supériorité des écoles épiscopales sur les écoles civiles était le signe d'une autre révolution ; car non-seulement la science, mais les matières de la science avaient changé. Les questions, d'intellectuelles qu'elles avaient été jusque-là, devinrent morales. D'un côté, on rencontre des grammairiens, des rhéteurs, des abréviateurs, des poèmes descriptifs, des panégyriques, des épithalames, des idylles, des églogues ; de l'autre, des philosophes, des orateurs, des politiques, des traités de morale religieuse, de graves controverses sur la grâce, sur l'immatérialité de l'âme, c'est-à-dire sur les plus grands intérêts de la pensée et de la vie. Ces écrits, qui sont des actions, ne s'adressent point à l'esprit, mais à l'âme ; ils ne donnent pas les règles du style, ils enseignent la conduite de la vie ; ils ne copient pas le passé, ils préparent l'avenir. Dès-lors la pensée n'est plus gauloise ou romaine, elle est européenne ; l'Afrique, la Bretagne, l'Italie, l'Orient et l'Occident se touchent et se répondent ; le moyen âge et l'unité chrétienne commencent.

CHAPITRE IV.

Les Francs dans les Gaules. — Epoque transitoire. — Sidoine Apollinaire. — Grégoire de Tours.

Cependant la littérature et la civilisation romaines chaque jour s'affaiblissaient ; chaque jour, refoulées par la barbarie, elles ne vivaient plus qu'aux extrémités de la Gaule. Vaincues à Vouglé, avec les populations gallo-romaines de l'Aquitaine et de l'Arvernie, dans le dernier combat que ces populations livrèrent pour leur liberté, l'Auvergne leur fut un dernier asile : c'était aussi leur ancien sanctuaire.

Les *Arverni*, habitans de l'Auvergne, prétendaient descendre des Troyens[1]. Leurs principales villes étaient *Nemessus*, depuis *Augustonemetum*, Clermont; et *Gergovia*, sur la montagne de Gergoie, lieu où un *Vercingétorix*, ou chef de guerre, opposa à César une opiniâtre résistance. Sous les Romains, le pays des Arvernes prit un riant aspect: Des vignobles et des châteaux en couronnaient les hauteurs; des moissons couvraient les plaines, aujour-

---

[1] Lucain, liv. 1, v. 47.

d'hui connues sous le nom de Limagne [1] ;
de magnifiques villas y rappelaient l'élégance
de l'Italie. Les campagnes furent romaines
comme les villes. De grandes métairies y furent
établies et exploitées, d'après les procédés de
l'agriculture latine. Ce fut sur ces terres que
l'aristocratie gallo-romaine conserva les derniers vestiges de ce patriciat qu'elle avait perdu
dans l'ordre politique. Célèbre par les beautés
de son climat, le luxe de ses villes, l'Auvergne
l'était encore par ses écoles ; ses rhéteurs et ses
grammairiens étaient fameux ; la langue latine
y devint la langue vulgaire. Cet éclat des lettres ne périt pas entièrement dans les malheurs
de l'invasion. Sous les Visigoths, à Clermont,
on enseignait la rhétorique ; on y étudiait les
ouvrages de Félix Capella [2].

Mais l'Auvergne a dû surtout sa réputation
à Sidoine Apollinaire, dont le père combattit
à Vouglé pour les vieilles libertés gauloises.

---

[1] Teneo territorii peculiarem jucunditatem, teneo æquor illud agrorum, in quo sine periculo quæstuosæ fluctuant in segetibus undæ. Viatoribus molle, fructuosum aratoribus, venatoribus voluptuosum, quod montium cingunt dorsa pascuis, latera vinetis, terrena villis, saxosa castellis, opaca lustris, aperta culturis, concava fontibus, abrupta fluminibus. (SIDOIN. APOLLIN., liv. 4, lettr. 21.)

[2] *Hist. litt. des Bénédict.* — *État des lettres au sixième siècle.*

Les ouvrages de Sidoine Apollinaire sont un mélange d'esprit et de chaleur ; d'élégance et de subtilités. Son style offre, à côté d'une recherche souvent ingénieuse, des tours et des expressions qui déjà trahissent la barbarie; son vers manque même quelquefois à la mesure classique et obligée. Curieux pour la connaissance des mœurs, des usages, des costumes, des origines de ces nations germaniques qui avaient envahi le sol romain, les ouvrages de Sidoine Apollinaire ont cet intérêt qui s'attache à l'étrangeté d'une vie nouvelle et sauvage jetée au milieu de la civilisation, qu'elle dédaigne et contrefait. Ses *lettres* sont une image fidèle et piquante de son siècle, et peut-être du nôtre.

On serait tenté de croire, à ne consulter que l'histoire, que les invasions des barbares ont tout détruit dans les Gaules ; qu'il y règne une ignorance profonde. Il n'en est rien pourtant. La civilisation romaine a été atteinte, mais non anéantie. Resserrée et refoulée dans le Midi, elle y maintient les lois, les municipalités, les mœurs, les arts, les souvenirs de l'Italie. La vie politique et littéraire y est la même. Les élections municipales y vont leur train; seulement elles changent de caractère : elles deviennent ecclésiastiques de civiles qu'elles étaient. Il ne s'agit plus de nommer le décurion, mais l'évêque ; et déjà commencent, ou plutôt se perpétuent, dans cette vie nouvelle, les anciennes corruptions [1], les brigues populaires [2]. A côté de ce mouvement politique, et comme un contraste et un repos, nous trouvons la vie des champs, le soin et le goût des grandes cultures maintenant encore nombreuses dans le Midi. Comme Pline le jeune, Sidoine s'entretient de littérature et de récoltes, et mêle aux préoccupations, aux intérêts littéraires, la peinture de ses champs, de ses vergers. Tout à la fois bel esprit et agriculteur, la campagne lui est un double sujet de luxe descriptif. Mais avant tout, les lettres sont sa passion et son intérêt. Singulière vanité d'un siècle ! Cette époque de Sidoine, qui nous semble à nous si voisine de la barbarie, si pauvre, si stérile, aux yeux de Sidoine elle est riche et brillante. Les grands écrivains ne lui manquent pas. Dans ses contemporains, Sidoine retrouve toutes les gloires de l'antiquité grecque et latine [3].

---

[1] Hic per fragores parasiticos, culinarum suffragio comparatos, apicianis plausibus ingerebatur; hic apice votivo si potiretur, tacita pactione promiserat ecclesiastica plausoribus suis prædæ prædia fore. (Epist. 25, lib. 4.)

[2] Fremit populus per studia divisus; pauci alteros, multi sese non offerunt solum, sed inferunt. (Epist. 5, lib. 7.)

[3] Tenere non abnuit cum Orpheo plectrum, cum Æsculapio

Toutefois, on peut se tromper à ce faux éclat: car toute décadence est insensible, et souvent, en se corrompant, une littérature paraît se rajeunir ou s'étendre; se rajeunir, par des artifices de style, qui brisent la langue et la préparent à la barbarie, mais piquent et réveillent un goût émoussé; s'étendre, en confondant tous les genres, en mêlant toutes les connaissances, et en empruntant à des études opposées des mots bizarres et des images incohérentes. Ainsi fait Sidoine. La corruption, chez lui, n'est pas l'absence, mais l'abus de l'imagination; les mots sont encore latins en eux-mêmes, mais souvent barbares, et toujours forcés dans leur sens; il les tourmente, les détourne de leurs acceptions pour les rendre ingénieux, arrivant à la barbarie du style, comme les peuples à la barbarie de la civilisation, par un excès de politesse.

baculum, cum Archimede radium, cum Euphrate horoscopium, cum Perdice circinum, cum Vitruvio perpendiculum, cum Talete tempora, cum Atlante sidera, cum Zeto pondera, cum Chrysippo numeros, cum Euclide mensuras.—Sentit ut Pythagoras, dividit ut Socrates, explicat ut Plato, implicat ut Aristoteles, ut Æschines blanditur, ut Demosthenes irascitur, vernat ut Hortensius, æstuat ut Cethegus, incitat ut Curio, moratur ut Fabius, dissimulat ut Cæsar, suadet ut Cato, dissuadet ut Appius, persuadet ut Tullius.

(Epist. 3, lib. 12.)

Du reste, la lecture de ses ouvrages, un peu pénible, n'est pas sans agrément. Il y a un vif intérêt dans ce combat douteux de la civilisation et de la barbarie bienfaisante. Ce combat, Sidoine le reproduit fidèlement. Ses lettres nous montrent tour à tour la cour de Théodoric, les magnificences encore éclatantes de l'Italie, la puissance naissante du clergé. Les Francs, les Goths s'y meuvent à côté des Gaulois ; idiomes, mœurs, costumes, se mêlent et s'effacent; déjà, vainqueurs et vaincus se familiarisent et s'adoucissent, les uns, aux arts, les autres, à la conquête [1]. Cependant la nationalité gauloise, bien qu'opprimée, aime à se reconnaître, à se proclamer dans quelques grands courages, dans quelques hommes qui furent longtemps les héros populaires de la race vaincue. Les lettres de Sidoine Apollinaire offrent, du reste, les dernières traces de cette nation gauloise, qui bientôt disparaîtra entièrement, et dont Grégoire de Tours va raconter les désastres et la mort politique. Et cependant, dans Sidoine, elle paraît encore pleine de vie

---

[1] Mitto istic ob gratiam pueritiæ tuæ undique gentium confluxisse studia literarum, tuæque personæ quondam debitum, quod sermonis celtici squamam depositura nobilitas, nunc oratorio stylo, nunc etiam camœnalibus modis, imbuebatur. (Epist. 3, lib. 3.)

et d'avenir, cette nation si occupée d'arts, de littérature, d'élections, de plaisirs et d'affaires ; mais la barbarie triomphe ; et, pour renaître, la Gaule doit périr.

Les *poésies* de Sidoine Apollinaire sont, comme ses *lettres*, précieuses pour la connaissance des événemens et des hommes. Les races nouvelles, que la conquête avait amenées sur le sol gaulois, y revivent avec leurs costumes bizarres, leurs mœurs rudes, leur vague physionomie. La dureté de ces peuples nouveaux semble même passer dans le style de l'écrivain. Forcé de créer, de composer des mots pour exprimer des images nouvelles, des usages et des objets jusque-là inconnus, Sidoine Apollinaire offre, dans ses vers, quelque chose de pittoresque et d'aventureux ; son expression est toujours en relief, et son idée en image : caractère de la poésie barbare, qui distingue, dans les hommes, la forme et non le fond, et qui attache au physique cette variété de nuances que les siècles polis et cultivés demandent aux faces diverses et profondes de la nature morale.

La réputation de Sidoine franchit les Gaules. L'empereur Majorien lui fit élever à Rome, sur la place publique, une statue couronnée de lauriers. Son beau-père, Avitus, avait été proclamé César. L'Auvergne conserva avec soin ces antiques et brillantes traditions de science. Au sixième siècle, on trouve Andarchius, très-savant dans les œuvres de Virgile, les livres de la loi théodosienne et l'art du calcul; à la fin du septième siècle, on cite saint Benet, évêque de Clermont. Ces faibles et précieuses semences restèrent enfouies et stériles sous les ténèbres du huitième et du neuvième siècle ; mais, semblables à ces vastes campagnes de l'Auvergne elle-même, que des montagnes volcaniques couvrirent autrefois de cendres brûlantes et de vagues de feu, au dixième siècle elles reparurent éclatantes et fécondes. Du monastère d'Aurillac sortit Gerbert, qui rapporta dans sa patrie les sciences des Arabes, et sembla annoncer Pascal.

Grégoire de Tours vit cette destruction des lettres, que Sidoine était loin de pressentir. Peu digne d'étude comme écrivain, comme historien, comme témoignage de son époque, Grégoire mérite une haute attention. Représentant d'une croyance qui dominera le moyen âge, d'un pouvoir moral qui doit contenir et vaincre la féodalité, Gaulois et évêque, il a le double patriotisme de la religion et du pays. En lui, surtout, se manifeste cette vertu épiscopale, cette révolution politique, qui, transportant à l'évêque la puissance du sénateur romain, offrit à la race vaincue une protection contre les violences de la conquête. Les premiers pasteurs de nos Gaules n'appartiennent pas moins aux fastes du pays qu'à ceux de l'Église, et leur nom fut consacré par la reconnaissance nationale avant de l'être par la religion.

Grégoire de Tours sépare complètement l'antiquité du moyen âge. Son style, en effet, est moins une dégradation du latin classique qu'une introduction au latin rustique, à cet idiome populaire qui, chaque jour corrompu par les patois du Nord, devait, par ses altérations diverses et sa lente métamorphose, servir de transition et d'élément aux langues modernes du midi de l'Europe. Dans la préface de son Histoire, Grégoire de Tours indique lui-même cette différence et sa cause. Il écrit, dit-il, en un style incorrect et grossier : *Nam philosophantem intelligunt pauci, loquentem rusticum multi :* phrase, ce nous semble, jusqu'ici mal interprétée, et qui ne signifie pas que l'auteur reconnaissait la barbarie de son style, comparé au style classique, mais bien que, pour mieux se faire entendre du peuple, il se servait du seul langage qu'alors le peuple comprît, le *latin rustique*, dès-lors aussi adopté dans les actes publics[1].

Cette distinction est nécessaire pour bien juger les écrits de Grégoire de Tours. Ne voyez point en lui un grossier imitateur de la forme antique, une copie défigurée de la pureté classique, mais ce qu'il est réellement, un précurseur des temps futurs, le représentant de l'idiome et de l'ignorance populaires; alliant la superstition à une érudition mal digérée; exprimant, dans l'âpreté de son style, la rudesse des mœurs barbares; mêlant les dates et les événemens, la naïveté de quelques peintures au désordre de la composition; puis, à travers cette confusion et cette crédulité, laissant échapper quelques souvenirs de science, quelques traditions altérées de l'antiquité. Le titre même de son ouvrage, *Histoire ecclésiastique des Francs*, est un trait de la physionomie de l'époque : il indique un autre ordre d'idées, l'intervention du clergé dans toutes les affaires, et le mélange de la puissance religieuse et militaire.

---

[1] Eodem tempore adeò incultæ jacebant litteræ ut nemo inveniretur qui res gestas litteris commendare valeret, aut si quis eas potiori stylo describere conatus fuisset, inutilis fuisset ejus scriptio, utpote quam plerique non intellexissent. Quæ etiam causa fuit ut leges et ipsa regum nostrorum diplomata eodem prorsùs *stylo rustico* conderentur. (Ruinart, 101. *Collect. des bénédict.*)

Citations et formes de l'Écriture sainte, réminiscences de l'antiquité latine, et peut-être de l'antiquité grecque, histoire de l'Église, histoire politique, guerres, conciles, origines de la monarchie, origines des couvens, catalogue des princes et des évêques, dans cette histoire, tout se presse et se confond.

Continuateur de Grégoire de Tours, Fredegaire débute, comme lui, par la création : c'était alors et ce fut long-temps le point de départ obligé de toute histoire. Ainsi fait Isidore de Séville, ainsi Bède. La chronique de Fredegaire est divisée en cinq livres, dont le cinquième seulement est la continuation de Grégoire de Tours, auquel, du reste, Fredegaire est bien inférieur. La corruption marchait si vite, qu'elle sembla saisir et devancer Fredegaire lui-même dans le cours de son ouvrage. Les bénédictins observent que l'histoire même de Fredegaire est d'un style plus grossier que sa préface. Les continuateurs de Fredegaire achevèrent cette destruction. L'histoire a, chez eux, perdu tous ses caractères ; elle n'est plus qu'un recueil de dates, de souvenirs mal rassemblés : tissu grossier qui, sans cesse, se brise entre leurs mains ; travail matériel, dans lequel la pensée n'entre pour rien.

CHAPITRE V.

Poésie. — Fortunat. — Saint Avite. — Légendes. — Éloquence religieuse. — Pouvoir du clergé.

La poésie, après Sidoine Apollinaire, dégénère, comme l'histoire après Grégoire de Tours; avec cette différence que la poésie, dans ses altérations mêmes, conserva cependant quelques vestiges de correction; soit que la mesure obligée du vers, bien que souvent violée, retienne encore et donne aux mots plus de pureté par la précision de la pensée; soit que l'influence et les traditions italiennes que Fortunat avait reçues à Ravenne, et qui, en Italie, mieux que dans les Gaules, s'étaient maintenues, aient communiqué à sa poésie une vertu qui n'était plus dans la prose. Cette poésie charmait la cour de Sigisbert, qui, lui-même, s'étudiait à reproduire l'élégance latine. Cette poésie est bien faible cependant. Les sujets en sont puérils[1]; le rhythme, mono-

---

[1] Voici les titres de quelques pièces : 8, pièces à sainte Radegonde sur des violettes; 9, sur des fleurs mises sur l'autel; 10, sur des fleurs qu'on lui envoie; quatre pièces pour qu'elle

tone et boursoufflé, retentit comme un écho affaibli de cette versification pompeuse dont Claudien avait, le dernier, bercé la mollesse de Rome décrépite, et la vanité des barbares qui la défendaient après l'avoir vaincue. Quelquefois cependant l'esprit, le mouvement et l'imagination ne lui manquent pas. Il a même d'heureuses inspirations. Le *Vexilla regis* est le prélude, ce semble, de cette poésie religieuse que saint Thomas d'Aquin, et plus tard Santeuil, devaient immortaliser.

Toutefois dans cette absence de littérature, dans cette ruine intellectuelle, on découvre un germe fécond, une œuvre incomplète mais puissante.

Saint Avite, évêque de Vienne, a, dans un poème divisé en trois chants, la *Création*, le *Péché originel*, l'*Expulsion du Paradis*, entrevu une route qu'après lui Milton a parcourue avec plus d'éclat, mais qu'il n'avait peut-être pas eu la gloire d'ouvrir le premier.

Plus ou moins faible, cette poésie n'était du reste qu'une imitation, un souvenir clas-

---

boive du vin; 11, à une abbesse sur des fleurs; 13, sur des châtaignes; 14, sur du lait; 15, *idem*; 16, sur un repas; 18, sur des prunelles; 19, sur du lait et autres friandises; 20, sur des œufs et des prunes; 22, sur un repas; 23, *idem*; 24, *idem*; 25, *idem*. (M. Guizot, tom. 2, 219.)

sique appliqué à des sujets chrétiens. A côté d'elle, il y avait une autre poésie, jeune et naïve, pleine d'imagination, et de fraîcheur. Celle-ci éclate dans les vies des saints, dans les légendes populaires qui, jusqu'au neuvième siècle, composèrent le fond de l'instruction, des récits et des croyances vulgaires : vaste texte à de merveilleuses fictions ; épopées éparses çà et là dans les annales de l'Église et dans les chroniques, et dont on retrouve, ce nous semble, des fragmens dans Grégoire de Tours, comme dans Tite-Live on découvre les membres de l'épopée romaine.

Ces légendes avaient deux caractères distincts : elles étaient gauloises ou anciennes, franques ou nouvelles; elles se composaient de souvenirs chrétiens et de fictions germaniques. Pieuses et savantes dans le midi; dans le nord, sauvages et aventureuses; empreintes ici de traces grecques et latines, de teintes bibliques et de crédulités locales; là, de rêveries septentrionales, du souffle des forêts, de tous les accidens de la vie sauvage.

Ces légendes, ces vies des saints, dont le nombre va à plus de vingt-cinq mille, sont la vraie poésie des sixième et septième siècles ; l'expression libre, variée, piquante, de la vie populaire. Elles charmaient, elles nourrissaient la piété, qui les créait, qui chaque jour y ajoutait des pages merveilleuses, qui y trouvait ses consolations et sa force, au milieu de cette vie rude et étroite, de ce présent terrible que lui avait fait la conquête.

Le septième siècle, en apparence si stérile, si sombre, a vu aussi commencer le grand œuvre du moyen âge, la régénération du peuple; l'égalité, par l'Évangile; la puissance religieuse, par la parole.

Alors, en effet, grandit, se développe, éclate la prédication chrétienne, savante et populaire, rude et hardie: double éloquence dont saint Césaire, évêque d'Arles, et saint Colomban, évêque de Luxeuil, sont les représentans.

La première se manifeste en commentaires des livres saints : commentaires historique, philosophique, allégorique, moral; elle se répand en sermons, en homélies, en instructions : c'est le travail du clergé régulier et des évêques. L'autre, vague, ardente, soudaine, éclate par inspiration, au hasard, par instinct; elle se mêle à la vie du peuple; elle s'en émeut; elle s'en échauffe. Libre envers les puissans du siècle, elle les réprime durement; elle humilie en eux la force brutale qui domine la société. Retirée au sein des forêts, ou dans la cabane du serf, elle en sort pour effrayer les palais et jeter au milieu des joies coupables du crime et de l'adultère, des paroles de malédiction [1]. Son action est irrégulière, désor-

[1] La quatorzième année du règne de Théodoric, la réputation de saint Colomban s'était accrue dans les cités et dans toutes les provinces de la Gaule et de la Germanie. Il était tellement célébré et vénéré de tous, que le roi Théodoric se rendait souvent auprès de lui, à Luxeuil, pour lui demander avec humilité la faveur de ses prières. Comme il y allait très-souvent, l'homme de Dieu commença à le tancer, lui demandant pourquoi il se livrait à l'adultère avec des concubines, plutôt que de jouir des douceurs d'un mariage légitime, de telle sorte que la race royale sortît d'une honorable reine, et non pas d'un mauvais lieu. Comme déjà le roi obéissait à la parole de l'homme de Dieu, et promettait de s'abstenir de toutes choses illicites, le vieux serpent se glissa dans l'âme de son aïeule Brunehaut, qui était une seconde Jézabel, et l'excita contre le saint de Dieu, par l'aiguillon de l'orgueil. Voyant Théodoric obéir à l'homme de Dieu, elle craignit que si son fils, méprisant les concubines, mettait une reine à la tête de sa cour, elle ne se vît retrancher par là une partie de sa dignité et de ses honneurs. Il arriva qu'un certain jour Colomban se rendit auprès de la reine Brunehaut, qui était alors dans le domaine de Bourcheusse. La reine, l'ayant vu venir dans sa cour, amena au saint de Dieu les fils que Théodoric avait eus de ses adultères. Les ayant vus, le saint demanda ce qu'ils lui voulaient. Brunehaut lui dit : « Ce sont les fils du roi, donne-leur la faveur de ta bénédiction. » Colomban lui dit : « Sachez qu'ils ne porteront jamais le sceptre royal; car ils sont sortis de mauvais lieux. » Elle, furieuse, ordonna aux enfans de se retirer. L'homme de Dieu étant sorti de la cour de la reine, au moment où il passait le seuil, un bruit terrible

donnée, comme la violence de la barbarie qu'elle poursuit ; c'est l'éloquence des anachorètes et des missionnaires ; c'est l'éloquence de saint Colomban, le Bridaine du septième siècle.

se fit entendre, mais ne put réprimer la fureur de cette misérable femme, qui se prépara à lui tendre des embûches... Colomban, voyant la colère royale soulevée contre lui, se rendit promptement à la cour pour réprimer, par ses avertissemens, cet indigne acharnement. Le roi était alors à Époisse, sa maison de campagne. Colomban y étant arrivé au soleil couchant, on annonça au roi que l'homme de Dieu était là, et qu'il ne voulait pas entrer dans la maison du roi. Alors Théodoric dit qu'il valait mieux honorer à propos l'homme de Dieu, que de provoquer la colère du Seigneur en offensant un de ses serviteurs; il ordonna donc à ses gens de préparer toutes choses avec une pompe royale, et d'aller au devant du serviteur de Dieu. Ils coururent donc, et, selon l'ordre du roi, offrirent leurs présens. Colomban, voyant qu'ils lui présentaient des mets et des coupes avec la pompe royale, leur demanda ce qu'ils voulaient. Ils lui dirent : « C'est ce que t'envoie le roi. » Mais, les repoussant avec malédiction, il répondit : « Il est écrit : le Très-Haut réprouve les dons des impies; il n'est pas digne que les lèvres des serviteurs de Dieu soient souillées de ses mets, celui qui leur interdit l'entrée, non-seulement de sa demeure, mais de celle des autres. » A ces mots, les vases furent mis en pièces, le vin et la bière répandus sur la terre, et toutes les autres choses jetées çà et là. Les serviteurs, épouvantés, allèrent annoncer au roi ce qui arrivait. Celui-ci, saisi de frayeur, se rendit, au point du jour, avec son aïeule, auprès de l'homme de Dieu; ils le supplièrent de leur pardonner ce qui avait été fait, promettant de se corriger par la suite. Colomban, apaisé, retourna au monastère; mais ils n'observèrent pas long-temps leurs pro-

De là le pouvoir nouveau de l'Église, pouvoir qui fut un double bienfait. La vieille aristocratie romaine des Gaules trouva, dans le sacerdoce, un rempart contre l'invasion franque,

messes; leurs misérables péchés recommencèrent, et le roi se livra à ses adultères accoutumés. A cette nouvelle, Colomban lui envoya une lettre pleine de reproches, le menaçant de l'excommunier s'il ne voulait pas se corriger. Brunehaut, de nouveau irritée, excita l'esprit du roi contre Colomban, et s'efforça à le perdre de tout son pouvoir; elle pria tous les seigneurs et tous les grands de la cour d'animer le roi contre l'homme de Dieu; elle osa solliciter aussi les évêques, afin qu'élevant des soupçons sur sa religion, ils accusassent la règle qu'il avait imposée à ses moines. Les courtisans, obéissant aux discours de cette misérable reine, excitèrent l'esprit du roi contre le saint de Dieu, l'engageant à le faire venir pour prouver sa religion. Le roi, entraîné, alla trouver l'homme de Dieu à Luxeuil, et lui demanda pourquoi il s'écartait des coutumes des autres évêques, et aussi pourquoi l'intérieur du monastère n'était pas ouvert à tous les chrétiens. Colomban, d'un esprit fier et plein de courage, répondit au roi qu'il n'avait pas coutume d'ouvrir l'entrée de l'habitation des serviteurs de Dieu à des hommes séculiers et étrangers à la religion, mais qu'il avait des endroits préparés et destinés à recevoir tous les hôtes. Le roi lui dit : « Si tu désires t'acquérir les dons de notre largesse et le secours de notre protection, tu permettras à tout le monde l'entrée de tous les lieux du monastère. » L'homme de Dieu répondit : « Si tu veux violer ce qui a été jusqu'à présent soumis à la rigueur de nos règles, sache que je me refuserai à tes dons et à tous tes secours; et si tu es venu ici pour détruire les retraites des serviteurs de Dieu et renverser les règles de la discipline, sache que ton empire s'écroulera de fond en comble, et que

et il devint pour le peuple un moyen d'affranchissement. Aussi le peuple secondait-il et comprenait-il parfaitement cette opposition à la conquête; et, de son côté, le prêtre protégeait avec un dévouement national cet instinct de la population. Grégoire de Tours nous a conservé, dans un épisode intéressant, un curieux témoignage de cette mutuelle confiance, de ce secret accord de la population vaincue, peuple et aristocratie, à se défendre contre la violence des barbares.

tu périras avec toute la race royale; » ce que l'événement confirma dans la suite. Déjà, d'un pas téméraire, le roi avait pénétré dans le réfectoire; épouvanté de ces paroles, il retourna promptement dehors. Il fut ensuite assailli de vifs reproches de l'homme de Dieu, à qui Théodoric dit : « Tu espères que je te donnerai la couronne du martyre; sache que je ne suis pas assez fou pour faire un si grand crime; reviens à des conseils plus prudens qui te vaudront beaucoup d'avantages, et que celui qui a renoncé aux mœurs de tous les hommes séculiers rentre dans la voie qu'il a quittée. » Les courtisans s'écrièrent tous d'une même voix qu'ils ne voulaient pas souffrir dans ces lieux un homme qui ne faisait pas société avec tous. Mais Colomban dit qu'il ne sortirait point de l'enceinte du monastère, à moins d'en être arraché par force. Le roi s'éloigna donc, laissant un certain seigneur, nommé Baudulf, qui chassa aussitôt le saint de Dieu du monastère, et le conduisit en exil à la ville de Besançon jusqu'à ce que le roi décidât, par une sentence, ce qui lui plaisait.

(M. Guizot, tom. 2, p. 140, 1829.)

« Dans ce temps[1], deux des serviteurs de Rauchingue, un homme et une jeune fille, prirent, comme il arrive souvent, de l'amour l'un

[1] Aiebant enim quidam, eo tempore, duos de famulis ejus, ut sæpe contingit, mutuo se amore dilexisse, virum scilicet et puellam. Quumque hæc dilectio per duorum annorum aut eo amplius spatia traheretur, conjuncti pariter ecclesiam petierunt. Quod quum Rauchingus comperisset, accedit ad sacerdotem loci; rogat sibi protinus reddi suos famulos excusatos. Tunc sacerdos ait ad eum : « Nosti enim quæ veneratio debeat impendi ecclesiis Dei; non enim poteris eos accipere, nisi ut fidem facias de permanente eorum conjunctione; similiter et ut de omni pœna corporali liberi maneant repromittas. » At ille, cum diu ambiguus cogitatione siluisset, tandem conversus ad sacerdotem, posuit manus suas super altare cum juramento, dicens : « Quia nunquam erunt a me separandi, sed potius ego faciam ut in hac conjunctione permaneant; quia quanquam mihi molestum fuerit, quod absque mei consilii conniventia talia sunt gesta, illud tamen libens amplector, quod nec hic ancillam alterius, neque hæc extranei servum acceperit. » Credidit sacerdos ille simpliciter promissioni hominis callidi, reddiditque homines excusatos. Quibus ille acceptis et gratias agens, abscessit ad domum suam; et statim jussit elidi arborem, truncatamque columnam ejus per capita cuneo scissam præcepit excavari; effossaque in altitudine trium aut quatuor pedum humo, deponi vas jubet in fossam. Ibique puellam ut mortuam componens, puerum desuper jactari præcepit; positoque opertorio, fossam humo replevit, sepelivitque eos viventes dicens : « Quia non frustravi juramentum meum, ut non separarentur hi in sempiternum. » Quæ quum sacerdoti nunciata fuissent, accessit velociter; et increpans hominem vix obtinuit ut detegerentur; verumtamen puerum vivum extraxit, puellam vero reperit suffocatam. In talibus

pour l'autre; et, après que cette affection eut duré l'espace de plus de deux ans, ils se réfugièrent ensemble dans l'église. Rauchingue, l'ayant appris, alla trouver le prêtre du lieu, le priant de lui rendre sur-le-champ ses domestiques, moyennant promesse de ne les pas châtier. Alors le prêtre lui dit : « Tu sais quel respect on doit rendre à l'église de Dieu; tu ne peux reprendre ceux-ci sans leur avoir juré ta foi que tu les uniras pour toujours, et sans avoir promis en même temps de les exempter de toute punition corporelle. » — « Je ne les séparerai jamais, mais plutôt aurai soin qu'ils demeurent unis. » Le prêtre crut de bonne foi la promesse de cet homme rusé, et lui rendit ses serviteurs après qu'il eut donné la garantie exigée; il les reçut de lui, et, l'ayant remercié, s'en retourna à sa maison. Aussitôt il fit couper un arbre, lui fit abattre la tête, et, ayant fait fendre le tronc avec un coin, ordonna de le creuser, ensuite fit ouvrir en terre une fosse de la profondeur de trois ou quatre pieds, et donna ordre d'y déposer ce tronc creusé; puis, y arrangeant la jeune fille en manière de morte, fit jeter dessus le serviteur, les fit couvrir d'une planche,

enim operibus valde nequissimus erat, nullam aliam habens potius utilitatem nisi in cachinnis ac dolis, omnibusque perversis rebus. (Gregor. *Turon.*, lib. 5.)

remplit la fosse de terre, et les ensevelit ainsi vivans, disant : « Comme je ne veux pas manquer à mon serment, ils ne seront jamais séparés. » Le prêtre, averti de la chose, accourut en toute hâte, et, reprochant à cet homme son action, obtint à grand'peine qu'il fît découvrir la fosse; on en retira le serviteur vivant, mais on trouva la jeune fille suffoquée[1]. » Cette nature barbare du conquérant, forcée de céder en frémissant à la voix du prêtre gaulois; l'amour et la liberté se réfugiant auprès des autels, les couleurs naïves et sauvages dont est empreint ce récit, tout forme dans ce tableau un merveilleux contraste, une vive image de la double société des Gaules, telle que l'avaient faite l'invasion et la religion chrétienne.

Ainsi les débris de la population et de l'empire romain se tenaient, se rassemblaient autour de la demeure de l'évêque, attirés par un mouvement naturel qui leur montrait, dans la religion, une consolation présente et leur future délivrance. Cet appui du peuple, cet entraînement vers le clergé, fit sa puissance. Barbare habile, Clovis le comprit. Il dut ses conquêtes à la religion autant qu'à la politique; il eut pour lui le clergé des Gaules, qui, en sou-

[1] M. Guizot, *Collection des Mémoires relatifs à l'histoire de France.*

tenant un prince devenu catholique, combattait ainsi l'arianisme dominant, quoique sans intolérance, à la cour des Gaules [1]. Pepin suivit la politique de Clovis, et gagna, par ses ménagemens, le véritable pouvoir du pays.

Sous les mérovingiens, le clergé régna ; il remplissait toutes les charges. Appelé aux ambassades, il y prit cette habitude et cette adresse politiques qui, pendant long-temps, lui furent particulières. Choisi pour rétablir la concorde entre les princes d'une même famille, juge et conciliateur des dissensions royales, il reçut de cette mission une majesté qui le rendit sacré aux yeux des peuples, respectable à ceux des rois ; ce fut en présence d'une assemblée d'évêques que Frédegonde attesta, par un serment, la légitimité de son fils.

Ainsi se consolida la puissance du clergé. Il a rang, et le premier, dans l'ordre politique ; les canons avaient le respect universel. Il conserve seul cette liberté qui a péri pour tout le reste ; il devine et établit les formes du gouvernement représentatif, dont les conciles sont les modèles ; il consacre également le principe de l'élection populaire dans sa hiérarchie. Les évêques étaient nommés *civium consensu;* les

---

[1] *Mémoires sur la politique de Clovis. — Inscriptions et Belles-Lettres*, 20.

rois n'avaient que le droit de présentation, *præceptio*. Ces élections populaires remplaçaient les libertés languissantes et surannées des municipalités romaines.

Malgré ces travaux et cette activité du clergé, les restes de l'idôlatrie n'avaient pas entièrement disparu. L'antique disposition des Gaulois pour les augures et autres divinations fut plus grande au sixième siècle qu'auparavant; c'était un reste de paganisme mêlé au christianisme. *Sortes sanctorum*, le sort des saints, exprime ce mélange. Au huitième siècle même, quelques vestiges d'idolâtrie se rencontraient encore. Les superstitions renaissaient sous les croyances chrétiennes. Dans plusieurs contrées, on voyait des statues de Diane; dans quelques endroits, des sacrifices humains; et, à côté des autels chrétiens, les autels du paganisme. Ce sera la réforme que Charlemagne poursuivra au nord.

CHAPITRE VI.

Charlemagne. — Alcuin. — Éginhard.

Sous les derniers mérovingiens, les lettres allèrent, comme la famille de Clovis, s'affaiblissant; elles périrent enfin au milieu des guerres que se livrèrent les successeurs de Clovis, et des crimes de la race mérovingienne. Depuis Chilpéric, les Gaulois n'avaient point de fêtes, d'anniversaires, à l'imitation des Romains, pour perpétuer le souvenir des actes mémorables auxquels la monarchie devait et son origine et ses premiers accroissemens [1]. Le clergé même, seul dépositaire de la science, n'en sut pas conserver les dernières étincelles. Adonné à l'exercice des armes et de la chasse, il négligea la science ecclésiastique, au point qu'on oublia les dispositions légitimes pour entrer dans le saint ministère, et surtout dans l'épiscopat. Cette indifférence, ce mépris du clergé pour les lettres, vint surtout de l'introduction des Francs dans l'Église, et des abbés dans le sys-

---

[1] Dubos, *Hist. de la Monarchie franç.*, Disc. prélim.

tème militaire, comme seigneurs féodaux. Les ornemens des couvens furent employés à nourrir des chiens, à équiper des guerriers. De là aussi cette ignorance des laïques, qui produisit, dans les clercs, la confusion des titres de médecin, de physicien, etc. La difficulté même de se procurer les matières sur lesquelles on pût écrire, ajoutait à ces ténèbres. Au huitième siècle, le commerce de papyrus se faisait par mer, d'Égypte à Marseille; les clercs seuls, et rarement encore, l'achetaient.

L'Orient même semble atteint : le pape Agathon se plaint à Constantin Pogonat de l'ignorance du clergé. Les conciles, seules lumières de ces temps ténébreux, deviennent plus rares. Vainement on voudrait saisir et fixer les dégradations successives de cette ruine intellectuelle; elles échappent aux recherches : la civilisation, dans ses raffinemens mêmes, a ses nuances distinctes, sa couleur tranchée; la barbarie n'en a point; en elle, tout est uniforme et confus.

La poésie, première manifestation d'un peuple et son expression dernière, la poésie semble déjà, dans ses altérations, annoncer un idiome et un mètre nouveaux. Elle se sépare de la poésie ancienne par l'invention de la rime, dont le retour monotone avertissait l'oreille, deve-

5

nue trop grossière pour sentir les nuances légères de la prosodie. La rime, dont l'origine, du reste, est incertaine, prend, en quelque sorte, possession de la langue dans ces vers chantés au sujet de la victoire que Clotaire II remporta sur les Saxons :

I.

De Clotario est canere rege Francorum,
Qui ivit pugnare cum gente Saxonum;
Quam graviter provenisset missis Saxonum,
Si non fuisset inclytus Faro de gente Burgundionum.

II.

Quando veniunt in terram Francorum,
Faro ubi erat princeps, missi Saxonum,
Instinctu Dei transeunt per urbem Meldorum,
Ne interficiantur a rege Francorum.

Vers dont la lente et sourde mesure semble avoir été devancée dans ces autres vers, que chantaient les soldats d'Aurélien :

Mille Francos, mille Sarmatas, semel occidimus,
Mille, mille, mille Persas quærimus.

Chantons le roi Clotaire, qui alla combattre la nation saxonne. Les ambassadeurs saxons auraient été traités sévèrement, si Faron, de la nation bourguignonne, n'eût intercédé pour eux.

A l'arrivée des ambassadeurs en France, où Faron était prince, Dieu leur inspira de passer par la ville de Meaux, pour les sauver de la mort que le roi leur préparait.

La prose n'était pas meilleure. Les formules de Marculfe, les diplomes des rois et autres chartes de ce temps-là, offrent une foule de mots qui n'ont du latin que les inflexions et les terminaisons, des phrases entières où l'on n'a suivi aucune règle de grammaire.

Dans cette nuit profonde, les monastères seuls conservèrent le feu sacré que les églises cathédrales et le clergé laissaient éteindre. Des écoles célèbres s'y formèrent : Saint-Luxeuil, Fontenille, aujourd'hui Saint-Vandrille, à sept lieues de Rouen. Créées à l'imitation de celle de Lérins, déjà florissante au cinquième siècle, ces écoles sauvèrent, au milieu de la barbarie, les traditions de la science. De leur sein sortirent ces missionnaires qui, au septième siècle, achevèrent l'œuvre de la régénération sociale par la prédication de l'Évangile. Elles aussi, pourtant, dégénérèrent. La langueur des derniers rois de la première race, un interrègne de plusieurs années, la tyrannie des maires du palais, les guerres civiles alors si fréquentes,

---

[1] Les lettres tombèrent presque entièrement parmi les laïques et une partie du clergé pendant ce siècle, quoiqu'elles fussent cultivées avec un nouveau soin parmi les moines, et que, de l'autre côté, on y fût moins soigneux d'écrire pour la postérité, et de conserver la bonne orthographe. (*Benedict.*, tom. 3, pag. 455.)

les rivalités de Charles-Martel et d'Eudes, duc d'Aquitaine, tout précipitait la ruine des lettres et de la famille royale. Il fallait, pour sauver la nation et les lettres, un grand mouvement politique, une main puissante. Ce fut le destin de la race carlovingienne, dont le triomphe sur les mérovingiens retrempa, par un nouveau mélange de la race germanique et de la population gallo-romaine, l'énergie affaiblie des premiers conquérans [1].

L'homme immortel de cette famille carlovingienne, si féconde en grands hommes, fut Charlemagne. Charlemagne, guerrier et conquérant, refoulant au Nord la barbarie, soumettant le midi des Gaules dans les Aquitains,

---

[1] Nous n'admettons pas, avec M. Guizot, une nouvelle et complète invasion des Germains; nous ne la nions pas non plus entièrement, comme le fait M. de Châteaubriand. Nous pensons qu'il n'y a pas eu invasion, en ce sens, que de nouvelles populations franques aient dépossédé et chassé devant elles les anciens conquérans de la Gaule; mais nous croyons que ces conquérans se sont recrutés dans leur berceau; que de nouvelles émigrations, non pas hostiles, mais rivales, venaient, de la France orientale, se joindre à leurs compatriotes, jalouses qu'elles étaient de partager leurs honneurs. Les nouvelles bandes fortifiaient les anciennes; plus jeunes et plus vigoureuses, elles finirent par les dominer : de là non pas une invasion ouverte, mais une occupation successive, indirecte, et à la fin supérieure : de là une seconde influence germanique.

cherchant à fondre et à réunir deux sociétés opposées, ne nous appartient pas. Nous n'avons à considérer en lui que le législateur, élevant, par la science, son siècle à de meilleures destinées.

Pour rétablir l'ordre et la discipline dans le reste du royaume, Charlemagne commença par rétablir l'ancienne régularité ecclésiastique : c'était voir juste. La société alors était religieuse. Charlemagne se regarda donc et se dut regarder comme le chef politique de l'Église. Si, d'un autre côté, en appelant le clergé à reconstruire avec lui l'ordre social, il lui donna accès dans l'ordre politique, et prépara, en fortifiant son pouvoir, cette turbulente fierté des laïques, dont Louis le Débonnaire fut la victime, la faute en fut non à lui, mais à ses successeurs, dont la faiblesse prépara les révoltes et l'indépendance des petites puissances féodales, qui ne fléchirent que sous la fermeté de Philippe-Auguste. Lettres, circulaires, synodes, admonitions, Charlemagne n'épargna rien pour le rétablissement et le maintien de la discipline ecclésiastique : les *Capitulaires* sont, en quelque sorte, le code du clergé. Dans la paix comme dans la guerre, il s'entretint avec les évêques, avec les abbés ; s'informant de l'état des églises, des monastères, et des mœurs du peuple. Aux évêques, il recommandait l'étude de l'Écriture sainte; au clergé, la discipline; aux moines, le travail; la justice aux magistrats.

La réforme intellectuelle suivait cette réforme morale. Charlemagne attaqua le mal par des moyens faibles en apparence, mais infaillibles. Il s'attacha surtout à rendre aux manuscrits leur pureté, aux mots leur orthographe : précaution minutieuse et petite, ce semble,

Notum sit devotioni vestræ, quia nos una cum fidelibus nostris consideravimus utile esse, ut episcopia et monasteria, etiam in literarum meditationibus, eis qui, donante Domino, discere possunt, secundum uniuscujusque capacitatem, docendi studium debeant impendere; qualiter sicut regularis norma honestatem morum, ita quoque docendi et discendi instantia ordinet et ornet seriem verborum, ut qui Deo placere appetunt recte vivendo, ei etiam placere non negligant recte loquendo. Quamvis enim melius sit bene facere quam nosse, prius tamen est nosse quam facere. Nam cum nobis in iis annis a nonnullis monasteriis sæpius scripta dirigerentur, cognovimus in plerisque eorumdem et sensus rectos et sermones incultos; unde factum est ut timere inciperemus, ne forte, sicut minor erat in scribendo prudentia, ita quoque et multo minor esset, quam recte esse debuisset, in eis SS. Scripturarum ad intelligendum prudentia. Quamobrem hortamur vos literarum studia non solum non negligere, verum etiam, humillima et Deo placita intentione ad hoc certatim discere, ut facilius et rectius divinarum Scripturarum mysteria valeatis penetrare. (*Car. M., Epist. ad Baugulf. abb. Fulden.* Bouquet, tom. 5, pag. 621; Baluz., tom. 1, pag. 201.)

mais, au fond, la seule qui pût tirer les esprits
de l'ignorance, qui leur était surtout venue de
cette négligence dans l'écriture. Alcuin, l'âme
et tout ensemble l'instrument le plus actif et le
plus habile des sages pensées de Charlemagne,
travailla lui-même à une révision des saintes
Écritures; et Charlemagne, à la correction des
Livres saints et des textes des quatre Évangiles :
travail dans lequel il se fit aider par des savans
qu'il avait appelés de la Grèce et de la Syrie.
Des copies nouvelles, plus pures et plus cor-
rectes, se multiplièrent [1]. Un grand nombre
de manuscrits datent de cette époque. L'usage
du petit, et, plus tard, du grand caractère romain, qui remplaça les caractères mérovingiens

[1] Quia curæ nobis est, ut ecclesiarum nostrarum ad meliora
semper proficiat status, oblitteratam pene majorum nostrorum
desidia reparare vigilanti studio literarum satagimus officinam,
et ad pernoscenda sacrorum Librorum studia nostro etiam
quos possumus invitamus exemplo. Quia ad nocturnale officium
compilatas quorumdam casso labore, licet recto intuitu, mi-
nus tamen idonee reperimus lectiones; earumdem lectionum
in melius reformare tramitem, mentem intendimus, idque
opus Paulo diacono familiari nostro elimandum injunximus;
qui nostræ celsitudini devote parere desiderans, tractatus atque sermones et homilias diversorum catholicorum patrum
perlegens, et optima quæque decerpens in duobus volumi-
nibus per totius anni circulum congruentes cuique festivitati
distincte et absque vitiis nobis obtulit lectiones. (*Carol. M. in
homiliarium Pauli diac.* ann. 788; Bouquet, t. 5, p. 622.)

presque barbares, aida beaucoup à cette amélioration.

Si une haute et puissante impulsion était donnée aux études, l'instruction du peuple n'était pas non plus négligée[1]. Les églises et les monastères ouvrirent des écoles, dont les plus célèbres furent l'école de Ferrières, l'école de Corbie, modèle et mère-patrie de Corvie, en Saxe, l'école d'Aniane, en Languedoc. Placées au nord et au midi de la France, ces écoles avaient pour but de réaliser la haute pensée de Charlemagne, la fusion des races romaine et germanique, en répandant, sur des populations différentes de mœurs, de lois et d'intérêts, les mêmes doctrines et le même esprit. Français, Anglais, Saxons, Suèves, Bavarois, fréquentaient ces écoles. De leur sein, la foi se répandit avec la science en Saxe, en Frise, en Westphalie. Une même lumière éclaira la France, l'Italie, l'Allemagne.

Anscaire, le principal apôtre des peuples du

---

[1] Presbyterii per villas et vicos scholas habeant, et si quilibet fidelium suos parvulos ad discendas litteras eis commendare vult, eos suscipere et docere non renuant, sed cum summa caritate eos doceant, nihil pro hac re ab eis exigant, nec aliquid ab eis accipiant, excepto quod eis parentes caritatis studio sua voluntate obtulerint. (THEODULF, *Capitulare ad parochiæ suæ sacerdotes.*)

Nord, fonda des écoles pour les lettres; saint Dunstan en établit en Angleterre; Cyrille et Methodius chez les Bulgares, les Moraves, les Bohémiens, introduisirent l'alphabet slavon. Les écrits des Pères furent traduits en langue slavonne; trois cents jeunes gens fréquentaient le collége de Jaroslaw. La lumière pénétrait en Russie par Constantinople.

L'empire de Charlemagne, dans son immensité, fut un bienfait. Il brisa les barrières qui séparaient les peuples et arrêtaient la civilisation; il établit entre eux cette communauté d'idées et de croyances qui, par l'unité religieuse, fit l'unité politique de l'Europe. Les longues guerres de Charlemagne contre les Saxons ne furent véritablement, sous une apparence de religion, qu'une question de civilisation. Aussi l'œuvre intellectuelle de Charlemagne, seule, lui survécut; son œuvre politique s'écroula avec lui : elle était un retour impossible à cet empire d'Occident, à cette unité qui ne fut donnée qu'à Rome. Son œuvre intellectuelle, au contraire, était un besoin de l'esprit humain, qui, une fois en marche, ne saurait être arrêté. Les écoles de Charlemagne formèrent une postérité d'hommes illustres, dont les efforts et le savoir continuèrent le mouvement qu'il avait donné à son siècle, et que nous verrons, bien qu'un instant ralenti, se perpétuer sous ses successeurs.

Au-dessus de ces écoles publiques, de cette discipline générale qui ranimait et étendait le zèle de la science, se trouvait une école plus brillante, l'école du palais. Là, sous l'inspiration de Charlemagne, et en sa présence, s'agitaient des questions théologiques et littéraires, dont la subtilité étonne, mêlée à tant de barbarie encore. Le pédantisme même n'y était pas étranger; et l'hôtel de Rambouillet semble presque avoir été devancé dans cette bizarrerie qui affublait des noms illustres de l'antiquité littéraire de rudes guerriers ou de gracieuses princesses [1]. Mais, dans la première passion de la science, comme dans toute passion, il y a toujours un peu d'enthousiasme singulier; et l'on conçoit, l'on aime même les naïvetés savantes de tels hommes.

Cette ardeur du savoir ne fut pas stérile; et l'académie palatine a produit, ou du moins inspiré, un monument qui, avec les ouvrages très-remarquables d'Alcuin, atteste le progrès que,

---

[1] Charlemagne, *David.* — Alcuin, *Flaccus.* — Angilbert, *Homère.* — Friedgies, *Nathanaël.* — Amalaire, *Symphosius.* — Gilla, *Lucie.* — Gundrade, *Eulalie.*

sous Charlemagne, avaient fait le goût et l'intelligence de l'antiquité, et l'influence heureuse qu'avaient pu avoir ces réunions brillantes, où l'âpreté de la théologie s'adoucissait et s'effaçait dans l'entretien d'un sexe à qui le tact manque moins, à défaut du savoir.

La *Vie de Charlemagne*, par Éginhard, est tout à la fois une œuvre de reconnaissance, de goût et de jugement. Si l'on se rappelle en quel état nous avons laissé l'histoire au septième siècle, entre les mains de Fredegaire et de ses continuateurs, on sera étonné du progrès immense qu'elle a fait sous la plume d'Éginhard. Elle a retrouvé l'ordre, la clarté, l'élégance, et souvent une judicieuse critique. Par sa pensée, par son style, Éginhard n'appartient pas au neuvième siècle; il se rattache à l'antiquité, et annonce le douzième siècle. Il a même une pureté d'expression, une unité de travail, que n'ont pas les chroniqueurs des siècles suivans : mérite qu'il doit sans doute à une intelligence plus forte, mais aussi à une vue plus proche et plus claire des événemens. Il raconte avec simplicité les exploits de Charlemagne, et les vertus modestes, plus rares encore et plus difficiles, du législateur conquérant. Il loue par les faits; et ce que l'histoire ancienne semble avoir perdu en lui de dramatique et d'artificiel, elle le gagne en naïveté.

Alcuin et Éginhard expriment tous deux une face différente sous une même forme et dans un même langage. Alcuin, c'est l'esprit de science, de subtilité, de force, et aussi de confusion, du moyen âge : la scolastique y est déjà[1]. La vue d'Éginhard est plus haute et plus nette : il n'a, de l'antiquité et du moyen âge, que la forme latine. Du reste, sa pensée est moderne, son allure libre, et, sous un costume ancien, sa physionomie vive et native : c'est presque Villehardouin. Supérieur aux chroniqueurs latins, en qui une crédulité excessive, une pensée trop souvent restreinte aux intérêts d'un couvent, se dégage difficilement des préventions du présent et des craintes de l'avenir, Éginhard juge les événemens d'un coup d'œil ferme et pénétrant : il a le sentiment du beau et l'intelligence de l'histoire politique.

C'est sans doute en mesurant à la hauteur du mérite d'Alcuin et d'Éginhard les écrivains qui les ont suivis, que l'on a vu dans le neuvième siècle une telle infériorité. Mais

---

[1] *OEuvres d'Alcuin*, tom. I, p. 352-354.

les hommes supérieurs sont une exception; ils viennent tracer la route, et les autres marchent de loin à la lueur qu'ils ont laissée sur leurs traces. Ainsi marchèrent et les successeurs de Charlemagne et les élèves d'Alcuin, à la lumière du législateur et du maître.

CHAPITRE VII.

Successeurs de Charlemagne. — Décadence et progrès.

Les successeurs de Charlemagne ne furent pas infidèles à la science; ils portèrent aux écoles qu'il avait fondées le même intérêt; ils leur prodiguèrent les mêmes encouragemens. Les écoles qu'il avait établies furent protégées, agrandies, soutenues par ses fils, ou renouvelées par leur munificence [1]. L'école du

---

[1] Illud vel maxime vobis æternam parat memoriam, quod famatissimi avi vestri Caroli studium erga immortales disciplinas non modo ex æquo repræsentatis, verùm etiam incredibili fervore transcenditis: dum quod ille sopitis eduxit cineribus, vos fomento multiplici tum beneficiorum, tum auctoritatis usquequaque provehitis, immo, ut sublimibus sublimia conferam, ad sidera perurgetis; ita vestra tempestate ingenia hominum duplici instruuntur adminiculo, dum ad sapientiæ abdita persequenda, omnes quidem exemplo allicitis, quosdam vero præmiis invitatis. Id vobis singulare studium effecistis, ut sicubi terrarum magistri florerent artium, hos ad publicam eruditionem undecunque vestra celsitudo conduceret, comitas attraheret, dapsilitas provocaret. Dum te tuosque ornamentis sapientiæ illustrare contendis, cunctarum fere gentium scholas et studia sustulisti, spretis ceteris, in eam mundi partem quam vestra potestas complectitur, uni-

palais soutint sa réputation sous Charles le Chauve, malgré les troubles qui agitèrent le règne de ce prince. Les écoles épiscopales furent encore, pour les lettres, d'un plus grand secours ; entre autres celle de Lyon, qui, sous Leidrade, continuait la pensée et les travaux de Charlemagne. Loup, abbé de Ferrières, soutint sa réputation ; Corbie, Saint-Gall, où l'on étudiait le grec, fleurirent. Sous le nom de Carlopolis, Charles le Chauve voulut faire de Compiègne une rivale d'Athènes. Tout ce siècle était très-occupé de littérature. On trouve même, à cette époque, des épigraphes et des pièces légères en vers grecs. Du séminaire de Fulde sortirent tous les hommes qui, au neuvième siècle, répandirent dans la Germanie et la Gaule quelque éclat sur la littérature de ce temps. L'école de Saint-Germain servit de transition entre les doctrines du neuvième siècle et celles du dixième. Les liaisons même, formées par l'amitié et par le goût des lettres, entre Charlemagne et Alcuin, se renouvelèrent entre Charles le Chauve et Jean Érigène, versé dans la connaissance du grec. Louis le Débonnaire employa Théodulf à diverses négo-

versa optimarum artium studia confluxerunt. (*Herici Mon. ad Car. Calvum* 876 *dedicat. lib.* 6 *carminum de vita S. Germani.* Bouquet, t. 7, p. 562.)

ciations. Ce goût et cette protection des lettres furent telles, qu'un illustre écrivain [1] y a vu, à tort selon nous, une des causes de la ruine des enfans de Charlemagne.

Tâchons de comprendre le mouvement politique et la tendance intellectuelle qui dominèrent les carlovingiens, et dont ils furent les auteurs, et, plus tard, les victimes.

La lutte entre la féodalité et l'Église avait commencé au sixième siècle. La royauté carlovingienne, née d'elle-même, il est vrai, et de son courage, avait cependant demandé et reçu la sanction de Rome [2]. Charlemagne avait renouvelé au saint siége le serment et la protection de Pepin. Tout son règne fut une lutte contre l'esprit barbare en faveur de l'esprit romain; en d'autres termes, un combat de la liberté contre la force brutale. Contenue par sa

---

[1] Klovigh le Débonnaire était malheureusement trop bon écolier : il savait le grec et le latin. L'éducation littéraire donnée aux enfans de Charlemagne fut une des causes de la prompte dégénération de sa race. (M. DE CHATEAUBRIAND, *Études historiques*, t. 3, p. 250.)

[2] Pepin est le premier roi de France qui ait employé dans les diplômes la formule *par la grâce de Dieu*; ce qu'il fit, soit pour imiter les empereurs d'Orient, qui prenaient le titre de Θεοστεφεις, *couronnés de Dieu*, soit pour avoir été élu roi par une grâce de Dieu toute particulière. Des modernes l'ont regardée mal à propos comme une marque de souveraineté. (*L'Art de vérifier les dates*, page 534.)

main puissante, la féodalité s'agite à sa mort; elle triomphe à la bataille de Fontenay, qui fut la victoire de la force sur l'Église.

La féodalité, maîtresse du champ de bataille, détruisit cette famille carlovingienne qui avait uni ses destinées aux destinées de Rome.

La protection accordée aux lettres par Charlemagne et ses successeurs était donc aussi une protection accordée à la race vaincue, qui vivait dans les monastères. Mais la puissance avait pris un autre cours : les carlovingiens furent emportés par la féodalité. Cette science, qu'ils voulaient ranimer, que tous, à l'exemple de Charlemagne, ils protégèrent, ne les perdit pas, mais périt avec eux : de là cette décadence qui suivit le règne de Charlemagne. L'esprit, c'est-à-dire l'Église, succombait sous la violence; elle ne devait vaincre qu'avec Grégoire VII, dont l'empire pontifical fut, après tout, une vigoureuse et utile réaction contre la féodalité.

Les prières adressées à Charles le Chauve par le clergé pour lui demander de relever les écoles trahissent ce sentiment d'un danger et d'un intérêt communs.

Ce fut, du reste, le droit du clergé de demander à la science un appui contre la force brutale. Le clergé, en effet, devra à la science son pouvoir, le peuple son affranchissement, la royauté sa prépondérance. Si les Carlovingiens périrent par une pensée qui se manifesta avec éclat dès l'avénement même des Capets, il en faut accuser moins la science qu'ils cultivèrent, que la force des événemens et la faiblesse de leur caractère. La féodalité les surprit sans défense : Francs par leur origine, Gaulois par leur tendance, ils avaient contre eux l'ambition de leurs concitoyens et l'indifférence de leurs autres sujets, qui n'étaient pas encore relevés de la conquête.

Malgré cette protection et ces décrets, les lettres semblèrent au commencement du dixième siècle pâlir et s'éteindre. Les ecclésiastiques et les moines, seuls dépositaires de la science, la conservaient faiblement, et la plupart des clercs n'entendaient pas ce qu'ils disaient [1]. Profitant des divisions qui régnaient entre les fils de Louis le Débonnaire, les Normands se répandirent sur les côtes de l'Océan, pillèrent Rouen, brûlèrent les monastères de Saint-Ouen et de Jumièges, toutes les églises

[1] Novum inchoatur seculum quod sui asperitate ac boni sterilitate ferreum, malique exundantis plumbeum, atque inopia scriptorum appellari consuevit obscurum. (*Baronius ad ann.* 900, n° 1. — DUPIN, *Nouvelle Bibliothèque des Auteurs classiques*, siècle 10ᵉ, pr. part., p. 1.)

et villages des bords de la Seine. D'une autre part, les Hongrois pénétrèrent en Champagne et en Bourgogne. La conquête de l'Égypte par les Sarrazins, en interceptant le commerce avec les Occidentaux, et par suite l'importation du papyrus, rendit nécessaire l'usage du parchemin, beaucoup plus dispendieux [1]; la transcription des manuscrits devint ainsi plus rare; et cette rareté contribua à augmenter l'ignorance. La guerre des iconoclastes fut également

---

[1] Le plus ancien manuscrit de papier de chiffon est de 1318. Avant cette époque, on possédait cependant du papier fait avec du coton, dont l'usage avait été introduit en Europe à la suite des voyages de Marco-Paulo. Jusque-là on s'était servi pour écrire de papyrus et de parchemin. L'un avait cessé d'être importé en Europe depuis le commencement du moyen âge, et le parchemin était d'un prix excessif; ce qui, en forçant les moines d'employer d'anciens manuscrits pour y transcrire les missels, détruisit beaucoup d'ouvrages précieux que, depuis, la patience et l'habileté des érudits n'ont que bien imparfaitement ressuscités. De là l'expédient de gratter un manuscrit pour substituer un autre ouvrage sur la même peau. Sophocle, Tacite étaient contraints d'abandonner à des missels, à des homélies et à la *Légende dorée* le parchemin qui contenait leurs chefs-d'œuvre. Cet usage prévalut depuis le huitième et surtout au dixième siècle, époque où il était devenu presque universel. Cependant, dès le milieu du douzième siècle, on savait tirer des gravures de bois autour desquelles on *imprimait* même quelques lignes d'écriture. (CUVIER.)

funeste aux sciences, en Occident comme en Orient.

Les monastères détruits, les bibliothèques anéanties ne furent pas le seul fléau de l'invasion : elle opéra dans les mœurs un changement non moins mortel aux lettres. Comme au sixième siècle, les vainqueurs entrèrent dans le clergé, et y portèrent leurs mœurs. Les Normands surtout se firent remarquer par la rudesse et la licence de leurs habitudes. Mêlé aux divertissemens et aux vices du siècle, le clergé n'eut plus de goût pour les études. Tout semblait donc se réunir pour accabler l'esprit humain : ravages des barbares, guerres civiles, faiblesse du gouvernement.

Telle est la plainte commune des historiens. Sans nier ce qu'il y eut de malheureux pour les lettres dans ces ravages de la guerre et de l'ignorance, les résultats cependant semblent le démentir. Cette époque, en effet, que l'on charge de tant de désastres, a vu naître la langue vulgaire [1], et se développer une sève nouvelle d'imagination et une nouvelle ardeur pour l'étude. C'est dans la Normandie même que brillent les premiers vestiges de la poésie et de la langue populaires. Dans le clergé, les

---

[1] Roquefort, *De la Poésie aux 12ᵉ et 13ᵉ siècles.*

études philosophiques reçoivent une plus forte impulsion, une inspiration plus haute; elles offrent Abbon de Fleury, Fulbert de Chartres. Les sciences présentent Gerbert [1], le précurseur de Bacon : Gerbert qui eut le triple génie des sciences, des lettres et de la politique.

Un autre progrès de ce siècle, ce fut l'instruction donnée aux enfans [2], initiation du peuple à la science et à la liberté; germe bien faible encore, mais fécond, de cette instruction première, qui est aussi la grande régénération sociale de nos jours, la garantie de la liberté

[1] Il construisit une sphère, fit une horloge dont il régla la position sur l'étoile polaire; inventa, dit-on, les horloges à roues et des orgues hydrauliques; fit des découvertes en astronomie et dans les autres parties des mathématiques. Il unissait le mécanisme avec la théorie. Il observa les étoiles avec des tubes. Ses grandes connaissances étaient, dans la croyance populaire, la suite d'un pacte qu'il avait fait avec Satan lorsqu'il se retira du couvent de Fleury. La source en était moins mystérieuse, et toute sa magie était dans son travail. Gerbert avait parcouru l'Italie, l'Espagne, recueillant la science des Arabes et les inspirations de Rome; à son tour il répandit les connaissances qu'il avait acquises dans l'Allemagne, dans la Gaule et dans l'Italie.

[2] Non solum servilis conditionis infantes, sed etiam ingenuorum filios canonici et monachi adgregent sibique socient; et ut scholæ legentium fiant. Psalmos, notas, cantus, computum, grammaticam persingula monasteria discant. (*Capit. aquis. Gr. ann.* 789, c. 70. *Baluz*, t. 1, p. 237. — *Histoire littéraire*, tom. 6, pag. 19.)

dont cette instruction du moyen âge fut la préparation. La société toute entière fait aujourd'hui ce que faisait l'Église seule ; ceci prouve l'avénement de la nation, entière à la liberté, qui alors n'appartenait qu'à l'Église, mais dont il serait injuste de lui contester le bienfait.

Les études, jusque-là renfermées dans la théologie, en sortirent[1] ; elles eurent pour objet les sciences humaines autant que les sciences divines. Les questions religieuses furent traitées avec plus de hardiesse. On remuait, dit Fleury, plusieurs questions contre la foi dans le royaume de Charles le Chauve, et il ne l'ignorait pas. Les disputes sur l'Eucharistie, sur les images, sur le dogme, la morale et la discipline, la prédestination, la grâce, le libre arbitre, question agitée au cinquième siècle, entre les disciples de saint Augustin d'une part et les semi-pélagiens de l'autre, et alors ressuscitée, pour de nouveau reparaître et mourir au dix-septième siècle : toutes ces controverses étaient favorables au développement de l'intelligence, et à la liberté de l'esprit humain. Alors Rome ren-

---

[1] Ut de scholis tam divinæ quam humanæ litteraturæ, juxta exemplum prædecessorum nostrorum, aliquid inter nos tractetur ; et si fieri potest statuatur atque ordinetur. (MANSI, t. 15, p. 2.)

contrait deux grandes oppositions : en Orient Photius, Hincmar en Occident.

L'histoire est encore presque entièrement ecclésiastique; mais ses monumens sont plus nombreux. Frodoard de Reims, Réginon, abbé de Prom, appartiennent à cette époque. Le peuple n'a pas d'historien : le peuple n'existe pas encore.

Tel que nous l'avons envisagé, ce siècle fut donc un progrès. Il continua l'œuvre de la régénération intellectuelle, et il eut assez de force non-seulement pour empêcher l'entière décadence des lettres, mais encore pour donner quelque degré de perfection aux sciences alors en usage, et en ressusciter quelques autres. Telle est la conclusion des auteurs de l'histoire littéraire : cette conclusion est juste.

Ce mouvement intellectuel tenait à un changement politique, à un progrès national.

La dynastie capétienne, la dynastie du sol, portée sur le trône, trouva au sein du peuple un appui qui lui était nécessaire contre les envahissemens de cette féodalité qui avait vaincu les Carlovingiens. Comme les Carlovingiens, mais avec plus de bonheur, d'habileté et de courage, elle demanda à la nation gauloise, à la nation savante, à l'esprit ecclésiastique, opposition naturelle à l'esprit féodal, une force qui devait défendre la jeune royauté et consolider sa victoire sur les Francs. De là la protection accordée aux études par Hugues Capet, par Robert le Pieux ; de là, plus tard, les priviléges des universités, les libertés gallicanes : double rempart entre l'Église et la féodalité, qui, longtemps divisées, se réuniront dans une commune défense contre un péril commun, la monarchie.

CHAPITRE VIII.

Irlande. — Écoles italienne et normande. — Bède. — Anselme. — Lanfranc.

Ce mouvement nouveau de la France lui était venu du dehors ; il partait de l'Irlande et de l'Italie.

Au septième siècle, l'état intellectuel de l'Irlande et de l'Angleterre était bien supérieur à celui du continent. Les lettres et les écoles y étaient florissantes, surtout l'école d'York, qui possédait une riche bibliothèque, et, entre autres ouvrages de l'antiquité païenne, ceux d'Aristote. La grammaire, la rhétorique, la jurisprudence, l'astronomie, l'histoire naturelle, les mathématiques, la chronologie et l'explication des saintes Écritures formaient le fond de l'enseignement.

L'Angleterre et l'Irlande avaient dû à leur position géographique cet avantage d'avoir moins souffert de la barbarie. A l'abri des invasions, elles conservèrent mieux le goût de l'étude et les monumens de la science; les écoles et les monastères n'y furent point détruits ou dispersés. La bibliothèque de Croyland contenait plus de trois cents volumes avant l'incendie qui la dévora en 1091. Saint Augustin, en portant la foi dans l'Angleterre, y porta aussi les lumières de l'Italie. Vers l'an 670, Théodoric, aidé de Bennet Biscop, jeune Saxon, voulant répandre les lumières de l'Évangile sur les Bretons, qui, obligés de fuir devant les Saxons, avaient emporté dans les montagnes de Galles leur foi, leur discipline et leur liberté, et caché dans le monastère de Cangor le dépôt de leurs anciennes connaissances, apporta avec lui beaucoup de livres grecs et latins, entre autres, un bel exemplaire d'Homère et les Homélies de saint Chrysostôme. Successeur de Théodore, Albin joignit à la littérature sacrée la littérature grecque et latine. Bède, qui devina la cause des marées, continua cette école de science et de vertu dont l'influence pénétra en France avec Alcuin, et renouvela ces relations intellectuelles depuis long-temps établies entre les Gaules et la Grande-Bretagne.

Les écoles d'Angleterre furent donc le foyer où s'alluma la faible étincelle qui éclaira la France. Alcuin, qui fut l'âme des écoles de Charlemagne, avait été élève d'Egbert, archevêque d'York. Alfred, fondateur ou restaurateur de l'école d'Oxford, ferma d'une manière brillante le siècle que Charlemagne avait ouvert avec tant d'éclat. Il traduisit en langue saxone l'Histoire ecclésiastique de Bède, le Pastoral de saint Grégoire le Grand, les livres de la Consolation de Boëce, et l'Histoire d'Orose. Les successeurs d'Alfred, comme ceux de Charlemagne, soutinrent avec zèle les écoles formées par ce prince.

Cette gloire d'une science moins barbare n'appartenait pas entièrement à l'Angleterre : elle aussi, nous l'avons dit, l'avait reçue de l'Italie.

L'Italie avait mieux qu'aucun autre pays conservé les traces de la civilisation romaine et des études classiques. Les Goths y avaient laissé et même ranimé le goût des arts et des lettres. Cassiodore, secrétaire de Théodoric ; Priscien, dont les ouvrages furent le manuel du moyen âge ; Boëce, qui légua à la liberté l'hommage de ses fers ; Martianus Capella, qui servit au moyen âge de guide pour la philosophie comme Priscien pour la grammaire, tous ces hommes d'un goût altéré, mais d'un esprit supérieur cependant, forment au cinquième siècle la littérature de l'Italie, qui, un peu plus tard, nous montre encore Ennodius, orateur guindé, mais d'une imagination brillante. Sur le sol classique de l'Italie, la langue de Cicéron et de Virgile continua, bien que corrompue, à être entendue et parlée : les couvens surtout lui conservèrent une pureté qu'elle perdait ailleurs : Alcuin s'inspira de ce souffle antique [1].

C'est à Parme que Charlemagne et Alcuin se virent pour la première fois. C'est de l'Italie que Charlemagne ramena des maîtres [2]. Alcuin eut, pour contemporains, Paulin, patriarche d'Aquilée; Théodulfe, évêque d'Orléans; Pierre et Adelbert, tous deux métropolitains de Milan; Paul Warnefrid ou Paul Diacre. Smaragde, abbé de Saint-Mihiel, avait été, sous Charlemagne, employé à diverses négociations avec Rome. Les traditions se soutinrent. Les fils de Charlemagne cherchèrent, par des décrets et par leur munificence, à ranimer ces cendres précieuses. Lothaire créa ou rétablit plusieurs écoles, entre autres l'école de Pavie; il y en avait même dans les villages.

La seconde partie du neuvième siècle fut plus brillante encore pour l'Italie. Othon le Grand y encouragea les lettres, dont les progrès furent aussi hâtés par Théophane, fille de

---

[1] Muratori, *Dissert.* 43.
[2] Dominus rex Carolus iterum a Roma artis grammaticæ et computatoriæ magistros secum adduxit in Franciam et ubique litterarum studium expandere jussit. (*Monach. ingulismensis Vita Car. M. ad ann.* 787.)

Romain, empereur, épouse d'Othon. Théophane apporta à la cour d'Occident le goût des lettres et les accens harmonieux de sa langue natale, bien supérieure, quoique altérée, aux idiomes de l'Occident.

L'influence italienne, jusque-là vague et obscure, va se répandre sur la France, plus précise et plus éclatante. Lanfranc, natif de Pavie, est l'auteur de ce mouvement qui prépara la gloire des universités de Paris au douzième siècle. Ici l'école italienne se mêle et se perd dans l'école normande qu'elle enfanta cependant : l'Irlande aussi est éclipsée; la lumière part de la Normandie.

Ce fut en effet au sein de la Normandie, dans l'abbaye du Bec, que s'opéra cette grande révolution intellectuelle, trop oubliée dans les débats ultérieurs de la scolastique. Alors la science n'était point renfermée dans la capitale, au centre du royaume; elle rayonnait de toutes parts. C'était souvent dans des solitudes profondes, dans le calme des campagnes, au sein des forêts, qu'elle rendait ses oracles. L'abbaye de Jumièges, située dans une presqu'île de la Seine, entourée de bois, de prairies et de silence, fut un des premiers asyles que, dans les premiers temps du moyen âge, le christianisme offrit à la science [1]. De l'abbaye du Bec sortirent toutes les célébrités du onzième siècle : le pape Alexandre II, Guimond, évêque d'Averse, Yves de Chartres, le restaurateur du droit canonique en France, enfin Anselme.

Lanfranc était l'âme de cette activité intellectuelle, qui, avec lui, passa de la Normandie en Angleterre. Nommé au siége de Cantorbéry, Lanfranc continua l'œuvre d'Alfred, qui s'était beaucoup ralentie au milieu des guerres et des ravages auxquels les incursions des Danois avaient exposé l'Angleterre. Cette influence de la Normandie sur l'Angleterre, que devait y exercer le séjour de Lanfranc, s'augmenta encore par le retour de la dynastie saxonne sur le trône. Édouard, surnommé ensuite le Confesseur, avait vécu hors de l'Angleterre et principalement à la cour des Normands. Avec lui les modes, l'idiome, les mœurs des Normands, passèrent en Angleterre : mélange qui prépara et facilita la conquête de Guillaume par une ancienne conformité de goûts, d'habitudes et de langage entre les deux peuples. Lanfranc renouvela les sciences sous Louis le Jeune, et répandit son influence en Italie et en Allemagne.

[1] Nodier, *Voyage pitt. et rom. dans l'ancienne France.* — Tristan, t. 3, p. 61.)

L'école italienne-normande, créée en France par Lanfranc, se soutint et se perpétua dans Anselme, disciple de Lanfranc, et, comme lui, Italien [1]. Sous Anselme, cette école vit grandir sa réputation et augmenter son influence.

Lanfranc et Anselme, tous deux d'un esprit supérieur, différaient de principes. Lanfranc, d'une vive et brillante imagination, rendit au latin sa pureté, à la philosophie un langage plus animé et plus noble. Le premier, il appliqua la dialectique à la théologie, et créa ainsi ou plutôt ressucita la forme scolastique, dont Jean Scot Érigène avait donné l'exemple : mais il ne sortit pas de la théologie. Anselme unit, au contraire, la philosophie à la théologie, les lumières de la raison à l'autorité des Écritures. Fidèle aux lois de l'esprit humain, Anselme le menait à la connaissance des idées par la connaissance des lois du langage. Son *Grammairium* peut être considéré comme une introduction à la logique; son *Monologium, seu exemplum meditandi de Ratione fidei*, ou manière dont on peut s'y prendre pour rendre compte de sa foi, est un progrès de la philosophie. Elle marche plus librement sous le joug de la théologie; elle appelle la raison à l'examen

---

[1] Il était né à Aost en-Piémont.

de la foi. Dans le premier chapitre du *Monologium*, Anselme pose l'existence de Dieu sur le même principe que Descartes¹, principe que l'on peut aussi découvrir dans saint Augustin.

¹ Il est facile à un homme de se dire dans le silence de la méditation : puisqu'il y a un si grand nombre de biens dont les sens nous attestent la diversité, et que notre intelligence distingue, dois-je croire qu'il y ait un principe un, par lequel seul est bon tout ce qui est bon? ou faut-il penser que telle chose est bonne en vertu d'un principe, et telle autre en vertu d'un autre principe? Il est incontestable, et facile à saisir pour un esprit attentif, que les individualités entre lesquelles on peut établir des rapports de plus, de moins et d'égalité, ne sont telles qu'en vertu de quelque chose qui n'est ni l'une ni l'autre, mais qui se retrouve en toutes, toujours la même dans quelque mesure, égale ou non, qu'on l'y aperçoive. « Car tout ce qui peut être dit juste, qu'il le soit plus ou moins, ne peut toutefois être conçu tel qu'en vertu de la justice, qui, dans chaque individu, ne peut être autre qu'elle-même. » Comme donc il est certain que toutes les choses qui sont bonnes, comparées les unes aux autres, le sont plus ou moins, il est nécessaire qu'elles soient telles en vertu de quelque chose que l'on conçoit le même dans tout. Il faut que tout ce qui est utile, ce qui porte en soi quelque perfection, s'il est bon, le soit en vertu de l'être qui constitue la bonté de chaque chose, quel que soit cet être. Or, qui peut douter que ce qui communique la bonté à toute chose ne soit le souverain bien? Celui-là donc est bon par soi-même, par la bonté duquel tout est bien. Il suit que tous les autres biens le sont par un autre qu'eux-mêmes, et le bien suprême par lui seul. Mais aucun bien, qui est bien par la vertu d'un autre que lui-même, n'est égal à celui qui est tel par lui-même ou n'est plus grand que lui. Celui-là donc est seul souverainement bon qui l'est par lui

Le second ouvrage d'Anselme, *Proslogium seu fides quærens intellectum*, ou la Foi qui tente de se démontrer à elle-même, forme le complément du premier, et mérite les recherches de la philosophie moderne. Anselme avait un esprit plein de sagacité et de profondeur; mais cette sagacité même dégénéra en subtilités; ce fut là un des défauts de l'école normande. L'école normande rendit la dialectique compliquée et mystérieuse; elle s'égara dans des distinctions sans fin; elle mêla les erreurs aux vérités, à de vaines recherches les plus hautes questions, la chute de Satan, la vérité, le libre arbitre, l'accord de la liberté avec la prescience divine.

Sortie de l'Italie, l'école normande se ressentit de son origine; elle y resta fidèle; elle garda le caractère et les doctrines politiques de Rome, dont elle défendit les prérogatives. Lanfranc et Anselme furent, sur le siège de Cantorbéry, les précurseurs de Thomas Becket, qui puisa en Italie, à Bologne, les convictions qui firent ses malheurs et sa gloire. Plus tard, saint Thomas d'Aquin et saint Bonaventure prêchèrent cette suprématie et cette infaillibi-

---

seul. Il y a donc un être souverainement bon et souverainement grand, c'est-à-dire supérieur à tout ce qui est. (*Monologium*, cap. 1.)

lité de Rome, opposition naturelle à cette philosophie hardie d'Abailard, que nous allons voir naître et succomber.

L'influence que l'école normande a jusqu'ici exercée s'affaiblit et se déplace ; elle passe à la France. Au douzième siècle, c'est Paris qui dirige et anime ce mouvement intellectuel, qui a pour chef Abailard. L'Angleterre est à son tour disciple de la France : Jean de Salisbury viendra s'instruire auprès d'Abailard.

CHAPITRE IX.

Abailard. — Pope. — J.-J. Rousseau.

Le mouvement donné à la pensée par Lanfranc et Anselme se continue ; la scolastique, indécise encore, et s'ignorant elle-même à l'Abbaye-du-Bec, se reconnaît, s'étend, se fixe ; elle apparaît, elle brille sur un plus grand théâtre : Paris en devient le centre et la gloire.

Champeaux régnait alors dans l'école ; mais cet empire allait lui échapper. Au nombre de ses disciples, se trouvait le rival qui devait troubler et bientôt faire pâlir ses victoires théologiques. Abailard paraît : il va créer cette scolastique, arme puissante du moyen âge; il va commencer cette gloire de l'université de Paris, qui remplira de tant d'éclat le douzième siècle, et dont Salisbury, auditeur d'Abailard, nous a laissé dans son admiration biblique une vive image [1].

[1] Iter Parisios deflexi, ubi cum viderem victualium copiam, lætitiam populi, reverentiam cleri et totius ecclesiæ majesta-

Abailard est le représentant le plus complet de la science au douzième siècle. Droit impérial, droit canon, théologie, philosophie, morale, grammaire, rhétorique, il embrassa tout, et porta dans toutes ces parties une puissance singulière d'imagination, une verve inépuisable. Mais sa philosophie s'égara dans les minuties des casuistes, son imagination et sa vivacité s'éteignirent dans les subtilités de l'école. Là donc n'est pas sa gloire. Ce qui fit surtout la réputation d'Abailard, ce fut l'impulsion qu'il donna à son siècle. A sa voix, l'ardeur pour l'étude était devenue universelle : trois mille écoliers assistaient à ses leçons. Ressuscitant les prodiges et les habitudes poétiques de l'antiquité, c'était sous la voûte des cieux qu'il proclamait ses doctrines. Sur les degrés de la montagne Sainte-Geneviève, sur ces coteaux aujourd'hui occupés par de savantes écoles, alors couverts de vignes, de fleurs et d'ombrages, se dessinait en amphithéâtre vi-

---

tem, et varias occupationes philosophantium admiratus, velut illam scalam Jacob, cujus summitas cœlo tangebat, eratque adscendentium et descendentium angelorum, lætæ peregrinationis urgente stimulo coactus sum profiteri : quod vere dominus est in loco isto et ego nesciebam. Illud quoque poeticam ad mentem rediit : « Felix exilium cui locus iste datur. » (*Joannes sarisberiensis, epistola ad sanct. Thomam Cantorb. arch. scripta*, anno 1164.)

vant et animé une jeunesse attentive et studieuse : scène variée et pittoresque dont notre solennel enseignement, nos régulières académies, reproduisent bien faiblement l'intérêt et la grandeur. Le maître remuait à son gré cette multitude avide d'apprendre. Obligé de céder à la fureur de ses ennemis, de se dérober à sa gloire, Abailard se retire-t-il dans une solitude, près de Nogent, dans le diocèse de Troyes, aussitôt ses disciples se pressent sur ses pas; des cabanes s'élèvent autour de sa retraite, une solitude devient le sanctuaire de la science [1]. Notre avidité de savoir semble aujourd'hui languissante auprès de cette ardeur, de cet entraînement du moyen âge. La science nous attire encore, il est vrai, par le sentiment de son utilité, de la dignité morale qu'elle donne et maintient. Mais répandue de toute part, elle coule autour de nous si facile et si abondante, que l'habitude nous la rend presque fade. Bien différentes étaient alors les dispositions de ceux qui la recherchaient! Plongés pendant six siècles dans

---

[1] Quod quum cognovissent scholares, cœperunt undique concurrere et relictis civitatibus et castellis solitudinem inhabitare, et pro amplis domibus parva tabernacula sibi construere, et pro delicatis cibis herbis agrestibus et pane cibario victitare, et pro mollibus stratis culmum sibi et stramen comparare, et pro mensis glebas erigere. (ABAELARDUS, l. c., cap. 11, pag. 28.)

d'épaisses ténèbres, avec quel empressement les esprits ne saisissaient-ils pas le faible rayon qui brillait à leurs yeux ! Il y avait là toute la vivacité, toute la persévérance d'une longue attente, toute la conscience d'un avenir de liberté. Alors, comme aujourd'hui, on semblait chercher l'énigme de l'humanité ; la science était pleine de mystère et d'avenir [1]. Aussi quel empressement à recueillir ces inspirations soudaines si précieuses par leur nouveauté, si piquantes par la difficulté même de les conserver ! Nous, nous embrassons la science comme la garantie et la consécration de la liberté ; on la recevait alors comme son espérance et son dédommagement. Sur la pente d'une extrême civilisation, nous cherchons dans un mouvement nouveau des esprits une régénération sociale ; le moyen âge, à peine sorti de la barbarie, demandait à l'étude les lumières de la civilisation. Cette science, que l'on invoque aux deux extrémités de l'ordre social, aura-t-elle la double puissance qu'on lui demande ?

---

[1] Quum per totam fere Galliam in civitatibus, vicis et castellis, a scholaribus non solum intra scholas, sed etiam triviatim, nec a litteratis aut provectis tantum, sed a pueris et simplicibus, de S. Trinitate, quæ Deus est, disputaretur. (*Episcoporum Galliæ Ep. ad Innocentium II.* — BERNARD., Epist. 370.)

Ces rapports entre deux époques si opposées sont-ils un progrès ou un retour?

Quoi qu'il en soit, ces discussions théologiques, que nous avons peine à concevoir, étaient le grand intérêt, l'intérêt politique du douzième siècle : discussions tout aussi vives, tout aussi fécondes que le peuvent être nos débats de tribune, nos controverses de journaux. Car ces questions, bien que relevées et grandes, ne sortent pas du cœur de l'homme, n'ont pas leurs racines dans ses plus intimes affections : ce sont exercices de l'esprit, combinaisons intellectuelles, systèmes de la réflexion, et non comme alors des convictions de l'âme, des questions d'éternité. Pour le moyen âge, la théologie c'était l'homme tout entier, le présent et l'avenir, l'âme et l'esprit : l'âme, avec ses croyances pleines de jeunesse et de vie, rêvait sans cesse de Dieu, de l'enfer et du paradis; l'esprit, avec ses doutes naissans, sa hardiesse naïve, se débattait sous les formes et les liens de la scolastique. L'avantage où l'inconvénient d'un siècle éclectique comme le nôtre, c'est de ne voir dans les plus importantes questions que des idées : le douzième siècle y voyait des vérités religieuses. On concevra combien, considérées de cette hauteur, les controverses théologiques devaient frapper les esprits, ébranler les imaginations. On concevra aussi pourquoi aujourd'hui elles nous trouvent si indifférens. Je me trompe ; qu'on y regarde de plus près : nous revenons à la scolastique. Les discussions philosophiques qui occupaient les écoles d'Alexandrie à leur déclin, et qui, après avoir parcouru les sables de l'Asie, sont revenues à travers les mers exercer la puissante activité du moyen âge, ces discussions ont reparu. Quelque chemin que nous ayons fait, nous n'avons été que de la synthèse à l'analyse, de Platon à Aristote, et nous voilà revenus à Proclus et à Anselme.

Abailard laissa la science à peu près où il l'avait prise ; il venait trop tôt : le génie est moins fort que le siècle où il vit, quand il devance ce siècle : pour le mener, il faut qu'il le suive. Resserré dans les formules étroites de la scolastique, Abailard en subit le joug. Son hardi génie fut moins fort que la routine, et toute sa gloire fut d'y marcher librement, sans pouvoir toutefois s'en affranchir. Le programme d'Abailard était neuf et hardi : en théologie, il substituait l'esprit d'examen à la foi ; en morale, l'autorité de la raison au dogme [1] :

---

[1] Duplessis d'Argentré, *Collectio judiciorum de novis erroribus*, t. 1, p. 21. — Capitula errorum Abael. I. Quod pater sit plena potentia, filius quædam potentia, spiritus sanctus

vaste division dont Luther devait développer la première partie et Charon la seconde.

Toutefois, si Abailard n'eût été qu'un habile théologien, peut-être son nom fût-il demeuré obscur comme tant d'autres noms alors si brillans, maintenant effacés. Mais les malheurs de l'homme ont vécu plus long-temps que l'éloquence du professeur. Les plaintes d'Héloïse retentissent encore dans toutes les

nulla potentia. II. Quod spiritus sanctus non sit de substantia patris aut filii. III. Quod spiritus sanctus sit anima mundi. VI. Quod liberum arbitrium per se sufficit ad aliquod bonum. VII. Quod ea solummodo possit Deus facere vel dimittere, vel eo modo tantum, vel eo tempore, quo facit, et non alio. X. Quod non peccaverunt qui Christum ignorantes crucifixerunt; et quod non culpæ adscribendum est, quidquid fit per ignorantiam. XII. Quod potestas ligandi atque solvendi apostolis tantum data sit, non successoribus. XIII. Quod propter opera nec melior nec pejor efficiatur homo. XIX. Quod nec opus voluntas, neque concupiscentia, neque delectatio, cum movet eam, peccatum sit, nec debemus velle eam exstinguere. De S. Trinitate docens et scribens, tres personas nimis attenuans, non bonis usus exemplis, inter cætera dixit : Sicut eadem oratio est propositio, assumptio et conclusio, ita eadem essentia est pater, et filius, et spiritus sanctus. Ob hoc Suessionis provinciali contra eum synodo, sub præsentia Romanæ sedis legati, congregata, libros quos ediderat propria manu ab episcopis igni dare coactus est, nulla sibi respondendi facultate, eo quod disputandi in eo peritia suspecta haberetur, concessa. (OTTOFRISING, *De gestis frid.*, lib. I, c. 47. — ABAEL., Epist. 1. *De calamitat. suis*, cap. 9, p. 20, ss.)

âmes, et le son lointain de ses douleurs n'en est devenu que plus touchant. Détruirons-nous cette douce illusion? Dirons-nous que l'on cherche en vain dans les lettres d'Abailard cette naïveté, cette tristesse, ces épanchemens de l'âme, tous les sentimens enfin que réveille en nous ce nom devenu l'expression de la constance et du malheur? Il faut bien l'avouer cependant : dans les lettres d'Abailard, il y a plus d'esprit que de passion, plus d'élégance que de chaleur; on n'y sent pas battre un cœur d'amant. Singulière ressemblance, et aussi leçon utile, que l'exemple des deux héros de l'amour dans les temps modernes! Pétrarque soupirant pour une Laure insensible; Héloïse abjurant le ciel pour un amant indifférent.

C'est là, du reste, un trait distinctif des mœurs des deux époques. Au siècle d'Abailard, la première passion, c'était la théologie; l'amour venait après. Abailard était donc et devait être, avant tout, jaloux de sa réputation d'écrivain, et non moins classique qu'amoureux. Il serait par conséquent possible que cette recherche de style, cette affectation d'élégance, qui affaiblit la vivacité du sentiment, fût une habitude de diction plus qu'un vice du cœur. Pour Héloïse elle-même, l'amour était encore un désir de la science. Dans Abailard, c'était le théologien autant que l'homme qui l'avait séduite. Héloïse, elle aussi, est raisonneuse, elle est savante. On sera moins surpris de cette disposition, si l'on se rappelle qu'au neuvième siècle, et même au douzième, les laïques, et parmi eux le sexe le moins propre au travail de l'esprit, étudiaient la littérature. De même de Laure et de Pétrarque. Seulement alors une philosophie sentimentale, un amour platonique, avaient remplacé la tendresse subtile, la passion théologique du moyen âge.

Autre singularité ! Ces infortunes, cet amour d'Héloïse et d'Abailard, aujourd'hui encore si pleins de magie, environnés d'un si vif et si touchant souvenir, languirent au moyen âge, oubliés en quelque sorte de la sympathie populaire, et renfermés dans l'enceinte des cloîtres. Au milieu de ces histoires d'amans, si nombreuses alors, fond inépuisable de poésies et de merveilleuses fictions, les noms des deux héros du Paraclet restent oubliés, et leurs malheurs obscurs. Puis tout à coup, après un long silence, ils reparaissent, entourés d'un intérêt et d'un charme nouveau. A quoi tient cette bizarrerie de leur destinée ? Comment s'est réveillée, pour de si anciennes infortunes, une sympathie qui leur avait manqué en des temps plus préoccupés de semblables peines ? Expliquons cette contradiction qui tient à l'histoire de l'esprit humain.

L'amour tel qu'il se produit au moyen âge, tel que nous le révèlent les romans, est plein de naïveté, de candeur, d'abandon. Confondu avec la piété, il en prend le caractère. Comme elle, ardent et pur, il conserve de la chasteté dans ses désirs, de l'innocence dans sa passion, de la foi dans ses égaremens. C'est l'amour tel que l'avaient fait les douces rêveries du nord, mêlées aux austérités des croyances chrétiennes : tradition touchante de vertu et de passion, de faiblesse et de repentir, dont madame de La Vallière fut la dernière et la plus brillante image.

Tel ne fut point l'amour d'Héloïse. Sans doute il a bien du moyen âge quelques traits ; mais sous beaucoup de rapports il en est différent, et c'est par là que, moins populaire alors, il est, plus tard, devenu si célèbre.

Héloïse, nous venons de le dire, était nourrie de l'antiquité latine, et peut-être même de l'antiquité grecque. Par ses études elle appartenait donc à cet esprit tout à la fois ancien et nouveau qui appliquait aux discussions théologiques les subtilités de la philosophie arabe, et portait une grande hardiesse dans des questions jusque-là sacrées, et inviolables à la simplicité de la foi. Disciple d'Abailard, elle dut en prendre le libre penser. De là le caractère et la destinée particulière de son amour, plus exalté que profond, plus savant que naïf, plus philosophique, pour ainsi dire, que religieux. Alors même que le malheur l'a vaincue, alors même que sa foi va chercher aux pieds des autels des consolations et des forces contre de trop puissans souvenirs, sa piété n'est pas résignée, son esprit soumis, son âme apaisée. Il y a en elle révolte morale, lutte de la passion contre la croyance. C'est qu'en effet Héloïse exprime autre chose qu'une affection individuelle. Elle trahit une disposition morale, une tendance philosophique qui ne devait se manifester que beaucoup plus tard. Ces regrets et ces doutes qui, malgré elle, corrompent les effusions de son zèle, les élans de sa piété, ils éclateront avec plus de force au quinzième siècle. Il n'est donc pas étonnant que le moyen âge, d'une foi si ingénue, si paisible, et par conséquent la poésie vulgaire qui le reproduisait, et qui du douzième au quinzième siècle étouffa la littérature savante, aient oublié les malheurs d'Héloïse et d'Abailard : mais par cela même les siècles suivans devaient s'en souvenir.

Bayle[1], le premier, ranima en faveur des deux amans un intérêt éteint. Pope, à son tour, ressuscita cet amour que le moyen âge n'avait pas compris, et peignit admirablement cette lutte naissante de la philosophie et de la religion, de la croyance et du doute. C'est bien là en effet Héloïse. Son ardeur, ses larmes, ses révoltes, sa résignation trahissent bien cette double nature que lui avait donnée la science d'une autre époque avec la foi du douzième siècle.

Cette image des premières hardiesses de la pensée au moyen âge fut le caractère distinctif de la philosophie au dix-huitième siècle. Ainsi vint encore s'ajouter à ces vieilles infortunes un intérêt moderne. Ainsi s'explique le titre de *Nouvelle Héloïse*, que Rousseau donne à son ouvrage : nouvelle passion d'un autre Abailard, nouvelle lutte de l'esprit philosophique contre l'esprit religieux. Au fond, n'est-ce pas la même question, le même combat, le même mélange d'amour et de raisonnement, de tendresse et de science, de piété et de philosophie ? Saint-Preux n'est que le continuateur d'Abailard. En effet, dans la vie errante du Genevois, dans cette manie de pa-

---

[1] *Dict. hist.*

radoxes et de vérités, dans cette parole puissante et persécutée, ne peut-on reconnaître une autre existence également aventureuse, brillante et infortunée? et Rousseau, par le titre même de son ouvrage, n'avouait-il pas cette ressemblance de génie, de gloire et de malheurs?

Rousseau avait aussi continué Pétrarque; il avait retrouvé ces rêveries poétiques, ces inspirations délicieuses conservées dans les souvenirs, dans les sites, dans l'air du ciel italien. Les promenades de Saint-Preux au lac de Genève, ses épanchemens d'amour et de philosophie, cette ivresse du cœur et de l'imagination, tout cela est un reflet du moyen âge et une émanation de Pétrarque[1], un écho et un prolongement de cette lyre pieuse et ardente qui avait enchanté la foi et la tendresse d'un siècle religieux et passionné. Cependant le caractère du dix-huitième siècle s'y trahit et devait s'y trahir. Enthousiaste, poétique, rêveuse dans Pétrarque, la philosophie dans Rousseau est froide et raisonneuse : c'est la philosophie sceptique du dix-huitième siècle, substituée à la philosophie religieuse et inspirée du quinzième : caractère nouveau qui altère, mais

---

[1] *Nouvelle Héloïse*, partie 2, lettre 11.

n'efface pas entièrement le cachet primitif, la teinte pure et brillante du soleil de l'Italie, l'impression pure et délicate d'un amour tendre et mystique.

Ainsi ce mélange de religion, de science et d'amour, commencé dans Héloïse et Abailard, continué dans Laure et Pétrarque, renaît dans les vers de Pope, se ranime dans la vive éloquence de Rousseau, marqué toutefois à trois caractères différens : empreint, dans Abailard, des subtilités de l'esprit ; c'est le temps de la scolastique : idéal et pur dans Pétrarque, il annonce l'influence nouvelle de la philosophie platonicienne ; enfin refroidi par le doute et le triste raisonner, il exprime la philosophie inquiète et un peu déclamatoire du dix-huitième siècle. Mais dans toutes ses transformations, il garde une physionomie unique, un trait particulier qui le distingue éminemment de l'amour ancien, je veux dire un sentiment d'immortalité, une spiritualité ardente et sublime, qu'il devait au christianisme, et qui a donné à nos mœurs, à nos arts, à notre civilisation tout entière une incontestable supériorité sur les mœurs, les arts, la civilisation ancienne.

On le voit, les amours d'Héloïse et d'Abailard

étaient en quelque sorte déplacés dans leur siècle. Au milieu de la foi entière, de la tendresse ascétique du moyen âge, cette piété savante, cet amour partagé entre Dieu et l'homme, étaient un anachronisme. Pope et Rousseau leur ont rendu leur véritable date et leur vrai sens.

Un homme seul, Pierre le Vénérable, comprit les deux amans; il fut indulgent et fidèle à la mémoire d'Abailard. Il écrit à Héloïse[1]; c'est à lui qu'Héloïse demande les derniers gages d'un amour malheureux[2]. Pierre ne se refuse point à cette consolation[3]. Les deux lettres qu'il adresse à Héloïse[4] sont remplies de témoignages de regrets et d'admiration pour Abailard,

---

[1] Ille tuus sæpe ac semper cum honore nominandus, servus ac vere Christi philosophus mag. Petrus. (PETRI VENER. *Epist. ad Heloïs.*, lib. 4, epist. 21.)

[2] Placeat etiam vobis mihi sigillum mittere, in quo magistri absolutio literis apertis contineatur, ut sepulchro ejus suspendatur. (*Epist. ad Petrum. Vener. in Abael. opp.*, p. 343.)

[3] Ego Petrus Cluniacensis, qui Petrum Abael. in monachum Cluniacensem recepi, et corpus ejus furtim delatum Heloïsæ abbatissæ et monialibus Paracleti concessi, auctoritate omnipotentis Dei et omnium sanctorum absolvo eum pro officio ab omnibus peccatis suis. (*Epist. ad Heloïs.*, l. c., p. 344.)

[4] Liv. 4, epit. 21.

qu'il ne désigne que sous le titre de Maître. Il y a, dans Pierre le Vénérable, quelque chose de la piété et de l'âme de Fénelon, dont Abailard, du reste, avait devancé la pieuse résignation au jugement de l'Église.

CHAPITRE X.

Saint Bernard. — Suger.

Abailard et saint Bernard représentent, dans leur lutte opiniâtre, les premiers essais de l'indépendance philosophique contre l'unité religieuse. Abailard succomba; il en devait être ainsi : son heure n'était pas venue. La philosophie ne pouvait alors légitimement prétendre à gouverner le monde. Excellente comme préparation à l'indépendance moderne, elle pouvait bien éblouir, agiter le moyen âge, mais non le dominer; car elle contenait l'esprit d'examen et de doute, et le moyen âge était avant tout un siècle de foi et d'unité. Pour ne pas périr, ainsi devait-il être. En face de cette aristocratie féodale, si puissante, si habilement échelonnée, il fallait une autre organisation non moins solide, une hiérarchie aussi indestructible. L'Église était le seul contre-poids de la féodalité; et au douzième siècle, l'Église, avec sa force, est tout entière dans un homme.

Cet homme, le rival et le vainqueur d'Abailard, c'est saint Bernard.

Les traits distinctifs du génie et du caractère de saint Bernard sont précisément ceux qui manquent à Abailard : le jugement et la fixité. Jeune, une pensée s'empare de lui, et cette pensée a décidé de sa vocation. La solitude et la réforme de l'Église, voilà sa passion et sa destinée. Dans cette œuvre longue et difficile, il commence par les siens ; il soumet à sa règle et à sa conviction sa propre famille ; écueil où ont échoué bien des réformateurs. Puis il établit dans Clairvaux, et par Clairvaux dans une grande partie du monde monastique, la discipline, les mœurs, le travail et les vertus qui s'en étaient exilés. Fénelon a peint avec sa vive et douce imagination ces réformes de saint Bernard.

« Pendant que saint Bernard plante et arrose, Dieu donne l'accroissement. Cultivé par des mains pures, le désert germe, fleurit, et jette une odeur qui embaume toute l'Église. Dans ce champ hérissé de ronces et de buissons sauvages, naissent les myrtes ; à la place des épines croissent les lis. Jetez les yeux, mes frères, sur le grand arbre planté à Clairvaux. Naguère ce n'était qu'une faible plante qui rampait sur la terre, et dont tous les vents se jouaient : maintenant il porte ses branches jusque dans le ciel, et il les étend jusqu'aux extrémités de la terre. C'est qu'il est planté le long des eaux, et qu'un fleuve de grâce baigne ses plus profondes racines. La postérité de Bernard était bénie comme celle d'Abraham. Comment, dit-il en lui-même, moi, tronc stérile, ai-je donné la vie à tous ceux-ci? d'où me viennent tant d'enfans et tant d'héritiers de ma pauvreté et de ma solitude? de Flandre, d'Aquitaine, d'Italie, d'Allemagne, ils viennent en foule[1]. »

Bientôt le nom et l'influence de saint Bernard se répandent dans toute la chrétienté; il est assez puissant pour faire un pape. Il fait confirmer l'institution des Templiers, fait reconnaître la légitimité d'Innocent II, le soutient contre les intrigues d'Anaclet et les armes de Roger, roi de Sicile; il réconcilie avec le pape les Génois et les Milanais. Il ramène sous l'obéissance de l'empereur Lothaire ses deux neveux, Frédéric et Conrad. Il est, à Rome, proclamé père de la patrie et restaurateur de l'Église. Il prêche en Allemagne, et décide la croisade, en réunissant Conrad, empereur d'Allemagne, Louis le Jeune, roi de France, et les princes les plus puissans de l'Europe.

[1] *Sermon pour la fête de saint Bernard.*

Aujourd'hui on comprend mal un tel ascendant; il en faut demander l'explication aux croyances du moyen âge. Les deux besoins principaux de la société au moyen âge étaient l'ordre et l'unité : l'ordre dans l'organisation matérielle et politique de la société; la féodalité y avait pourvu : l'unité dans l'ordre moral et religieux; l'Église y devait satisfaire. Mais la féodalité n'embrassait qu'une partie de la société; elle ne reconnaissait que la noblesse; elle avait oublié ou plutôt sacrifié le peuple. Cependant ce peuple et cette liberté exclus et refoulés s'échappaient par quelque endroit. La partie démocratique débordait, et se réfugiait dans les cloîtres, non pas seulement pour y trouver des consolations spirituelles; elle y cherchait aussi des libertés temporelles, des franchises locales, qu'elle opposait aux priviléges, aux violences capricieuses de la féodalité. Une grande partie des lettres de saint Bernard roule sur ces conflits intérieurs, sur ces questions d'intérêt local qui cachaient une question plus haute et plus générale. Ces prétentions du clergé, quelquefois exagérées, avaient cependant un côté juste, j'ai presque dit national. Étudiées de ce point de vue, ces querelles d'abbés et de seigneurs, de châteaux et de couvens, s'agrandissent; elles s'éclairent d'un jour nouveau; elles expliquent la vivacité de l'attaque et celle de la défense. Au fait, c'était une question de liberté, un duel entre la noblesse et la roture, qui alors ne vivait que dans le clergé.

Toutefois ce besoin n'était en quelque sorte que secondaire : le premier, c'était l'unité de croyance. Saint Bernard l'avait admirablement compris; car ce besoin était sa plus ardente conviction. De là tout ensemble l'autorité de sa parole et l'entraînement de son éloquence.

La parole et la conviction, tels furent en tout temps, et au moyen âge plus que jamais, les deux grands leviers de la société. Dans l'Église surtout, la parole, c'était l'empire : c'est en enseignant les nations qu'elle les avait conquises. Les cinq premiers siècles du christianisme ne furent qu'une longue prédication. Quand la parole a manqué à l'Église, la force s'est retirée d'elle. Voyez-la du quinzième au dix-septième siècle : Luther, Calvin prêchent seuls, et ils triomphent; Bossuet paraît, et l'Église a retrouvé sa puissance et son unité.

Ainsi, au douzième siècle, saint Bernard la relève de sa déchéance : sa parole fut un glaive qui la replaça sur le trône de l'univers, et balança la violence de la féodalité. Cette parole était d'autant plus puissante, qu'elle était plus spontanée ; car ce lui fut, avec Bossuet, un autre trait de ressemblance. Sur trois cent quarante sermons que contient le recueil des œuvres de saint Bernard, un très-petit nombre est complet ; le reste semble plutôt un texte qu'un discours, une pensée que l'orateur chrétien ne développait qu'avec l'inspiration de son âme et de son auditoire. Ainsi devrait toujours s'exercer le grand ministère de la parole évangélique[1] !

Organisation sociale dans l'ordre monastique, unité de la croyance religieuse : ces deux besoins et ces deux pensées forment donc le fond des sermons et des lettres de saint Bernard. Des exhortations à la profession religieuse, ses devoirs, sa perfection ; des discussions sur les droits, les intérêts, les torts, les obligations, les affaires particulières de certains monastères; des controverses relatives à l'élection de quelques évêques, à l'administration des diocèses, ou même au gouvernement général de l'Église, telle est la matière habituelle des lettres de

---

[1] Les sermons de saint Bernard ont-ils été prononcés et écrits en latin? ou bien, prononcés en roman, ont-ils été traduits de cet idiome en latin? On doit, ce nous semble, adopter cette dernière opinion. Les prêtres, après avoir prêché en français, traduisaient leurs sermons en latin. (Dom Liron, *Singularités historiques*, t. 1, p. 105, 112.)

saint Bernard. Ainsi, monastique, dogmatique, politique, sa correspondance répondait au triple besoin de cette époque ; à savoir, l'organisation ecclésiastique en face de la hiérarchie féodale ; l'unité de la foi en présence des hérésies naissantes ; l'autorité spirituelle comme opposition à la force brutale, qui alors n'avait pas d'autre contre-poids. Adressées aux princes, aux grands, aux ministres, aux évêques, à des ecclésiastiques de tout rang, ces épîtres, au nombre de quatre cent quatre-vingts, renferment quelquefois des conseils sévères, dont les rois et les papes ne sont pas exempts[1]. Ici se découvre une nouvelle face du génie ou plutôt du siècle de saint Bernard.

Saint Bernard remporta dans sa carrière théologique et politique deux grands triomphes, le premier sur Abailard, le second sur Suger. Nous avons dit pourquoi il devait obtenir le premier. A quoi tient le second ? A la même cause, à la pensée profondément religieuse du moyen âge que, mieux qu'aucun autre, saint Bernard avait comprise, parce qu'il l'avait lui-même au fond du cœur. Le moyen âge, Abailard et Suger l'avaient mal saisi ; ils étaient en

---

[1] *Lettre et reproches à Suger*, épît. 78 ; *à Innocent II et Innocent III*.

avant de leur siècle : Abailard était le précurseur de l'indépendance religieuse ; Suger annonçait le génie de la politique et de l'administration, que saint Louis, le premier, fit marcher de front avec la religion ; que Louis XI en sépara, mais qui alors lui était complètement soumis, ou plutôt il n'y avait qu'une politique, la religion. Ainsi Suger s'opposant aux croisades, cette grande pensée de Grégoire VII, et le vœu de Urbain II, héritier du génie et de la hardiesse de Grégoire, Suger fut vaincu : il luttait contre son siècle. Singulière destinée des prévoyances humaines ! Ces croisades, que repoussait Suger, favorisèrent, par le fait, l'agrandissement du pouvoir royal, et affaiblirent cette puissance religieuse dont saint Bernard fut l'apôtre et le défenseur. Mais alors les croisades étaient une nécessité. La force et le secret de saint Bernard, comme celui de tous les grands hommes, fut de marcher avec son siècle : il ne provoqua pas les croisades, il les seconda. Il doit donc être doublement absous et par le motif et par le résultat : ce résultat fut immense. Les croisades affranchirent l'Europe : elles émancipèrent le peuple, par la destruction de la noblesse ; le pouvoir monarchique, par celle de la féodalité. Leurs conséquences furent plus fécondes encore ; car elles refoulèrent à jamais le despotisme mahométan, qu'il fallait détruire dans son berceau, pour ne le pas combattre une seconde fois en Europe.

Si l'on conçoit l'ascendant et la victoire de saint Bernard sur Suger, en tant que ministre, en tant que précurseur d'une politique trop moderne, et par là même la rudesse des conseils de l'abbé au ministre, on concevra également l'ascendant que saint Bernard avait dû prendre sur les papes, ascendant que favorisèrent peut-être les circonstances en plaçant sur le trône pontifical Innocent II et Innocent III, le premier, protégé de saint Bernard, le second, son disciple, mais qu'elles ne firent pas seules. Voici à cette influence une cause plus réelle. Au moyen âge, l'Église était une vraie république, une féodalité chrétienne; chaque membre du clergé était moins fort de sa force individuelle que de la force générale : or toute cette force était concentrée dans saint Bernard. Toujours il parle au nom de la chrétienté, dont le pape est le chef et lui le dominateur; c'est en ce sens qu'il a pu écrire à Innocent III, avec une vérité historique : « Je « suis plus pape que vous. »

Saint Bernard comprenait si bien cette puissance de la démocratie chrétienne, qu'il n'accepta aucune dignité ecclésiastique. Gênes veut le faire évêque ; il refuse : il aimait mieux sa position de tribun religieux.

Abailard, Suger, saint Bernard représentent dans leur opposition ces trois influences diverses du douzième siècle : les deux premières, faibles et naissantes, succombent sous la puissance ecclésiastique, qu'au quinzième siècle elles détruiront.

Dans cette esquisse de saint Bernard, nous n'avons retracé que l'abbé de Clairvaux ; l'écrivain n'y est pas reproduit : c'est qu'en effet saint Bernard ne fut point un écrivain. Ses lettres, ses sermons, étaient un acte politique ou religieux, et non une œuvre littéraire. Ses lettres, pour la plupart, étaient écrites sous sa dictée par des moines qui lui servaient de secrétaires : usage depuis suivi par les grands écrivains du moyen âge, et qui explique la multitude, encore prodigieuse malgré ce secours, de leurs travaux intellectuels. Ses discours n'étaient aussi, nous l'avons dit, qu'un canevas, un texte que développait l'inspiration de l'orateur[1].

Il est cependant dans les œuvres de saint Bernard quelques traités, où nous pouvons saisir

---

[1] Voir, tom. 13 de l'*Hist. littér. des Bénédict.*, l'analyse des lettres et sermons de saint Bernard.

l'écrivain et le travail de la composition, entre autres, les quatre-vingt-six discours sur le *Cantique des Cantiques;* mais le principal est le traité de la *Considération*, c'est-à-dire de l'*habitude* des *réflexions* morales et pieuses.

Saint Bernard, lorsqu'il est lui-même, se montre avec une imagination vive et brillante. Son style, que déparent quelquefois la recherche et l'antithèse, est le plus souvent animé par une pensée pleine de vigueur, de mouvement et de pathétique, et qui, comme celle de Bossuet, se nourrissait des images et de la poésie de la Bible.

CHAPITRE XI.

Universités du moyen âge.—Leur mission politique.

L'ESPRIT nouveau, l'esprit de science et d'examen, vaincu dans les témérités d'Abailard, ne périt pas cependant; il resta au sein des universités, il s'y développa, et, aidé de la puissance et des encouragemens de la royauté, il y créa une autorité de savoir et de piété, qui put balancer les décrets de Rome et la science du clergé.

Quand au cinquième siècle la civilisation et la langue romaines périrent dans les Gaules, ce qui restait de littérature, faible et corrompu, se réfugia, nous l'avons vu, dans les couvens. Bientôt la science tout entière fut ecclésiastique, et elle finit par s'anéantir dans la théologie. Jusqu'au douzième siècle, bien

---

[1] On donne ordinairement au mot *université* une étymologie ambitieuse. On se trompe : université, au moyen âge et dans son acception première, voulait simplement dire *corporation*. Il y a eu des universités de *cordonniers*. (CUVIER, 35ᵉ leçon.)

que secondée au huitième par les efforts de Charlemagne, et plus tard par ceux de ses successeurs, la science resta stationnaire; elle ne sortit point des cloîtres. Au douzième siècle, cette enceinte lui fut trop étroite. Les écoles des abbayes et des chapitres réguliers cultivèrent encore avec ardeur toutes les sciences; mais, expression d'une époque qui s'en allait, si elles suivaient le mouvement des esprits, elles ne le guidaient pas; elles restaient concentrées dans les sciences divines, dont les sciences humaines commençaient à se détacher; de là leur décadence. Les universités, au contraire, furent la manifestation d'un esprit nouveau, satisfaisant à des besoins nouveaux. C'était l'introduction du peuple dans le sanctuaire de la science, jusque-là réservée au clergé. Le cloître ne fut plus le seul refuge pour le savoir; les dignités ecclésiastiques, ses seules récompenses. La cour des princes, les châteaux lui furent ouverts, et quelques fonctions civiles accessibles.

Ce privilége du savoir contribua, avec beaucoup d'autres causes, à l'influence et bientôt à la domination du clergé. Cette domination, souvent bienfaisante, quelquefois aussi violente et orgueilleuse, devait amener à son tour une réaction du pouvoir politique, et dans l'esprit humain une vive impatience de servitude. Ce double besoin de liberté politique et d'indépendance intellectuelle créa les universités, et explique, avec leur influence, les priviléges qui leur furent accordés par les rois [1] et par les papes, qui se disputaient et craignaient son influence [2].

Au douzième siècle, on ne pouvait combattre Rome qu'avec ses propres armes; on ne pouvait détruire la suprématie du clergé, fondée en partie sur la science, que par une science plus grande : la philosophie scolastique était seule en état de détrôner la théologie. Les universités se trouvèrent merveilleusement propres à cette mission, par leurs habitudes, par leurs membres, appartenant presque tous au clergé. Elles satisfaisaient à l'esprit reli-

---

[1] Ce n'est point à Charlemagne, mais à Louis le Jeune, que l'université dut son existence régulière et ses priviléges, qu'augmenta Philippe le Bel pour s'en faire un appui. Encore le nom d'université ne commença-t-il à être employé que sous saint Louis.

[2] L'université de Paris reçut des priviléges et ses réglemens de Robert de Courçon, légat d'Innocent III, qui voulait rendre aux lettres l'éclat qu'il en avait reçu. A côté des écoles de l'université existaient de petites écoles pour les deux sexes. Ces écoles payant un droit aux chantres de Notre-Dame, pour s'y soustraire, elles allaient tenir leurs classes en plein air; de là les écoles buissonnières.

gieux du moyen âge; en même temps que par leur existence à part, leurs privilèges dus à la puissance politique, et, comme nous dirions aujourd'hui, par leur harmonie avec les tendances contemporaines, elles répondaient au besoin nouveau d'indépendance intellectuelle. Aussi furent-elles, dans l'ordre philosophique et moral, l'opposition la plus active du moyen âge, la lutte la plus redoutable au Saint-Siége, l'appui le plus ferme, le plus habile défenseur des droits des rois contre les prétentions pontificales. Gerson, qui fut l'image la plus fidèle, la plus brillante de cette union du savoir et de la foi, nous le dit[1]. Philippe-Auguste ne s'y trompa pas. Ce n'est point à son amour seul pour les lettres qu'il faut faire honneur des priviléges dont il combla l'université : sa bienveillance était de la politique.

Ainsi le premier caractère de l'université fut un essai d'indépendance de l'esprit humain, et son but, une digue opposée aux envahissemens ultramontains.

La domination pontificale, les usurpations

---

[1] Quam quidem coactivam potestatem multi summi pontifices per successiones temporum et contra Deum et contra justitiam sibi applicarunt. (Jo. Gersonii opp., t. II, p. 174. — *De modis uniendi ac reformandi Ecclesiam in Concil. univers.*)

du spirituel sur le temporel, n'étaient pas, au moyen âge, les seuls embarras, le seul péril de la royauté, et le seul but de ses efforts. Une autre œuvre, un autre affranchissement lui était imposé ; à côté de l'influence romaine et avec elle, pesait sur les trônes la féodalité.

La royauté n'avait point attaqué de front, et par elle-même, la puissance pontificale. Elle avait cherché autour d'elle une institution qui eût du moyen âge le savoir et l'ardeur religieuse avec plus d'indépendance, et qui, tout en combattant le Vatican, restât fidèle aux yeux des peuples : telles étaient les universités. Pour ruiner la féodalité, elle suivit la même marche. Elle la vainquit moins par les armes que par des lois, par la force que par l'opinion ; les parlemens en seront les destructeurs. Deux puissances donc au moyen âge, créées et soutenues par la royauté pour une même fin, son affranchissement politique et spirituel, les parlemens et les universités.

Cette origine semblable et cette mission commune montrent pourquoi, pendant plusieurs siècles, ces deux corps demeurèrent si étroitement unis, et soutinrent les mêmes luttes : alliance d'intérêts qui produisit, pour l'université et la magistrature, une même profession de foi politique et religieuse, les libertés et les doctrines gallicanes, transaction alors nécessaire entre la croyance et la liberté.

Cette supériorité de savoir, ce caractère d'indépendance politique valurent à l'université de Paris ses priviléges et son influence pendant le treizième et le quatorzième siècle. On y accourait de toutes parts, d'Angleterre, d'Allemagne, d'Italie, d'Espagne, de tout le Nord; toutes les célébrités de la naissance, de la fortune, de la puissance, s'y trouvaient réunies et confondues en de modestes réduits : la rue du Fouarre[1], quartier des écoliers, est un témoignage de cette simplicité un peu grossière des écoles du moyen âge[2], que Dante a aussi consacrée[3].

L'université de Paris était consultée de toutes

---

[1] La rue du Fouarre était fermée aux deux extrémités, pour que le bruit des voitures ne troublât pas les études. Les classes commençaient à cinq heures du matin. (Voir TRISTAN, t. 3.)

[2] Scholæ illæ venerabiles junco sternebantur, fœno et palea ; ibi sedebant ex ordine scholares, ex omni confluentes natione, quandoque nobiles, e regum editi prosapia, solio destinati, summorumve pontificum quandoque consanguinei. Ibi magistrorum lectiones scriptis et auribus assidue excipiebantur. (*Discours prononcé en octobre* 1770. — In schol. medico.)

[3] Essa è la luce eterna di Sigieri
Che leggendo, nel vico degli strami[*],
Sillogizzò invidiosi veri.
(*Paradiso*, canto x.)

[*] Sigiere lesse filosofia in Parigi, rue du Foin.

parts ; son infaillibilité était presque égale à celle de Rome ; elle répandait partout ses doctrines, ses constitutions, ses priviléges. Elle suscitait en Allemagne ces universités, aujourd'hui si célèbres, et qui, comme les institutions germaniques, ont conservé au milieu des révolutions modernes, et à côté de toutes les hardiesses de la philosophie et des doutes de la science, les franchises, l'organisation, et un peu la turbulence du moyen âge. Les études elles-mêmes y ont retenu la gravité et un peu aussi la subtilité de la scolastique, et les défauts d'une érudition immense, mais mal digérée. Rien ne ressemble mieux à une thèse du moyen âge que les thèses des universités allemandes.

Cette prospérité de l'université s'affaiblit à la fin du quinzième siècle. Louis XI, qui avait porté le dernier coup à la féodalité, laissa les universités paisibles, sans haine ni faveur, quoiqu'il eût protégé l'introduction de l'imprimerie en France. Le rôle politique des universités cessa avec les querelles des ducs de Bourgogne et des ducs d'Orléans : le fameux discours du docteur Jean Petit fut leur oraison funèbre. Au seizième siècle, les fureurs de la Ligue les rejetèrent un instant au milieu des luttes civiles et des discussions religieuses. Malgré quelques erreurs et quelques exceptions, elles restèrent en général fidèles à leur principe, l'indépendance religieuse, et à leur origine, la monarchie. Quand, d'accord avec l'ambition des Guises, l'ambition de Rome voulut détrôner à la fois la dynastie et les libertés gallicanes, unie au parlement, l'université leur resta dévouée et protesta hautement contre cette double usurpation.

Ce fut pour ainsi dire leur dernière intervention dans les affaires, leur dernier acte public. Depuis, les universités tombèrent, comme tout le reste, sous l'égalité du despotisme monarchique. Elles portaient d'ailleurs en elles-mêmes un autre germe de mort : comme puissance religieuse elles avaient péri.

Rome, avec sa pénétration profonde et son instinct d'avenir, avait tout d'abord saisi la portée de ces essais d'indépendance philosophique qui se manifestèrent au treizième siècle. Active alors et habile, elle les avait combattus avec les seules armes qui puissent vaincre une opposition naissante, l'énergie et la sympathie du pouvoir avec les besoins nouveaux. Les dominicains, les franciscains allèrent prêchant au sein du peuple en langue vulgaire, détruisant ainsi par une parole ardente et une influence toute vive les doutes et les révoltes.

morales qu'avaient pu faire naître des hérésies récentes. Au quinzième siècle, même politique. A la réforme, elle opposa les jésuites; Loyola, à Luther; à une doctrine nouvelle, populaire, ardente, une milice jeune, persévérante, adroite. L'université, qui était une opposition, respectueuse il est vrai, mais enfin une opposition contre Rome, ne dut pas échapper aux jésuites. De là entre ces deux corporations ces disputes fameuses, cette guerre longue et opiniâtre, où s'illustrèrent le courage et l'éloquence de la famille des Arnauld, où éclata la verve mordante de Pascal : triomphe désastreux, dont la ruine de Port-Royal fut l'expiation.

Une autre cause acheva d'enlever à l'université ce qui lui restait d'autorité religieuse. L'établissement de la Sorbonne, en créant pour la théologie un tribunal spécial, transporta ailleurs l'influence qui avait tant contribué à entourer l'université de respect et de force. Enfin l'université se manqua à elle-même. Elle avait dû sa puissance et sa gloire à la supériorité de ses lumières. Elle avait conduit le moyen âge, parce qu'elle le devançait : en restant stationnaire, elle abdiqua. Elle fut remplacée par la philosophie du dix-huitième siècle, sans autre consolation, dans sa chute, que cette destruction des jésuites, qui lui avaient porté le premier coup. C'est à elle à ressusciter aujourd'hui par la science cet empire que la science lui créa. Elle peut, dépositaire de doctrines fécondes, bâtir sur les ruines des jésuites, sur les traditions de la philosophie expirante : son avenir, si elle le comprend, est aussi brillant que son passé. C'est là son devoir, ce sera sa gloire aussi. Qu'elle nous rende ces libres et fortes universités du moyen âge, si pleines de hardiesse et de vie; que, comme elles, elle agite, elle fixe les grandes questions qui travaillent la société; que dans les générations naissantes elle prépare l'avenir et le repos du pays ; et l'empire lui appartiendra. Empire glorieux, empire légitime, que ses souvenirs lui promettent, mais que seuls ils ne lui donneront pas.

CHAPITRE XII.

Scolastique. — Ses différens caractères.

La philosophie scolastique, objet principal de l'établissement des universités, avait précédé de beaucoup leur institution. Dès le onzième siècle et pendant toute la durée du douzième, les questions relatives à la nature et à l'origine des idées furent débattues avec beaucoup de chaleur dans les écoles, et on leur donna deux solutions différentes, qui se rattachaient directement à celles qu'avaient proposées, dans la Grèce, Platon d'une part, et Aristote de l'autre. Mais si les universités ne furent pas l'origine de la scolastique, elles en furent le théâtre le plus brillant.

La scolastique [1] est plus vieille que le moyen âge; elle n'est pas autre chose que l'application de la dialectique à la théologie : application qui remonte aux quatrième et cinquième siècles, et se rattache à l'alliance qui s'établit

---

[1] *A scholis.* Les écoles étant alors les seuls foyers de la science, la philosophie théologique fut appelée scolastique.

dès-lors entre le platonisme et le christianisme.

Les traditions chrétiennes, mêlées, au quatrième siècle, aux disputes philosophiques, transportées de Rome à Constantinople, furent représentées : les premières, par les pères et les conciles; les secondes, par les philosophes d'Alexandrie. Un instant séparées, ces deux grandes opinions régnèrent plus particulièrement, l'une dans les Gaules et en Afrique, l'autre dans l'Orient. Rapprochées de nouveau au dixième siècle, et fortes, l'une de l'autorité du dogme et de la tradition, l'autre des subtilités des Arabes, elles formèrent la scolastique : de là l'autorité d'Aristote et de saint Augustin également invoquée.

Au huitième siècle, saint Jean Damascène, dans son Traité de la foi orthodoxe, portant dans les mystères de la foi les investigations et les formes de la méthode platonicienne, imprima aux études théologiques le caractère qu'elles ont long-temps gardé. Saint Jean Damascène avait aussi fait, des livres d'Aristote, un abrégé qui devint le code des théologiens, qui remplirent de leurs discussions la cour du Bas-Empire, au temps de Constantin Porphyrogénète, Léon le Philosophe, Michel Ducas.

En Occident, le fond des premières études

scolastiques se composa des ouvrages de saint Augustin et de l'*Organum* d'Aristote, des écrits de Mamert, de Capella, de Boëce, de Cassiodore, d'Isidore et de Bède le Vénérable. Languissantes ou du moins obscures jusqu'à Alcuin, ces études reçurent de lui une vive impulsion. Alcuin fut le point de départ et l'âme d'une régénération intellectuelle. Auprès d'Alcuin paraissent Scott Érigène, saint Anselme de Cantorbéry, Bérenger de Tours, Lanfranc de Pavie, Abailard. Abailard et ses disciples se distinguent par la pureté du style et la hardiesse des opinions; ce furent les libres penseurs du moyen âge.

Alors commence la longue dispute des *nominaux* et des *réalistes*. Champeaux, maître d'Abailard, était à la tête des réalistes; Abailard, des nominaux. Les *réalistes* ou *réaux* croyaient que les idées ont une existence propre, et sont de véritables entités, et leur accordaient une réalité en dehors de l'esprit. Les *nominaux*, au contraire, pensaient, avec Aristote, que les idées générales ne sont que des abstractions, qu'un simple ouvrage de l'esprit qui les déduit à l'occasion des sensations; enfin ils n'y voyaient que des noms, d'où ils furent appelés *nominaux*. Néanmoins, toute cette époque de la philosophie conserva, au milieu de ces traits différens, et dans une physionomie originale, un caractère commun, le caractère religieux; la philosophie s'agite hardiment dans le cercle de la foi, mais elle ne le franchit pas.

Pierre le Lombard ferme cette première époque. Il entreprit de ramener la science à des règles fixes, qui devaient en prévenir les écarts. Il établit nettement les principales questions qui alors se débattaient dans les écoles, et rassembla, sur chacune de ces questions, les opinions des anciens pères, sous le titre de *Livre des Sentences*. Ce livre devint le code des écoles, l'autorité la plus puissante après celle des livres saints. Toutefois, le maître ne se préserva pas entièrement des écarts de l'imagination. Lui-même s'égara dans les profondeurs de ces recherches métaphysiques, qui sollicitent toujours, sans la satisfaire, la curiosité de l'esprit humain. Vainement la philosophie voulait rester unie à la théologie; malgré elle, elle s'en détachait. Le *maître* fut censuré. Gilbert de La Porée, plus hardi, il est vrai, le fut également, dans un synode tenu à Reims; saint Bernard poursuivait en eux les doctrines d'Abailard.

La philosophie, jusque-là étroite et pauvre, s'agrandit, s'enrichit des ouvrages d'Aristote, introduits ou du moins mieux connus en Europe depuis les Arabes. Mélange du mysticisme de l'école d'Alexandrie et de la rigueur aristotélique, la philosophie arabe, tout à la fois exaltée et subtile, vint compliquer, en s'y ajoutant, le fond déjà assez obscur de la philosophie. Introduite en France par Gerbert, devenu pape sous le nom de Sylvestre II, qui lui-même l'avait puisée dans les écoles de Cordoue et de Séville, elle se répandit sous son influence, et fut enseignée dans les couvens et monastères qu'il avait institués à Aurillac, sa patrie, à Reims, à Tours, à Sens, à Bobbio.

Les représentans de la philosophie arabe furent Avicenne et Averroës. Leurs ouvrages, semés de physique, d'astronomie, de chimie sous le nom d'alchimie, ont été la source de cette fausse science qui si long-temps a égaré les esprits dans des recherches au-dessus de l'intelligence humaine, et dans des superstitions contraires à son bonheur. La philosophie des Arabes seule eût été funeste ; la *logique* d'Aristote sauva l'intelligence, en la dégageant des liens de la théologie qui l'étouffait ; elle perfectionna la forme de la philosophie, qui était alors le côté libre de l'esprit humain.

Avec la vraie logique d'Aristote et au douzième siècle commence la seconde période de la scolastique, période d'indépendance, essai de liberté dont les apôtres sont Albert le Grand, saint Thomas d'Aquin et Duns Scott. Albert savait le grec et l'hébreu. Théologie, morale, politique, mathématiques, physique, alchimie, magie, il avait tout embrassé, sinon tout approfondi; car il est plus remarquable par son érudition que par l'originalité de sa pensée. Mais à une époque où la science était rare, éparse, difficile à acquérir, elle devait être une gloire, et nous pouvons ainsi comprendre le surnom de *Grand* que lui donnèrent ses contemporains.

Saint Thomas, moins physicien qu'Albert, fut plus métaphysicien et surtout plus moraliste. Son ouvrage, *Summa theologiæ*, monument de force et de grandeur, offre, avec une métaphysique élevée, un système entier de morale et de politique, et même d'une politique généreuse et charitable : la charité était la tolérance du moyen âge. Saint Bonaventure, le docteur séraphique, *doctor seraphicus*, égara la philosophie dans le mysticisme. Il mêla aux effusions de son âme, à ses contemplations les plus dévotes, les artifices de la science et les subtilités de la dialectique; s'abîmant ainsi dans ces extases d'amour et ces raffinemens de zèle qui, trois siècles plus tard, égarèrent l'onction et le génie de Fénelon.

Duns Scott forme, en quelque sorte, la transition entre la seconde et la troisième période de la scolastique. En effet, abandonnant les erreurs de la physique et du mysticisme pour l'analyse et la dialectique, il porta dans les recherches philosophiques une sagacité nouvelle, une grande précision, d'où le titre de docteur subtil[1], titre qui exprimait, outre le talent particulier de Scott, une indépendance d'esprit, une curiosité inquiète. Déjà le doute semblait pénétrer dans la foi, et la philosophie se détachait de la théologie : de là encore deux écoles, l'école des *thomistes* et l'école des *scottistes*, représentant, la première, l'idéalisme théologique du moyen âge, et par conséquent le principe de l'autorité ; la seconde, l'empirisme ou l'esprit nouveau, l'esprit d'analyse et de réforme.

Ce caractère fut principalement celui de la troisième époque de la philosophie scolastique. Il domina et se fortifia avec Raymond Lulle et Roger Bacon, tous deux franciscains, c'est-à-dire attachés à l'ordre qui prépara l'indépendance philosophique, comme l'ordre des

---

[1] *Doctor subtilis.*

dominicains maintint le dogmatisme, ou l'autorité ecclésiastique. Raymond Lulle [1], né à Palma, petite ville de l'île Majorque, allia en lui le génie espagnol et africain, l'exaltation et la subtilité, le mysticisme et la violence des passions. Son *Ars universalis* est une espèce de machine dialectique, où toutes les idées de genre étaient distribuées et classées, de sorte que l'on pouvait se procurer à volonté, dans telle ou telle case, tel ou tel principe.

Élève et continuateur de Scott, Roger Bacon s'adonna, comme lui, principalement à la physique, à l'optique et à l'astronomie. Il ranima le goût des sciences naturelles et celui des langues. En lui, la philosophie se sépara de la théologie; séparation qu'avait déjà préparée et commencée la vieille querelle des *nominalistes* et des *réalistes*. Abandonné pendant longtemps, le nominalisme reparut agrandi, développé par un élève de Duns Scott, Jean d'Occam, Anglais et franciscain. Il enseigna à Paris sous Philippe le Bel, qu'il soutint de ses écrits dans ses luttes contre les prétentions du Saint-Siége et du pape Boniface VIII.

Tandis que le nominalisme gagnait ainsi du terrain, le réalisme ne restait pas oisif. Les

---

[1] *Doctor illuminatus.*

thomistes, et même plusieurs *scottistes*, réunis seulement en tant que réalistes, le combattaient vigoureusement. Ils attaquèrent la doctrine d'Occam sous le rapport théologique et sous le rapport philosophique; sous le rapport théologique, ils l'accusaient d'être entachée de pélagianisme.

A côté des nominalistes et des réalistes, ou, en d'autres termes, de l'empirisme et de l'idéalisme, s'élevait le mysticisme, qui, né avec Scott Érigène, un peu moins obscur dans saint Bonaventure, se manifeste avec éclat au quatorzième siècle dans Gerson [1], élève du célèbre Pierre d'Ailly, ardent nominaliste, et son successeur dans la place de chancelier de l'université. Ainsi la philosophie du moyen âge, arrivée au plus haut point, perd confiance en elle-même; elle renonce à cette raison qui ne la satisfait pas. Sur le point de se séparer de la religion, c'est dans la religion qu'elle se réfugie. On dirait qu'effrayée de la révolution qu'elle a préparée, par un dernier effort elle rassemble toute sa foi. Il y a là quelque chose de Port-Royal : Gerson est le Pascal du quatorzième siècle.

Victorieuse de la théologie, la scolastique va

[1] *Doctor christianissimus.*

succomber elle-même sous la philosophie grecque, nouvellement arrivée de Constantinople : le génie d'Aristote recule devant celui de Platon. Le nominalisme, jusque-là l'esprit de liberté du moyen âge, vainqueur à son tour, immole Ramus en France; en Espagne, il soutient l'inquisition et proscrit les Américains. D'où vient ce changement? Le nominalisme, en réalité, avait moins attaqué le fond que la forme de la scolastique, et Aristote, en définitive, avec ses syllogismes, ses formules immuables, retenait l'esprit humain captif dans sa puissance même. Le platonisme, au contraire, dans son doute hardi, dans son indépendance mystique, se soumettait moins à l'autorité. La question se réduisait donc à une question de liberté religieuse et politique, et Rome, qui ne s'y trompait pas, fut sur le point de canoniser Aristote. Il fut ordonné d'enseigner exclusivement dans les écoles la doctrine de ce grand philosophe. La philosophie platonicienne fut donc, pour la pensée moderne, le signal de l'indépendance, comme la scolastique l'avait été pour le moyen âge. Le nominalisme, qui avait affranchi l'esprit des entraves de la théologie, était impuissant à le conduire plus loin; il était épuisé. Il était l'ancienne autorité philosophique, comme la théologie. l'ancienne autorité religieuse. Près de périr tous deux sous la réforme du quinzième siècle, il n'est pas étonnant que, d'abord divisés, ils se soient réunis pour une commune défense.

CHAPITRE XIII.

Essais d'indépendance religieuse.

Les universités et la scolastique avaient, nous l'avons vu, ébranlé les esprits, et inquiété la foi [1]. Au sein même du clergé, une lutte s'était engagée entre la philosophie et la théologie. Abailard, Gilbert de la Porrée, étaient de hardis novateurs [2]. En Italie, Arnaud de Brescia, élève d'Abailard et son ami, soutenait

---

[1] Ipsis quoque temporibus, studiis scholarum et scholarium reflorentibus, incipiebant magistri theologiæ, præcipue tamen præcipui prædicatorum et minorum lectores, disputare et disserere subtilius et celsius quam decuit aut expedivit ; qui non verentes tangere montes, a gloria Dei opprimendi, nitebantur secreta Dei investigabilia temere perscrutari, et judicia Dei, quæ sunt abyssus multa, nimis præsumptuose indagare. (Matth. Paris, ann. 1240, p. 612.)

[2] Quisquis hoc legerit non dubitabit quatuor labyrinthos Galliæ, id est Abaelardum et Lombardum, Petrum Patav. et Gilbertum Porret, uno spiritu aristotelico afflatos, dum ineffabilia Trinitatis et incarnationis scholastica levitate tractarent, multas hæreses olim vomuisse, et adhuc errores pullulare. (Bulæi *Hist. univ. Paris*; lib. 2, p. 200 ss., 402 ss., 562 ss., 629—660.)

ses doctrines. Le schisme de l'Orient et de l'Occident favorisait ce mouvement des esprits. Le peuple romain lui-même avait cherché, à la faveur des dissensions du Saint-Siége, à ressaisir le pouvoir que lui avait enlevé l'administration vigoureuse de Grégoire VII. La suprématie politique de Rome, fondée par le génie d'Innocent III, se soutint encore jusqu'à Grégoire IX, qui lui rendit toute sa vigueur par la publication d'un nouveau code ecclésiastique, les *Décrétales*. Mais bientôt compromise par les prétentions et les efforts mêmes de Boniface VIII pour la soutenir, elle s'affaiblit. L'unité de la foi s'altéra comme celle du pouvoir. Les embarras naissaient : les hérésies, qui furent les doutes philosophiques du moyen âge, se multipliaient ; la plus fameuse de ces hérésies fut celle des Albigeois. En voici l'origine.

Le manichéisme, débris et corruption du christianisme, auquel d'abord il avait été lié, après être long-temps resté obscur, reparut dans les contrées occidentales de l'Arménie, et, aux septième et huitième siècles, forma la secte des pauliciens.

Les pauliciens, chassés de l'Asie par les persécutions des empereurs grecs, reçus dans le Languedoc près d'Albi par Raymond, comte de Toulouse, se multiplièrent aussi en Italie sous le nom de *paterini*. La persécution des *pauliciens* dans l'empire d'Orient, de 845 à 886, introduisit dans l'Occident les germes de la réforme par deux voies opposées. Les *Bulgares*, au milieu desquels les empereurs grecs avaient transplanté une partie de ces sectaires, s'étant adonnés plus tard au commerce, répandirent leur doctrine dans toute la vallée du Danube, qu'ils parcouraient avec leurs marchandises, et la portèrent enfin en Bohême, où elle prépara les voies à *Jean Hus* et à Jérôme de Prague. Les autres pauliciens qui étaient demeurés en Arménie et en Syrie profitèrent de la tolérance des kalifes pour porter leurs opinions avec leur commerce en Afrique, en Espagne, et enfin dans l'Albigeois, partie de la France la plus rapprochée de la domination des Maures. Du Languedoc, cette croyance se répandit dans tous les pays où la langue provençale était cultivée, des extrémités de la Catalogne à celles de la Lombardie[1].

Elle s'étendit sous des noms divers : *catharistes* ou *puritains*, *pétrobussiens*, *henriciens*, *picards*, *paterini*; toutes nuances légères qui se sont résumées et effacées sous le nom d'*Al-*

---

[1] Bossuet, *Hist. des Variations.*

bigeois, qui aussi étaient appelés *Bulgares*, car ils reconnaissaient un patriarche ou primat en Bulgarie [1].

A côté de ces sectes, s'en éleva une autre que l'on a quelquefois confondue avec elles, mais qui, bien que la même au fond, l'indépendance des opinions, en était distincte et dans son origine et dans ses croyances : je veux dire les Vaudois [2].

Le manichéisme, qui faisait le fond de la doctrine des Albigeois, était un produit des anciennes superstitions et des subtilités de l'Orient. Par ses dogmes, il se rattachait à tous les égaremens de la philosophie païenne et hébraïque. Les pauliciens reconnaissaient et étudiaient les pères de l'Église ; mais ils attribuaient la création du monde à une divinité malfaisante, qu'ils supposaient être l'auteur de

---

[1] Hæretici albigenses papam suum appellant, habitantem in finibus Bulgarorum, Croatiæ et Dalmatiæ, juxta Hungarorum nationem. (C. Portuensis *ad Rothomag. archiep.*)

[2] Waldenses autem dicti sunt a primo hujus hæresis auctore, qui nominatus fuit Waldensis. Dicuntur autem pauperes de Lugduno, quia ibi incœperunt in professione paupertatis. (Willelmus Neubrigensis, ann. 1197. *De rebus angl.*, lib. 3, c. 13.) Quodam præsagio futurorum sortiti vocabulum dicti sunt Waldenses nimirum a *Valle densa* eo quod profundis et densis errorum tenebris involvuntur. (Bernardus, *Abbas Fontis Calidi, contra Waldenses. Bibl. pp. max.*, t. 24.)

la loi judaïque ; et, en conséquence, ils rejetaient tout l'Ancien Testament. Croyant, avec les gnostiques, que Jésus-Christ était revêtu sur la terre d'un corps céleste et impérissable, ils niaient qu'il fût réellement mort et ressuscité.

La doctrine des Vaudois, au contraire, bien que fausse, était simple et dégagée de toute influence des écoles, de tout sophisme. Née au pied des Alpes, dans l'esprit de quelques pasteurs, au milieu des rêveries de l'imagination et des réflexions de la solitude, elle fut en Europe le premier réveil spontané de l'intelligence cherchant la liberté. Ce n'était point désir de secte, mais conviction profonde. Les Vaudois ne cherchaient point à répandre leurs opinions, heureux de les conserver dans le secret de leur primitive obscurité. Aussi, moins répandus que les autres sectes, ils se sont mieux conservés : république politique et chrétienne, au milieu du despotisme féodal et religieux, précurseurs des moraviens modernes et des protestans, ils avaient des ministres de leur choix. Ils ne reconnaissaient ni la légitimité des sermens ni celle de la peine capitale[1].

---

[1] Item dicunt quod peccant omnes judicium vel justitiam

Singulière condition de l'esprit humain, condamné, ce semble, à reproduire éternellement, et dans les mêmes lieux, les mêmes opinions ! C'est encore de la Suisse que, de nos jours, s'est élevée la première protestation contre la peine de mort ; c'est la Suisse qui propose des prix à la plus heureuse solution de ce problème social'.

Aux Albigeois et aux Vaudois il faut ajouter d'autres dissidens : les *parfaits*[2], qui soutenaient que le règne du Saint-Esprit était advenu ; qu'il remplaçait celui des deux autres personnes de

sanguinis exequentes, et homicidas reputant et perditos. (D'Argentré, t. 1, p. 87.)

[1] Non-seulement les opinions des Vaudois, mais les Vaudois eux-mêmes subsistent. Au fond de leurs montagnes, ils ont conservé leur foi et leur simplicité, et des vertus qui n'étaient pas toujours dans les autres sectes, les catharistes entre autres et les gnostiques. Long-temps persécutés par les ducs de Savoie, ils obtinrent enfin de pouvoir habiter tranquillement dans un district fort resserré, et dont les cinq sixièmes sont occupés par de hautes montagnes. Ils ont treize églises. Comme monument de la doctrine de leurs ancêtres, ils possèdent un poème de l'an 1100 en dialecte vaudois, *la Nobla leïcon*, et un catéchisme en la même langue et de la même époque.

[2] Quidem dicuntur *perfecti* et hi proprie vocantur *povres valdenses* de Lyon. Solent mansiones habere in locis ubi habent studia sua, vel celebrant conventicula, quæ circumquaque aliis sunt inaccessibiles, ne prodantur, ut in foveis subterraneis, vel aliter sequestratis. Noctibus autem maxime

la Trinité, et que désormais la grâce se répandrait intérieurement dans les âmes, sans aucun signe extérieur, sans sacremens, sans prélats, et surtout sans pontife romain : erreurs que plus tard l'Angleterre vit renaître et dominer avec quelques légères modifications; les *stadings*, d'un canton aux confins de la Frise et de la Saxe, reproduisaient quelques points du manichéisme; les *pastoureaux*[1], les *ribeauds* étaient contraires à quelques dogmes catholiques, et particulièrement à l'autorité du pape et du clergé; les *flagellans* joignaient à des austérités insensées une doctrine qui tendait à investir les laïques du pouvoir d'absoudre; les *fraticelles* ou *frèrots* se vantaient aussi de donner l'absolution des péchés et de conférer le Saint-Esprit : ils prétendaient aussi qu'on s'élevait au Créateur par la contemplation de la créature, et qu'il y avait dans l'amour des élans et des transports qui, sortant l'âme des routes connues, lui faisaient rencontrer les vérités célestes plus facilement que dans l'état

---

hujusmodi conventicula frequentant. (Yvonetus in Martene. *Thes.*, t. 5, p. 1780.)

[1] Eodem tempore quo rex Ludovicus captus et detentus fuit sub anno MCCLI, facta est subito cruce signatio pastorectorum, et puerorum multorum, in regno Franciæ. (Matth. Paris, ann. 1251, p. 822 ss.)

d'une tranquillité vulgaire : c'étaient les précurseurs de madame Guyon ; les *apostoliques* enfin, qui réduisaient tous les devoirs du christianisme à la charité.

Toutes ces sectes, sous des noms et avec des formes diverses, étaient un prélude et un essai d'indépendance religieuse, à laquelle Rome opposa l'inquisition, dont l'idée semble se trahir dans une bulle de Lucius II, mais qui, à cette époque seulement, commença à être en vigueur.

La formation des idiomes modernes qui vont se développer contribua beaucoup à répandre ces germes de liberté[1]. Les Évangiles, les Épîtres de saint Paul, le Psautier, le Livre de Job avaient été traduits en français. Aux huitième et neuvième siècles, l'Église avait elle-même fait faire des traductions en langue vulgaire ; ces traductions, permises et encouragées alors, furent plus tard la cause d'une vive op-

---

[1] Sex sunt causæ hæresis : 1°-2° quia omnes, scilicet et viri et feminæ, parvi et magni, nocte et die, non cessant docere et discere. 3° Tertia causa hæresis est, quia novum et vetus Testamentum vulgariter transtulerunt, et sic docent et discunt. Audivi et vidi quemdam rusticum idiotam, qui Job recitavit de verbo ad verbum ; et plures qui novum testamentum perfecte sciverunt. (RAINERII *Summa*, cap. 3, *in Bibl. max. pp.* 25, p. 263.)

position, lorsqu'on en interdit la lecture. Le chapitre des dominicains, en 1242, les proscrivit. Un chapitre de Cîteaux chargea les abbés de Cercamps et d'Orcamps d'en rechercher les exemplaires dans un monastère de Châles[1], et de les jeter au feu. Dans *le Monastère*, Walter Scott nous peint avec la fidélité et le charme piquant de sa narration cette inquiétude du clergé, ce pressentiment de la réforme : la Bible de lady Avenel était une révolte. Pour lire ces traductions, on se réunissait en conciliabules secrets[2]. On prêchait : c'était avec le mystère, toute l'ardeur d'une foi nouvelle et de la persécution.

[1] Prohibemus etiam ne libros veteris Testamenti aut novi, laïci permittantur habere : nisi forte psalterium, vel breviarium pro divinis officiis, aut horas B. Mariæ aliquis ex devotione habere velit. Sed ne præmissos libros habeant in *vulgari* translatos, arctissime inhibemus. (Concil. Tolosanum, ann. 1229, cap. 14.) — Item statuimus, ne aliquos libros veteris vel novi Testamenti in *Romanico* habeat; et si aliquis habeat, infra octo dies post publicationem hujusmodi constitutionis à tempore sententiæ, tradat eos loci episcopo comburendos : quod nisi fecerit, sive clericus fuerit, sive laicus, tanquam suspectus de hæresi, quousque se purgaverit, habeatur.
(Concil. Tarraconense, ann. 1234.)

[2] Et quoniam de diversis partibus in unum latibulum crebro conveniunt, conventicula et investigentur attentius, et si inventa fuerint, canonici severitate vetentur. (Conc. Turonense, ann. 1163, cap. 4.)

Rome comprit cette révolution lointaine, que la guerre et la destruction des Albigeois arrêta, mais n'éteignit pas, et qu'elle dispersa peut-être au contraire dans toute l'Europe [1]. Elle chercha à l'arrêter par le fer et le feu, l'anathême, les proscriptions et les indulgences. Du reste, elle luttait aussi par des moyens plus

[1] Quia in Gasconia, Albegesio, et partibus Tolosanis, et aliis locis, ita hæreticorum, quos alii catharas, alii paternos, alii publicanos, alii aliis nominibus vocant, invaluit damnata perversitas, ut jam non in occulto nequitiam suam exerceant, sed suum errorem publice manifestent, et ad suum consensum simplices attrahant et infirmos; eos, et defensores eorum, et receptores, anathemati decernimus subjacere; et sub anathemate prohibemus, ne quis eos in domibus, vel in terra sua tenere, vel fovere, vel negotiationibus cum eis exercere præsumat. Cunctis fidelibus in remissionem peccatorum injungimus, ut tantis cladibus se viriliter opponant, et contra eos armis populum Christianum tueantur; confiscenturque eorum bona, et liberum sit principibus hujusmodi homines subjicere servituti Qui autem in vera pœnitentia ibi decesserint, et peccatorum indulgentiam, et fructum mercedis æternæ se non dubitent percepturos. Nos autem fidelibus Christianis qui contra eos arma susceperint biennium de pœnitentia injuncta relaxamus. Illos autem qui admonitioni episcoporum in hujusce modi parte parere contempserint, a perceptione corporis et sanguinis Domini jubemus fieri alienos. (*Concil. Lateran.* 3 Gen., cap. 27.)—In primis ergo catharos et patarinos, eos qui se humiliatos vel pauperes de Lugduno falso nomine mentiuntur, passaginos, josephinos, arnoldistas perpetuo decernimus anathemate subjacere. (Lucii *Decret. contr. Hæreticos.*—*Decret.* Greg., lib. 5, tit. 7.)

nobles et plus puissans que le fer et le feu. Saint François d'Assise instituait trois ordres de frères mineurs. Ces ordres monastiques allaient de pays en pays, portant la science là où elle était nécessaire[1]. Les dominicains ou frères prêcheurs, toujours mêlés au peuple, qu'ils instruisaient dans la langue vulgaire, contribuèrent beaucoup à réveiller son intelligence assoupie, et à rendre le langage plus facile et plus simple ; ce fut un double progrès : progrès du langage et progrès de la pensée, qui, captive jusque-là dans un idiome savant et mystérieux, s'en échappait alors jeune et pleine d'avenir. Cette instruction de tous les momens, cette puissance active de la parole, augmentée par la religion, avait une merveilleuse influence. Là, en effet, se formait cette civilisation européenne si belle, si grande, si supérieure à la civilisation ancienne, brillante mais égoïste, et plus intellectuelle que

---

[1] Eo tempore exortæ sunt duæ religiones in ecclesia, videlicet minorum fratrum et prædicatorum, quæ forte hac occasione sunt approbatæ, quia olim duæ sectæ in Italia exortæ, adhuc perdurant, quarum alii humiliatos, alii pauperes de Lugduno se nominant. (*Chron. Ursperg. ad ann.* 1212.— *Ed. Argentor.*, 1609, p. 243.) — Quando clerici et monachi quasi ex toto a caritate Dei et proximi refrigerati fuerunt, et declinaverunt a priori statu suo, tunc melior fuit modus vivendi S. Francisci et S. Dominici. (*In Muratorii Script. rer. Ital.*, t. 9, p. 450.)

morale. De là une diffusion et en même temps une unité admirable de doctrines [1].

Chacun de ces ordres représentait une spécialité, ou une tendance politique. L'ordre de Citeaux exprimait plus particulièrement la pensée vigoureuse et pratique de l'Église. Les religieux de Prémontré étaient plus adonnés à la culture de l'esprit. Les dominicains étaient la milice de Rome, et les représentans des doctrines ultramontaines. Véritable partie démocratique de la république chrétienne, ils exprimaient le génie actif de Rome, comme les bénédictins le génie de la science. Puissans au treizième siècle, au quinzième ils furent relevés par les jésuites, qui furent le dernier mot de la puissance pontificale.

Ainsi Rome lutta jusqu'au quinzième siècle contre les sectes ardentes qui, soutenues et résumées par Luther et Calvin, démembrèrent alors son empire, et furent vaincues au dix-septième siècle par Louis XIV et par Bossuet. Le siècle de Louis XIV, en effet, fut une réaction religieuse, un triomphe sur l'esprit libre

---

[1] Nunquam fuit tanta apparentia sapientiæ, nec tantum exercitium studii in tot facultatibus : ubique cum doctores sunt dispersi in omni civitate, et in omni castro, et in omni burgo, præcipue per duos ordines studentes, Dominicos et Franciscos. (*Præfat. ad opus majus.*)

et hardi du quinzième et du seizième siècle. Le christianisme retrouva dans le génie de Bossuet sa puissante unité du moyen âge. L'histoire des *Variations* fut son dernier manifeste, et sa plus belle victoire. Après Bossuet s'achève cette ruine de l'unité chrétienne qu'Abailard avait commencée au nom de la philosophie; qu'avaient poursuivie, au nom des libertés gallicanes, le parlement et les universités; que Luther avait rendue irréparable : alors tout tombe. L'école hollandaise, Voltaire et Rousseau, renversent le temple ébranlé depuis trois siècles, et dont les débris, dispersés çà et là en Europe, tremblent encore sur un sol mal affermi : vastes ruines que le génie puissant de de Maistre a essayé de rassembler et de reconstruire.

Toutes ces sectes, terrassées au moyen âge par les foudres de l'Église et la foi des peuples, contenues au dix-septième siècle par le génie de Bossuet, au dix-huitième siècle honteuses devant le scepticisme ironique de Voltaire, reparaissent aujourd'hui, et notre siècle n'a pas même le mérite d'une seule hérésie nouvelle. La liberté de la femme [1], son élévation

---

[1] Præter errores jam dictos graviter errant quia feminas, quas in suo consortio admittunt, docere permittunt. (BERNARD, *abb.*, cap. 7.)

au sacerdoce [1], la communauté des biens [2], l'Église française [3], la prédication de l'ouvrier [4], tout cela, le moyen âge s'en est avisé avant nous. Mais alors l'hérésie n'était en quelque sorte que l'excès et l'égarement de la foi ; aujourd'hui n'en serait-elle pas l'absence ? Le moyen âge était une préparation, notre époque n'en est-elle pas une aussi ?

[1] Quidam autem de eis disserunt in sexu, dicentes quod ordo requirit sexum virilem ; alii non faciunt differentiam, quin mulier, si bona est, possit exercere officium sacerdotis. (D'Argentré, tom. 1, pag. 87.)

[2] Nihil habentes omnia sibi communia tanquam apostoli. (D'Argentré, id., t. 1, p. 87.)

[3] Aquam etiam benedictam Gregorianam in ipsa civitate Parisiensi fecerunt, matrimonia conjunxerunt. (*In Muratorii scriptoribus rer. Ital.*, t. 3, p. 591.)

[4] Tantum vivunt de labore ut opifices, doctores etiam ipsorum sunt sutores et textores. (*Bibl. max. pp.*, l. 25, cap. 7, pag. 272.)

CHAPITRE XIV.

Des lettres et des sciences aux douzième et treizième siècles.

Tandis que l'esprit humain allait ainsi s'affranchissant par la philosophie, les lettres et les sciences ne prenaient pas un essor moins rapide. Avec Hugues Capet, et sous une nouvelle dynastie, la France avait repris vie et avenir. Les traditions s'étaient soutenues et ranimées : Robert avait été disciple de Gerbert; Fulbert, évêque de Chartres, Bérenger, son disciple, archidiacre d'Angers, avaient grandi sous la protection royale. Dans les monastères et les écoles épiscopales, l'amour de l'étude refleurit. A côté des écoles s'élevaient les bibliothèques, autre cause de progrès, garantie indestructible de cette science que l'Europe retrouvait ou devinait. Les écoles même de femmes ne manquaient pas. Le Paraclet ne fut pas le seul établissement où la religion et l'étude consolèrent, en les remplaçant, des affections trompées. Des écoles nouvelles, plus populaires, s'établirent en dehors des cathédrales et des monastères : l'on remarqua dans certains diocèses l'établissement d'une double école, l'une pour les moines, l'autre pour les externes.

Cette semence fructifia. Sous Louis le Gros, les lettres grandissent avec la liberté, qui, renfermée auparavant dans le clergé et la noblesse, s'étend au peuple. Le règne de Louis le Jeune continua cette double et heureuse révolution. Les traductions des livres grecs et arabes en latin aidèrent à cet élan. Saint Louis fit traduire en français quelques parties de la Bible et de quelques autres ouvrages.

Quant au fond même des études, il ne changeait point. Toute la littérature se réduisait à sept sortes de facultés, qui formaient deux cours d'études divers, sous le nom de *Trivium* et *Quadrivium*[1], comprenant, le premier, la grammaire, la rhétorique et la dialectique; le second, l'arithmétique, la géométrie, la musique et l'astronomie.

Le moyen âge, en cela, imitait encore, mais sans intelligence, l'antiquité, qui, elle aussi, avait son unité d'études. « Jusqu'à présent je

---

[1] Toutes les sciences contenues dans le *Trivium* et le *Quadrivium* sont exprimées dans ce distique :

Gramm. loquitur; *dia.* vera docet; *rhet.* verba colorat;
Mus. canit; *ar.* numerat; *geo.* ponderat; *ast.* colit astra.

parais n'avoir fait que l'éloge d'un très-bel art (le chant), mais sans avoir encore démontré ses rapports avec l'éloquence. Passons rapidement aussi sur l'alliance autrefois reconnue entre la musique et la grammaire. Elle était telle, qu'Archytas et Aristoxène pensaient que l'étude de la grammaire était comprise dans celle de la musique. C'étaient aussi les mêmes maîtres qui enseignaient l'une et l'autre science, suivant le témoignage de Sophron, le poète mimique dont Platon faisait ses délices, et dont on trouva, dit-on, les livres sous le chevet du lit de ce philosophe, lorsqu'il mourut. Eupolis confirme ce témoignage, en mettant en scène Prodanus, qui enseigne à la fois la musique et les lettres; et Maricas, c'est-à-dire Hyperbolus, avoue que, de toutes les parties de la musique, il ne connaît que la grammaire proprement dite. Aristophane démontre dans plus d'un ouvrage qu'autrefois ces deux arts entraient dans l'éducation des enfans; et dans l'Hypobolimée de Ménandre, un vieillard opposant, à un père qui redemande son fils, le remboursement de ses dépenses, dit qu'il lui en a coûté beaucoup en maîtres de musique et en géomètres [1]. »

---

[1] Laudem adhuc dicere artis pulcherrimæ videor, nondum tamen eam oratori conjungere. Transeamus igitur id quoque, quod grammatice quondam ac musice junctæ fuerunt : siqui-

Cette confusion de la science, qui accablait l'esprit, était précisément ce qui flattait l'orgueil des savans. Du reste, dans cette classification grossière et imparfaite, se voit le germe de nos facultés modernes : mais elles ont divisé ce que le moyen âge confondait ; et en rendant à l'esprit humain la spécialité, elles lui ont rendu sa puissance.

La grammaire surtout était cultivée avec un soin particulier. Il n'y avait ni ville, ni bourgade, dit Guibert, abbé de Nogent, où l'on n'en eût ouvert des écoles, ce qui donna occasion aux gens de la plus basse extraction de l'é-

dem Archytas atque Aristoxenus etiam subjectam grammaticen musicæ putaverunt ; et eosdem utriusque rei præceptores fuisse, quum Sophron ostendit, mimorum quidem scriptor, sed quem Plato adeo probabit, ut suppositos capiti libros ejus, quum moreretur, habuisse tradatur ; tum Eupolis, apud quem Prodanus et musicen et litteras docet ; et Maricas, qui est Hyperbolus, *nihil se ex musicis scire, nisi litteras,* confitetur. Aristophanes quoque non uno libro sic institui pueros antiquitus solitos esse demonstrat ; et apud Menandrum, in *Hypobolimæo,* senex, reposcenti filium patri velut rationem impendiorum quæ in educationem contulerit opponens, psaltisve et geometris multa dicit dedisse. (QUINTILIEN, liv. I.)

Poursuivant cette idée, Quintilien montre les rapports de la musique avec l'éloquence, avec les vers, avec les mouvemens du corps ; et enfin il demande, pour l'orateur, la réunion de tous les talens, de tous les arts, et proclame nécessaire l'alliance des sciences et des lettres : c'est le plan nouveau de nos études.

tudier : paroles intéressantes, qui nous montrent l'instruction pénétrant au sein du peuple, mais qui ne doivent s'entendre que de la grammaire latine, dont on cherchait les principes dans Ovide, Virgile, Juvénal, mais surtout dans Priscien, Pierre Hélie, Maximien, Papias, Arator, Sédulius, Théophile, et autres auteurs sacrés. Au reste, alors, comme auparavant à Rome, le domaine de la grammaire était plus étendu qu'il ne l'est aujourd'hui ; elle embrassait les belles-lettres.

La théologie, au lieu de s'appliquer à la reconnaissance des textes, des versions, à l'examen des témoignages, à la recherche des faits, au sens littéral de la Bible, se perdit dans des interprétations mystiques. Les commentaires de l'Ancien et du Nouveau Testament, plus rares, se grossirent de questions oiseuses traitées dans les écoles.

L'éloquence resta grossière ; l'usage des oraisons funèbres reparut. Les orateurs restèrent bien loin de saint Bernard. Ils mêlaient le sacré et le profane ; Horace, Virgile, Lucain, Térence, Cicéron, Juvénal, Sénèque y venaient à côté de saint Augustin : mélange adultère qui se perpétua jusqu'à Bourdaloue, et dont Mascaron offre encore des traces nombreuses.

Les jurisprudences, civile et canonique, étaient confondues dans l'enseignement comme dans la pratique : la jurisprudence canonique domina jusqu'au treizième siècle. A cette époque seulement, la jurisprudence civile, défendue à Paris par les papes, qui la protégeaient en Italie, fut professée à Montpellier, à Toulouse, à Orléans.

L'histoire fut mieux cultivée; elle montre Othon de Frisingue, et Guibert, abbé de Nogent.

La poésie latine resta froide et décolorée; bien que les poètes latins fussent alors très-nombreux. Elle s'appliquait à tout, à l'histoire comme à la médecine. Les femmes et les filles savantes s'y adonnaient. On fit revivre les vers acrostiches, dont l'usage remonte au neuvième siècle. La poésie dramatique fut tentée : Guillaume de Blois composa des tragédies et des comédies.

Le genre épistolaire fut le plus brillant. Les lettres du pape Calixte II, d'Yves de Chartres, de saint Bernard, d'Héloïse et d'Abailard, de Pierre le Vénérable, précieuses pour l'histoire ecclésiastique et civile, sont remarquables aussi par l'élégance, et quelquefois la chaleur de la diction.

Le progrès le plus éclatant de ce siècle fut

l'étude publique des langues orientales, dont les croisades, en mêlant les peuples et les idées, firent sentir le besoin et rendirent la culture plus facile. Renfermées au siècle précédent dans quelques écoles, et surtout chez les frères prêcheurs et mineurs, elles en sortirent alors. En 1311 [1], le concile de Vienne ordonna de créer des chaires pour les langues des Arabes et des Tartares, dans les universités de Paris, d'Oxford, de Bologne, de Salamanque, de Louvain. Constantinople avait un collége près de la place Maubert : origine des *jeunes de langues*, rétablis par Louis XIV.

La géographie s'agrandit et se rectifia. Saint Louis ordonna des voyages en Tartarie et dans d'autres contrées : Marco Paulo annonça le génie de Lapérouse et de Mungo-Park. Les croisades, par les relations qu'elles établirent entre les Tartares et les chrétiens, favorisèrent les

---

[1] Scholas in subscriptarum linguarum generibus, ubicumque Romanam curiam residere contigerit, necnon in Parisiensi et Oxon., Bonon. et Salamantino studiis providimus erigendas, statuentes ut in quolibet locorum ipsorum teneantur viri catholici, sufficientem habentes Hebraicæ, Arabicæ et Chaldææ linguarum notitiam, duo videlicet uniuscujusque linguæ periti, qui scholas regant inibi, et libros de linguis ipsis in latinum fideliter transferentes, alios linguas ipsas sollicite doceant. (Clementini lib. 5, tit. 1, c. 1.)

progrès de la géographie par le goût des voyages.

Le mouvement général des esprits se ressentit de cette activité partielle. La question des investitures fut vivement débattue : les discussions entre Rome et Byzance éveillèrent le goût des recherches. La connaissance de la théologie devint nécessaire pour soutenir la controverse. La naissance de quelques hérésies contribua aussi à ranimer le zèle de la science. On lut les écrits des anciens docteurs; des communications s'établirent entre les savans de France et d'Italie, surtout entre les monastères; les croisades, en mettant les nations occidentales en contact avec les Grecs, avec les Arabes, avec l'Asie et l'Afrique, exercèrent une grande influence sur les langues, sur les idées, sur les esprits; elles rendirent plus rapide l'échange de toutes les connaissances et préparèrent les progrès de l'intelligence humaine. L'Orient donna la main à l'Occident; deux mondes se touchèrent.

Les sciences, faibles jusqu'au treizième siècle, firent alors de rapides progrès. La chimie présentait à peine les premiers vestiges d'une doctrine; elle ne se rattachait encore qu'à la pharmacie, à la médecine ou à de vaines et stériles expériences. La physique abandonnait les observations et les faits pour de vagues généralités. Égarée par les formules obscures et les notions confuses que fournissaient les ouvrages d'Aristote, mal traduits et mal compris, toute la science se réduisait à des abstractions ontologiques, ou à une cosmogonie plus vaine encore. Les principes de la nature, la nature de la matière, le mélange des élémens, s'expliquaient par les influences exercées sur les corps terrestres par les astres ou par des vertus supérieures aux astres, par des substances intellectuelles : la physique enfin, mystérieuse comme la théologie, dégénéra en magie. Mais de même que l'esprit humain, tout faussé qu'il était par la scolastique, s'y aiguisait et s'y fortifiait, ainsi les erreurs de la physique avaient leurs hardis essais et leur utilité. Elle décomposait les ingrédiens qui entrent dans la composition des corps, les sels, le soufre, le mercure. Ses analyses ont préparé les trois découvertes les plus remarquables du moyen âge : les verres convexes, la poudre à canon, la boussole, importée peut-être de la Chine [1]. Raymond Lulle, guerrier,

---

[1] Cet instrument, connu chez les Chinois plus de mille ans avant J.-C., fut introduit en Europe du douzième au treizième siècle ; mais il ne fut appliqué à la navigation qu'au quinzième.

poète, moine, hérétique, tenta, au milieu de beaucoup de rêveries, quelques découvertes intéressantes. Il fit le premier connaître l'art de la distillation, connu des Arabes; il prétendit avoir le secret du *grand œuvre*, cette pierre philosophale du moyen âge. La poudre à canon et la boussole ont donné à l'Europe un monde et un ordre politique nouveaux.

Les sciences mathématiques ne s'élevèrent pas à de hautes théories ; cependant elles s'appliquaient à la géométrie, à l'astronomie, à la musique, à l'architecture. L'introduction des chiffres, dits chiffres arabes [1], hâta leur développement.

La mécanique offre des merveilles qui nous étonnent encore. Albert le Grand avait, dit-on, fabriqué une tête humaine parlante, ou du moins un automate à figure humaine qui allait ouvrir sa porte quand on frappait : ingénieux mensonge que de nos jours l'art n'a point surpassé.

Saint Thomas continua Albert, dont il fut l'élève. Vincent de Beauvais, comme lui dominicain, publia, sous le titre de *Speculum majus*, une véritable encyclopédie du moyen âge.

---

[1] L'invention de ces chiffres n'est point due aux Arabes, mais aux Indiens, chez lesquels on les trouve dès l'antiquité la plus reculée.

Dans cet ouvrage, il réunit et enchaîna la théologie, l'histoire sacrée et profane, les sciences physiques et métaphysiques, sous les divisions de : *speculum doctrinale*, *speculum historiale*, *speculum morale*.

Tous les hommes qui avaient le goût de l'étude s'enfermaient alors dans les monastères, où ils trouvaient toute facilité pour exécuter de grands travaux scientifiques ou littéraires. Le chef d'un couvent avait souvent sous ses ordres plusieurs centaines de jeunes moines qu'il faisait travailler pour lui. C'est ainsi qu'Albert le Grand parvint à composer vingt-deux volumes in-folio [1]. Les cours d'Albert eurent un succès prodigieux ; aucune salle n'était assez vaste pour contenir la foule qui se pressait autour de lui. Il fit ses leçons en plein air sur la place, qui depuis a retenu le nom de *place Maubert*, contraction de *maître Albert* : le souvenir du savoir d'Albert est resté dans la mémoire du peuple, défiguré par une foule de traditions superstitieuses.

Le secret des sciences naturelles, qu'Albert avait vainement cherché, Bacon le trouva. Au milieu d'un siècle où personne avant lui n'avait songé à secouer le joug de l'autorité, lui

---

[1] Cuvier, *Hist. des Sciences naturelles*.

seul s'éleva, par la force de son génie, à l'idée de fonder la science sur l'observation, et d'interroger la nature par des expériences. Dans son traité *Speculum alchimiæ*, il parle de la poudre à canon, dont il est très-certain qu'il a connu la composition et les propriétés [1]. Bacon semble avoir eu le pressentiment de la grande découverte de notre siècle, celle de l'emploi de la *vapeur*. Il parle, dans son *Opus majus*, de la possibilité de faire mouvoir des chariots ou des vaisseaux par un mécanisme intérieur auquel on pourrait appliquer la force du vent.

Les deux premières parties de l'*Opus majus* signalent les causes de l'ignorance, les obstacles qui s'opposent à la science utile et véritable; la troisième traite de l'usage des langues, de leur influence sur les pensées et les opinions; les trois dernières sont consacrées aux sciences physiques, à la mécanique, à l'astronomie, à la perspective, à l'optique; et tout, à part l'astrologie, consiste en observations, en expériences et en analyses [2].

---

[1] Ce qui pourra étonner, c'est que du temps de Bacon l'usage de la poudre était vulgaire. Les enfans s'amusaient à en renfermer dans du parchemin et y mettaient ensuite le feu. Ainsi on employait la poudre à faire des pétards, avant le temps où il vint à l'idée d'en faire usage à la guerre. (CUVIER., 37ᵉ leçon.)

[2] BRUCKER, *Hist. phil.*, III, 817, 820.

L'astronomie, moins heureuse, se perdait dans des cosmogonies ridicules et téméraires; elle dégénérait en astrologie : les Allemands, les Italiens, les Polonais, les Anglais, semblaient cependant annoncer le génie qui les distingue.

Malgré ces erreurs, les progrès des sciences furent immenses : la scolastique prépara la philosophie; l'alchimie fit découvrir la chimie; les recherches du grand œuvre créèrent la physique.

CHAPITRE XV.

Arabes. — Leur influence sur l'Europe.

Ce développement rapide des sciences, l'Europe le devait aux Arabes, qui, eux-mêmes, avaient recueilli, au sixième siècle, à Constantinople, les communications fécondes du génie grec, qui dès-lors devint étranger à l'Occident.

Errans et épars jusqu'au septième siècle, réunis à cette époque sous la puissance et la religion de Mahomet, les Arabes, sous les successeurs du prophète, étendirent leur domination avec une rapidité effrayante, et s'emparèrent de plusieurs provinces de l'empire de Byzance. Dès le troisième kalife, huit ans seulement après la mort de Mahomet, l'empire des Arabes était déjà immense. Ils ne tardèrent pas à porter leurs armes jusque sous les murs de Constantinople, qui ne fut préservée que par le feu grégeois.

Bientôt leurs conquêtes s'étendirent à l'occident : en 713, ils avaient conquis l'Espagne;

en 732, ils occupèrent la province du Languedoc, où ils furent défaits par Karle Martel[1], mais où ils laissèrent les germes et des monumens de leur génie [2]. Peut-être le monastère d'Aurillac, où Gerbert puisa une science supérieure à celle de son siècle, avait-il reçu quelque souffle de cette inspiration.

Pendant long-temps, les sciences ne furent pas cultivées chez les Arabes; les huit ou dix premiers kalifes abassides seuls les protégè-

---

[1] Suivant quelques conjectures, les Arabes n'auraient pas entièrement péri en France après leur défaite. Quelques débris de l'armée des Sarrazins, échappés à la victoire de Karle Martel, se seraient réfugiés sur les bords de *l'Ain*; et l'on retrouverait encore dans le *bas Bugey*, avec les traditions, les croyances, le costume et les mœurs arabes. Les hommes auraient conservé des turbans et des habits verts, brodés d'une couleur violette, avec des surtouts plissés en toile noire. Les femmes sont coiffées de turbans de laine frisée; leurs chemises sont ornées vers la gorge de figures arabesques, brodées en fil de couleur, et parfumées de safran; leurs robes sont vertes; leur chaussure est un brodequin mi-parti de vert et de rouge. Leurs constructions ont un air mauresque, et leurs cheminées ressemblent à des minarets. Le foyer est au milieu de la maison, et autour sont des bancs où le soir, après avoir savouré le suc des pavots, ils écoutent dans une sorte d'extase les merveilles de Grenade et de Cordoue, les exploits des Abencerrages. (*Mém. de l'Acad. celtiq.*, tom. 5, p. 2, 13, 14.)

[2] Le couvent de Mont-Maior, aux environs d'Arles, rappelle dans ses formes arabesques le génie et la domination des Arabes.

rent ; les Ommiades, qui régnèrent avant eux, étaient uniquement occupés de leurs conquêtes, et plus tard les Abassides n'eurent plus assez de puissance pour leur être utiles.

Les Arabes trouvèrent l'instruction répandue en Égypte et dans plusieurs parties de la Perse. Ce dernier pays possédait, dès le troisième siècle de l'ère chrétienne, une école de médecine florissante, fondée par les Grecs. Plus tard, la persécution exercée contre les nestoriens contribua à répandre les sciences dans la Perse. Les nestoriens s'y réfugièrent presque tous, et on en trouve encore aujourd'hui un assez grand nombre répandus dans l'Asie. Les nestoriens ne restèrent pas dans la Perse ; ils se répandirent dans tout l'Orient, et pénétrèrent même jusqu'à la Chine, où leur séjour est constaté par une inscription dont on a mal à propos nié l'authenticité au dix-huitième siècle [1]. Exilés sous le règne de deux empereurs consécutifs, ils fondèrent dans la Perse un grand nombre d'écoles célèbres, et qui étaient encore florissantes lorsque les Arabes firent la

[1] Cuvier, *Hist. des Sciences naturelles*, 32e leçon. — Dans ce chapitre, nous avons surtout pris pour guide les trop courtes et immortelles leçons faites au collége de France, en 1830, par l'illustre professeur dont le monde savant regrettera long-temps le génie simple et profond, et les grands travaux restés imparfaits.

conquête de ce pays. Les nestoriens furent donc les principaux instituteurs des Arabes. Ils traduisirent en syriaque les ouvrages les plus estimables de l'antiquité, entre autres ceux d'Aristote et de Galien. Ces versions syriaques furent de nouveau traduites en arabe par l'ordre des premiers Abassides; et les traductions arabes, déjà si inexactes, furent retraduites elles-mêmes pendant le moyen âge par les nations de l'Occident, qui ne connurent ainsi Aristote, Théophraste et Galien, que de quatrième main.

En 529, de nouvelles lumières furent apportées à la Perse par les philosophes platoniciens, que l'édit de Justinien chassa des écoles d'Athènes et d'Alexandrie.

Parmi les établissemens scientifiques fondés en Perse par les nestoriens, on doit surtout remarquer leurs écoles de médecine, et les réglemens qui établissaient des cours réguliers et des examens obligatoires. Ces écoles avaient le droit de délivrer un certificat, sans lequel nul ne pouvait exercer la profession de médecin. Ces écoles sont le modèle de celles qui existent aujourd'hui en Europe, et l'origine de celles que les Ommiades établirent à Cordoue, et où ils enseignèrent pendant la durée du dixième et du onzième siècle. Les écoles de Cordoue attirèrent les savans de toutes les parties de l'Orient, de Bagdad, du Caire, de la Perse, qui venait à son tour chercher l'instruction qu'elle avait donnée. Les écoles de Salerne, en Italie, et de Montpellier, en France, furent, après celle de Cordoue, les plus célèbres.

La première influence des Arabes sur la France se fit sentir sous Charlemagne. Aaron Raschild avait la plus grande estime pour Charlemagne, son contemporain, à qui il fit présent de la première horloge à roue qui ait été vue dans l'Occident.

De 813 à 833, Muhamed-Abamusa porta le goût pour les sciences jusqu'à faire la guerre à l'empereur de Constantinople, pour le forcer à lui envoyer des professeurs et des livres. Ce fut surtout sous son règne que les Arabes acquirent toutes les sciences connues parmi les Grecs. Motavakel établit une bibliothèque à Alexandrie, et paraît avoir été le dernier des kalifes qui ait favorisé les sciences. Affaiblie dès 832, la puissance des kalifes passa bientôt aux chefs des Tartares, qu'ils avaient pris à leur service : ces chefs se rendirent indépendans, particulièrement en Syrie, en Égypte. Enfin, en 933, on vit le dernier des kalifes réduit à mendier dans les rues de Bagdad : dès-lors la puissance des kalifes est uniquement religieuse;

jusqu'en 1352, ils restèrent chefs de la religion.

Déjà bien auparavant leur puissance avait été ébranlée par la victoire de Karle Martel, et par la révolution qui transporta le kalifat de la famille des Ommiades à celle des Abassides, mais qui eut pour l'Occident d'heureux résultats, puisqu'elle fit passer en Espagne, avec le kalifat indépendant des Ommiades, les sciences des Arabes. Alors, sous la domination des Arabes, l'Espagne jouissait d'une civilisation infiniment supérieure à celle de l'Europe. De l'Espagne, la science se répandit en France, et de Montpellier l'influence et les connaissances arabes passèrent dans le reste de l'Europe.

CHAPITRE XVI.

Naissance des idiomes modernes. — Roman vulgaire.

Le développement des idiomes modernes suivit les progrès de la pensée en les hâtant.

La langue latine, introduite dans les Gaules quelque temps avant la conquête de Jules César, y devint, à partir de cette époque, la langue savante, la langue de l'aristocratie, celle qu'on devait parler dans les armées et au sénat. Mais, jusqu'au cinquième siècle, elle ne fut point populaire. La langue celtique continua d'être, surtout dans les campagnes, la langue du plus grand nombre; et ses formes ainsi que ses expressions se mêlèrent plus tard, bien que très-rares, aux formes du latin rustique et du tudesque.

Il y eut dès-lors, pour ainsi dire, deux espèces de latin dans les Gaules, le latin classique et le latin vulgaire, origines toutes deux de la langue romane. Auquel de ces deux élémens principaux la langue française est-elle le plus redevable? duquel est-elle fille? Évidemment ce n'est pas du latin classique, de cette langue enseignée dans les écoles de Lyon et de Marseille. Comment, en effet, aurait-elle pénétré dans le peuple ? Par les livres ? Le peuple alors ne lisait pas. Elle n'avait donc pu descendre des grands au peuple que par la parole, et non par l'écriture. Mais là n'est pas la véritable source du latin rustique, et partant du roman. Le français, ainsi que l'italien, ne vient pas du latin classique, mais bien d'un latin différent de celui des livres, et qui, à Rome comme dans les Gaules, formait le fond du langage populaire.

Ce latin rustique avait lui-même une plus haute antiquité ; il n'était qu'une tradition altérée, un débris de ce vieux langage du Latium qui s'était conservé dans les provinces romaines. Tandis que le latin éolien allait se perfectionnant, la langue du peuple conserva dans ses incorrections grammaticales une foule de locutions qui forment plus particulièrement ces idiotismes, cette variété de dialectes si grande en Italie, et ces mots dont l'étymologie latine ne se trouve pas.

C'est donc de ce langage vulgaire des provinces, *sermo rusticus, vulgaris, militaris, provincialis, usualis, quotidianus, pedestris*, et non du latin classique, que se sont formées les langues française, espagnole et italienne ; c'est dans les vers saliens, dans la loi des Douze-Tables, dans Ennius, dans les anciens comiques¹, dans Varron, Végèce, Columelle, dans les formules de droit, dans les lois et les ouvrages des jurisconsultes, dans ceux qui traitent de l'agriculture, de l'arpentage, de la tactique, qu'il faut chercher les fragmens de cette ancienne langue latine. Ainsi il faudrait rapporter aux auteurs comiques l'origine des pronoms français *ce, cette, celui, celle, cela*, tirés de ce latin primitif, *ecce, ecca, eccum, eccos, eccas, ecca, eccille, eccillum, eccillos, eccillas, ecciste, eccistum, eccistam*; et aussi *ellum, ellam, ellos, ellas* : mots que notre ancienne orthographe rapprochait plus encore de la forme latine.

Cette différence entre le langage romain écrit et le langage parlé se trahit dans les nombreux changemens d'orthographe qu'offrent les mots dans Ennius et dans Virgile. Dans Ennius est le langage parlé, le langage populaire avec ses incorrections; dans Virgile le langage classique, le latin épuré, avec ses sons adoucis, avec son euphonie grecque.

---

¹ Dans Térence on trouve :

..... *Forte unam vidi adolescentulam.*

— Vid. Corn. Nep. in *Hannib.* 12. Cic., *de Nat. Deorum*, 117; ad. famil., 15, 16; phil., 2, 3. Tac. Ann. 2, 20.

Ainsi, dans Térence[1], une foule de mots rebelles aux règles de la prosodie ne se peuvent scander qu'en admettant les modifications qu'apportaient dans la mesure la rapidité de

---

[1] « Faut que je die icy que suis tout estonné de la mervelheuse audace d'un Espagnol, d'un Gaulois, de quelques Alemans et Italiens qui, en notre temps, ont osé entreprendre de corriger les vers de Térence. O les grands fols! barbares qui ne sçaués ni sçaurés jamais prononcer droit la moindre syllabe qui soit en ce latin, osés-vous mettre là la main? j'entends bien que les anciens escrivans ont corrompu et gasté ce pauure poète, et trouuerais bon à mervelhes qu'il fût rabilhé; mais qui est cetui là qui aujourd'hui le pourroit faire, *et laudabimus eum?* Lessés cela quenalhé, et uous allés dormir, ni touchés, profanes, à ces saintes reliques; et s'il y a quelque chose que trouués bonne à vostre goust, dites en, faites en tels liures que voudrés; mais ni touchés. Car que sçaués vous si ce langage coulant et commun de Romme ne passoit point des syllabes, que les grans messeres faisoient plus longues et poisantes comme ils se portoient? et au contraire, si n'extendoit point quelquefois les courtes? Dauantage ne sçaués vous pas, et mesmes par plusieurs lieux de Plaute, qu'on faisoit des solœcismes, des fautes et la prononciation des paroles sotes et nouuelles, tout ainsi que voyés en nos tant plaisans badinages de France, et ce tout agardefaitte pour faire rire les assistans? Je prens le cas, que le comique faisant parler un yuroigne qui chancelle, un courroucé jusques à estre hors de sens, une folete chamberiere d'estrange païs, un vielhard tout blanc tremblant, ait tout exprès pour le personnage mis ou plus ou moins de temps aus vers, de sorte qu'à ton aulne trouves un iambe en un trochaïque, ou un trochœe en un iambique, tu me viendras incontinent faire là du corrigeart, et gaster le ce qui était bien? mau de pipe te bire? » (BONAVENTURE DESPÉRRIERS.)

la prononciation, les accidens de la conversation et les caprices de la parole populaire.

Si ce langage écrit s'écartait ainsi dans sa trivialité de l'orthographe, combien le langage parlé devait plus encore s'en éloigner ! Combien la vivacité du débit devait abréger les mots, et liquéfier les consonnes ! De là, à l'époque de la plus pure latinité, ces termes que nous rejetterions comme barbares, ces locutions qui ont une physionomie moderne, et qui se sont transmises, au sein du peuple, à travers l'empire romain, comme une indestructible manifestation du langage primitif. Tel est entre autres l'usage des prépositions pour indiquer entre deux parties de la phrase un rapport qu'un écrivain classique aurait exprimé avec les seules inflexions. Ces barbarismes de langage, si fréquens dans nos anciennes lois, dans quelques lettres des rois de la première et de la seconde race, et dans d'autres monumens, n'étaient pas particuliers aux habitans des Gaules ; ils étaient en usage dans les provinces mêmes de l'Italie, avant la domination des peuples barbares. Là se trouvent ces mots : *battuere*, battre ; *minare* ou *menare*, mener ; *caricare se*, se charger ; *tornare*, *detornare*, tourner, détourner.

Le langage vulgaire évitait les inversions, ne

s'astreignait point à décliner un nom sur une déclinaison plutôt que sur une autre, un verbe sur tel verbe plutôt que sur tel autre ; il employait toujours les prépositions devant les noms de lieux, et même les joignait aux ablatifs que les grammairiens supposent être gouvernés par les verbes ou des prépositions sous-entendues : *patera impleta de vino, libri referti de nugis.*

A la lueur de cette distinction, on peut reconnaître, ce nous semble, et suivre dans les altérations du langage vulgaire, les élémens et les origines de cette langue rustique, d'où sont sortis les idiomes modernes du midi de l'Europe.

La langue classique latine se corrompit aussi ; et c'est de cette double corruption, l'une primitive, l'autre accidentelle, et du mélange des mots teutoniques, que se sont formées les langues modernes.

Dans cette destruction du langage, comme dans le partage du territoire, chaque peuple agit par caprice, au hasard, par besoin. Les Francs adoucirent, abrégèrent les consonnes du milieu des mots ; les Italiens supprimèrent les consonnes finales [1]. Les formes compliquées

---

[1] Toutes ces altérations se peuvent réduire : 1° aux abréviations introduites par la prononciation plus rapide ; 2° aux

du latin, ses inflexions nombreuses et délicates, sa syntaxe elliptique, ses liaisons trop rares, tout son mécanisme savant, sa structure ingénieuse, hâtèrent cette corruption.

Ainsi la difficulté pour les barbares de marquer par des inflexions la distinction des temps paraît avoir créé le verbe auxiliaire actif, qui peut-être appartient aux langues teutoniques; et la facilité de donner à toute espèce de temps

noms de lieux gouvernés par des prépositions; 3° aux passifs accompagnés de la préposition *per* au lieu de *ab*, *a*; 4° aux verbes déponens, qui ont eu autrefois leur actif usité, et par conséquent ont reçu les terminaisons passives : altérations qui expliqueraient comment nos aoristes et futurs sont sortis des parfaits de l'indicatif et des futurs subjonctifs des verbes latins : *admiravi*, *admiravero* ou *admiraro*, j'*admirai*, j'*admirerai*; 5° les verbes passifs ont quelquefois en latin une signification active; 6° les Latins n'observaient pas toujours la différence des modes, ni l'uniformité des déclinaisons : *portum*, *porti*; *portus*, *portûs*, ni celle des conjugaisons; 7° l'union de deux prépositions ou d'une préposition avec un adverbe; 8° l'emploi des prépositions *de*, *a*, *ab*, *ad*, semblable à celui de nos articles *de*, *du*, *des*, *à*, *aux* : le régime des prépositions ne fut pas mieux observé ; au témoignage de saint Augustin, le peuple disait *inter hominibus* au lieu de *inter homines*; 9° les adverbes de lieu *inde* et *unde*, d'où *en* et *dont*, employés comme dans les auteurs latins pour les choses et les personnes; 10° les pronoms *ille*, *hic*, *iste*, *ecce*, *ecca*, *eccum*, origine de nos pronoms. Ainsi, à la différence près, peut-être, de l'usage moderne des verbes auxiliaires, toutes les formes du français sont contenues dans le latin, et en sortent. (Bonnami, p 654.)

la forme passive a produit l'auxiliaire passif. Les barbares ajoutèrent les actifs *habere* et *tenere* comme auxiliaires du verbe, et les employèrent surtout dans un sens contraire à l'étymologie. Les verbes substantif et auxiliaire, voilà, dans la langue latine, les traces profondes de l'invasion et de l'influence teutonique.

Ce changement dans la prononciation, qui négligeait, ou plutôt perdait la quantité des syllabes latines, et la remplaçait par l'accentuation, la substitution des auxiliaires aux inflexions du verbe, furent les premières transitions des langues anciennes aux langues modernes, et leur plus grand pas fut l'emploi des articles définis et indéfinis devant les noms. L'application grossière des mots *unus*, *ipse*, *illa*, paraît en avoir été le premier essai. Puis arrivèrent en foule les hordes teutoniques avec leur grammaire particulière, et une altération qui au fond était un besoin, et remplissait une lacune, devint une règle; et la plus grande distinction des langues anciennes et des langues modernes. Les mots latins manquant, on en forgea de barbares, auxquels on donna une inflexion et une terminaison latines. C'est de quoi l'on trouve des vestiges bien marqués dans la loi Salique et la loi Ripuaire. De là se forma comme insensiblement ce qu'on nomme le roman, c'est-à-dire la langue vulgaire et rustique [1].

Les matériaux d'un idiome nouveau se trouvèrent ainsi réunis.

L'usage de la langue latine avait commencé à se perdre dans les Gaules dès le règne de Justinien. Du temps de Grégoire de Tours, tous les noms ne recevaient pas une terminaison latine, et quelques-uns conservaient leur cachet teutonique. Au sixième siècle, disparurent dans les Gaules les règles de la prosodie. On conserva l'usage de la langue latine, quoique dès-lors elle cessa d'être vulgaire; elle fut consacrée dans les prières et les offices de l'Église. On prêchait en latin. Le latin était sinon parlé, du moins compris par le peuple. Les rois barbares l'employaient encore dans leurs lois, leurs ordonnances, leurs actes tant particuliers que publics. Childebert le parlait fort bien, Charibert encore mieux, et Chilpéric aussi parfaitement que le permettait son siècle. Mais dans un espace de soixante-dix ans, de 506 à 575, il y a dans les auteurs une telle différence qu'on dirait un intervalle de plusieurs siècles. Les dissensions politiques avaient fait cette corruption.

---

[1] *Histoire littéraire.*

Encore comprise au septième siècle, au huitième la langue latine prend un caractère nouveau, qui n'est pas encore le caractère moderne, mais qui s'en rapproche plus que du caractère ancien. C'est dès-lors la *lingua romana rustica*, alliance nouvelle de mots qui annonce une fusion et une transformation : le langage du moyen âge a pris place à côté du langage romain. L'orthographe latine, jusque-là conservée dans les livres, sinon dans les chartes, est remplacée par une orthographe conforme à la prononciation reçue. Ainsi, dans les formules de Marculfe, on trouve *lui* pour *illius*; dans des litanies écrites en 780 au diocèse de Soissons, le premier exemple de *ille* ou *illa* tronqué, et, dans une liturgie du temps de Charlemagne, *tu lo juva* pour *tu illum juva*. Sous Pepin, il y avait à Paris une langue vulgaire différente du latin.

A la fin du huitième siècle ou au commencement du neuvième, la langue latine cesse complètement d'être la langue vulgaire, bien que quelques homélies et discours au peuple composés alors en latin montrent qu'en quelques endroits le peuple ou plutôt le clergé entendait encore cette langue. Elle est remplacée en Germanie par le *tudesque*; en France, par le *roman*, autre préparation des langues modernes, et la seconde métamorphose du latin. C'est cette langue que les évêques devaient prêcher pour être mieux entendus. Un concile tenu à Tours en 813 enjoint aux évêques de faire traduire certaines homélies des Pères en romain rustique et en allemand; ce qui prouve, 1° que la langue vulgaire avait fait assez de progrès pour exprimer, du moins imparfaitement, les idées des auteurs latins; 2° que le latin n'était plus entendu des gens du peuple, ni en général des laïques, ni même d'une partie du clergé. Les signes caractéristiques du latin disparaissent de l'écriture et du discours : les traductions commencent.

Le serment de 842 est le plus ancien monument de cette langue vulgaire.

Serment de Louis le Germanique.

« Pro Deo amur et pro xristian poblo et nos-
« tro commun salvament, d'ist di en avant,
« in quant Deus savir et podir me dunat, si
« salvarai eo cist meon fradre Karlo, et in ad-
« juda et in cadhuna cosa, si cum om per
« dreit son fradra salvar dist; in o quid il mi
« altresi fazet; et ab ludher nul plaid nunquam
« prindrai qui, meon vol, cist meon fradre
« Karle in damno sit. »

Serment du peuple français.

« Si Loduuigs sagrament, que son fradre
« Karlo jurat, conservat; et Karlus, meos sen-
« dra, de suo part non lo stanit; si io returnar
« non l'uit pois, ne io, ne ceuls cui eo retur-
« nar int pois, in nulla ajudha contra Lodhu-
« wig non li iver. »

« Pour l'amour de Dieu et pour notre com-
« mun salut et celui du peuple chrétien, do-
« rénavant, autant que Dieu savoir et pouvoir
« me donnera, oui; je soutiendrai mon frère
« Charles, ici présent, par aide et en toute
« chose, comme il est juste que l'on soutienne
« son frère, tant qu'il fera de même pour moi;
« et jamais avec aucun ne ferai traité, qui, de
« ma volonté, soit préjudiciable à mon frère
« Charles. » — « Si Lodwig garde le serment
« qu'à son frère Charles il jure, et si Charles,
« mon seigneur, de son côté ne le maintient,
« si je ne puis l'y ramener, ni moi, ni aucun
« autre, je ne lui donnerai aucune aide contre
« Lodwig. »

Abandonné comme langue vulgaire, le latin resta la langue officielle, la langue savante, la langue du culte, des lois, des actes publics, des transactions privées. Ainsi s'explique cette singularité qu'un laïque, quel qu'il fût, ne sût signer son nom. De là la nécessité de signer les chartes avec une croix avant que l'usage des sceaux fût devenu général ; de là encore les contrats verbalement rédigés, faute de notaires capables de les dresser ; de là, enfin, les actes rédigés avec une barbarie et une incorrection excessives. Au treizième siècle seulement, c'est-à-dire au développement des langues modernes, les signatures deviennent plus communes.

Cette langue vulgaire, née au dixième siècle, est bien grossière, bien pauvre et bien confuse encore. Étudiée avec moins de soin que la langue latine, ses propriétés, son orthographe n'étaient point fixées. Le même mot était différemment écrit, différemment prononcé. Chaque province avait ses dialectes, qui ne sont pas entièrement effacés, et qui alors variaient comme les coutumes d'un pays à un autre. La Bourgogne avait le sien, différent de ceux de la Normandie et de la Picardie ; Paris, la Touraine, le Maine avaient le leur : traits épars de la physionomie primitive, vestiges curieux des divers élémens de cette société des Gaules, qui, à travers les démarcations de la féodalité et la différence des races, tendait à l'unité de la monarchie et du langage.

Au douzième siècle, ces dialectes se partagent et se dessinent en deux dialectes principaux qui dominent tous les autres, le roman provençal et le roman wallon, idiomes dont la Loire était la séparation.

La langue avait ainsi flotté pendant six siècles, rude, brisée et incertaine comme la société germanique sur le sol gaulois. Fixée et complète avec la féodalité, elle suivit et marqua dans ses développemens successifs les révolutions politiques : latine sous la première race, elle exprime cette société encore toute romaine malgré la conquête; théotisque et romane sous les carlovingiens, elle est double comme leur empire; avec la troisième race elle devient elle-même; elle n'est plus ni latine, ni tudesque, ni romane; elle est française; elle est une comme la monarchie et la nation.

CHAPITRE XVII.

Langue théotisque ou tudesque. — Elle se sépare du roman.

L'INFLUENCE romaine et l'usage de la langue latine pénétrèrent toujours plus difficilement dans la Germanie que dans les Gaules. A l'exception des parties méridionales de la Belgique, la langue latine fut rarement employée même chez les Belges, dont l'idiome, d'ailleurs, se rapprochait plus de celui des Romains que de celui des Celtes. Trèves, d'une origine germanique, bien que souvent la demeure des préfets du prétoire et même des empereurs, Trèves, en 360, n'avait point oublié l'idiome germanique. Ainsi, encore du temps de Luitprand, les Germains ou Français orientaux, qui étaient demeurés sur les bords du Rhin, conservaient cette langue tudesque, qu'avaient désapprise les Français habitans des Gaules.

La langue tudesque fut celle des rois de la première race; ils y joignirent l'usage de la langue latine, moyen nécessaire de communication entre les vainqueurs et les vaincus. Chilpéric protégea les lettres, et voulut même introduire quatre nouvelles lettres dans l'alphabet commun. Son goût pour la poésie fit revivre à la cour les anciens bardes, encourageant ainsi tout ensemble les études savantes et la poésie nationale.

Sous la seconde race, on continue à parler à la cour cette langue tudesque ou théotisque, qui alors en deçà du Rhin, dans la première Belgique, avait étouffé le latin. Les traductions, dit l'abbé Lebœuf, furent d'abord plus communes dans les Pays-Bas, parce que le français ou roman de ce pays-là était beaucoup plus éloigné du latin que la langue vulgaire des pays méridionaux de la France.

Au sein de la France continuait donc l'existence simultanée des deux langages, comme nous l'a attesté l'article 17 du concile de Tours, en 813, article qui ordonne que chaque évêque aura des homélies contenant les instructions nécessaires pour son troupeau, et qu'il prendra soin de les traduire clairement en langue romane rustique ou en langue tudesque, afin que tout le monde puisse les entendre [1]. Cependant, bien

---

[1] Cum divinorum librorum solummodo litterati ac eruditi prius notitiam haberent, actum est ut populus cunctus suæ

que la langue tudesque fût la langue de la cour, chaque jour elle s'effaçait et disparaissait sous la langue latine. Loup, abbé de Férières, est obligé d'envoyer trois de ses jeunes moines à Markwand, abbé de Pruym, pour s'instruire auprès de lui dans le langage théotisque[1]. Les rois francs tenaient à honneur de parler le latin. Pepin d'Héristall affectait de le parler avec élégance, sans doute par une de ces vanités de la barbarie, qui aimait à se parer des grâces de la civilisation qu'elle avait vaincue.

Sous Charlemagne, la fortune des deux idiomes parut devoir changer. Charlemagne fit de grands efforts pour répandre la langue allemande. Le premier, il fixa les dialectes germains qui n'avaient pas été écrits avant son règne. Jusqu'au septième siècle, la langue allemande, toùt ancienne qu'elle était, n'avait servi qu'à la conversation, ou à perpétuer dans des chants populaires les exploits guerriers, les récits fabuleux. Du temps de Charlemagne, les Bavarois, les Saxons et les autres tribus qui parlaient la langue teutonique, chantaient encore les ballades qui rappelaient les vertus hé-

---

ditioni subditus, theodisca loquens lingua, ejusdem divinæ lectionis fructum acceperit. (*Hist. des Gaul.*, tom. 5.)

[1] Propter Germanicæ linguæ nanciscendam scientiam. (Lupi *epist.*, tom. 7, pag. 488.)

roïques, la valeur, la générosité du roi des combats, Albouin. Charlemagne les fit recueillir[1]. Il ébaucha une grammaire de la langue tudesque[2]. Aux vents et aux mois, il imposa des noms tudesques. Louis le Débonnaire, qui avait dans sa jeunesse appris les chants guerriers des Germains, fit traduire en vers, par un poète saxon, le Nouveau-Testament[3]. Otfrid publia une version, ou plutôt un abrégé des quatre Évangiles en vers allemands.

Ainsi délaissée de la cour et abandonnée aux gens de la campagne, la langue romane semblait devoir périr à sa naissance. Mais cette préférence des grands seigneurs pour l'idiome allemand, préférence qui aurait dû, ce semble, le faire triompher, lui fut fatale. Le latin rustique, dédaigné par les conquérans, poussa au sein du peuple de plus profondes racines. Les populations gallo-romaines s'y attachèrent comme à un dernier vestige de nationalité. Du

---

[1] Barbara et antiquissima carmina quibus veterum regum actus et bella canebantur, scripsit memoriæque mandavit. (Eginh. *vit. Carol. Mag.*)

[2] Inchoavit et grammaticam patrii sermonis. (Eginh., c. 29.)

[3] Præcepit namque viro de gente Saxonum qui apud suos non ignobilis vates habebatur, ut vetus ac novum testamentum in Germanicam linguam transferre studeret, quatenus non solum litteratis, verum etiam illiteratis sacra divinorum scriptorum lectio panderetur. (*Hist. de Fr.*, t. 5, p. 369.)

reste, il ne nous reste rien de cette langue romane que parlait la population sous Charlemagne. Nous avons perdu les *Annales rerum franciscarum*, composées d'abord en langue vulgaire et rustique. On reconnaît toutefois qu'alors, au nord de la France, commence un idiome nouveau, distinct du tudesque.

Mais, pour les rois, pour les seigneurs, pour ceux qui étaient chargés de négociations politiques, dura quelque temps encore la nécessité de parler les deux langues, le *roman* et le *tudesque*. Les Gaules et la Germanie réunies sous un même prince avaient des intérêts communs qui exigeaient l'échange du langage, et rendaient indispensable cette double connaissance. Les nouvelles émigrations, qui de la France orientale pénétraient dans les Gaules, entretenaient ces rapports; le langage se mêlait, se confondait comme les propriétés. Des seigneurs saxons, bavarois, allemands, avaient dans les Gaules quelques domaines; des seigneurs français en avaient en Germanie. Les conquêtes de Charlemagne avaient également mêlé la Lombardie et l'Italie à la France, et les vestiges de son passage y restèrent long-temps imprimés[1].

---

[1] Dans le huitième siècle, un décret du concile de Reims prescrivait aux ecclésiastiques, lorsqu'ils avaient prêché en langue latine, de répéter leurs homélies en langue romane

Il n'y eut donc, il ne put y avoir séparation de langage, que quand il y eut séparation d'intérêts, c'est-à-dire démembrement de la mo-

rustique ou en langue théotisque : *in romanam rusticam linguam aut theotiscam*. Ces paroles nous disent que, dans toute la France, il y avait des hommes qui n'entendaient que la langue allemande. C'étaient les vainqueurs, les colonies militaires, les barons germains auxquels Clovis ou Charlemagne avait distribué des fiefs. Mais après Charlemagne, et dans le démembrement de son empire, quand il y eut un souverain germanique distinct du roi de France, et que le Rhin fut une limite entre des États séparés, qu'arriva-t-il? Les princes de la race conquérante qui restaient en France, au milieu de l'affaiblissement de leur pouvoir et de la caducité prématurée de leur dynastie, se souvinrent peu de l'Allemagne, ou ne s'en souvinrent qu'avec défiance; ils entrèrent dans les mœurs *gallo-romanes* ; ils prirent les habitudes et la langue du peuple indigène. Leur politique ne vit pas volontiers des seigneurs qui étaient restés Allemands, et qui relevaient de l'empereur germanique par de grandes terres qu'ils avaient dans ses États, conserver aussi des domaines en France. Ils s'occupèrent de les en dépouiller. Ce calcul fut réciproque. Les princes d'outre-Rhin, redevenus purs Germains, travaillaient à déposséder les seigneurs qui, résidant près du roi de France, avaient encore des terres en Germanie ; et, d'autre part, les rois de France, bien qu'ils eussent du sang germain dans les veines, s'occupèrent avec persévérance d'enlever les propriétés et les fiefs aux Allemands de pure race, sujets d'un autre empire. C'est par là que l'on peut expliquer comment l'idiome des vainqueurs laissa si peu de traces sur le territoire français. D'abord, l'invasion n'avait pas pénétré dans le peuple, qui, beaucoup plus nombreux et plus civilisé que ses vainqueurs, résistait, et gardait sa langue et

narchie de Charlemagne; même cette confusion survécut à ce partage. Sous les fils de Louis le Débonnaire, elle subsista encore, ainsi que les traditions bien affaiblies de l'empire de Charlemagne : tous ces intérêts ne pouvant se détacher et diviser à la fois, tous ces liens se rompre au même instant. Ainsi, de nos jours, quand, après avoir porté dans toute l'Europe nos armes, nos mœurs et notre langue, la victoire eut créé en tous pays à des capitaines français des titres et des domaines, ces intérêts fondés sur un sol étranger, ces relations établies par la conquête, ne purent disparaître avec elle ; et comme la trace de nos épées, nos mœurs, notre langage, toute notre civilisation y resteront long-temps gravés.

Trois langues donc alors au sein des Gaules : le tudesque pour les Germains, le roman pour les Français des Gaules, le latin pour les cloîtres, c'est-à-dire pour la population gallo-romaine, qui s'y était principalement réfugiée.

---

ses mœurs. Puis l'influence de la cour conquérante et celle de la féodalité germanique s'affaiblirent; l'une, par l'action du peuple sur ses souverains ; l'autre, par la politique même des rois de France, qui s'occupèrent constamment, depuis Charlemagne, de fermer la France à leurs anciens compatriotes, et de ne pas laisser de fiefs allemands parmi nous. (M. VILLEMAIN, *Littérature du moyen âge*, t. 1, p. 229-230.)

Au commencement de la troisième race, le tudesque disparaît dans les Gaules. Tous les peuples violemment rassemblés par la main puissante de Charlemagne se séparent pour reprendre, avec leur existence nationale, leur langue, leurs mœurs, leur physionomie germanique[1]. Les idiomes se séparent comme les peuples et les monarchies de Charlemagne : c'est sous Hugues Capet qu'a lieu cette démarcation profonde. La France repousse des souverains de race purement germanique, pour adopter des souverains d'origine gallo-franque, c'est-à-dire nationale ; et alors la langue romane, débris du latin, vieux idiome de la Gaule, ressaisit la prééminence qu'un moment le tudesque lui avait disputée : il y a unité dans le langage comme dans la nation. En effet, à cette époque se détachent et se dessinent nettement les nations du nord et du midi. L'Allemagne se retire dans ses forêts avec sa langue teutonique, son génie rêveur. Cependant, en se retirant des Gaules, la langue théotisque y laissa son nom comme un souvenir ; *lingua francica*, qui est devenu le

---

[1] M. Thierry fixe à la bataille de Fontenay le commencement du peuple franck ou nation française. La plus grande perte étant tombée sur les tribus qui se servaient encore de la langue germanique, les vainqueurs firent graduellement prévaloir les mœurs et la langue romanes.

nom de notre langage, désignait jusque-là, non point une langue française, mais une langue tudesque, théotisque ou allemande, qui était celle des anciens Francs¹. Les différentes races barbares qui, mêlées aux Francs et aux Gallo-Romains, en étaient restées plus ou moins séparées, se fondirent entièrement au dixième siècle; les élémens des différens dialectes se mêlèrent également. Si le latin fut encore la langue de l'Église et des lois, l'allemand celle de quelques grands, le français était devenu celle du peuple : il y eut un commencement de nation. Cependant les peuples, en se séparant, ne purent entièrement oublier une ancienne union. De communes et anciennes croyances vécurent au fond des âmes, et se perpétuèrent dans le souvenir et l'imagination populaires. Les *minnesinger* imitèrent les troubadours². De là un fond commun de poésie;

¹ *Gloss. de la lang. rom.*, tom. 1, pag. 19. — *Acad. des Inscript.*, tom. 27, pag. 719.
² On cultivait aussi la poésie française en Allemagne. (*Histoire littéraire de la France*, tom. 19, pag. 173.) — Brunon, archevêque de Trèves depuis 1101 jusqu'en 1123, l'aimait et s'y exerçait souvent; *gallicano cothurno exercitatus*. (YVON, *Epist.* 214, not., p. 246.) — Les Allemands connurent la langue romane et s'en servirent quelquefois. (*Chronicon abbat. Uspergensis ann.* 937. — *Concilia*, tom. 9, p. 747. — *Acad. des Inscript.*, tom. 17, pag. 718-719.)

de là ces rapports entre les *nibelungen* et le poème de *Waiffre*, représentant les premiers les fictions du Nord, le second les traditions de l'Aquitaine; de là cette ressemblance entre les inspirations de Goethe et les chants du midi[1].

[1] La France n'a point, comme l'Allemagne et l'Italie, une littérature populaire écrite; mais les habitans du Languedoc et de la Provence se sont transmis, depuis un laps de temps qu'il serait peut-être difficile de préciser, des chansons et des contes qui présentent quelquefois des idées grandes et morales, et dont le style est toujours pittoresque et expressif. Ma mère avait une vieille domestique fort complaisante, et qui avait bien dans sa mémoire autant de récits qu'en contiennent les *Mille et une Nuits*; elle aurait lutté contre Schéhérazade. Je n'ai jamais oublié un de ces contes dans lequel un paysan, devenu veuf, s'était remarié quoique père de deux petits enfans: les mœurs du peuple, dans la contrée où je suis né, condamnent ces sortes d'unions, et un charivari ne manque jamais de troubler la première nuit du veuf ou de la veuve qui convole à de nouvelles noces. La marâtre de mon conte est brutale, cruelle et même féroce; car elle fait mourir, à force de mauvais traitemens, le jeune fils de son mari, le coupe par morceaux, et, après l'avoir fait cuire, l'envoie à son père qui travaille aux champs, et qui le mange croyant que c'est un court-bouillon de chevreau; la sœur de ce malheureux enfant est témoin de cette barbarie, et c'est elle qui, par ordre de la marâtre, porte à son père ce ragoût digne de Thyeste ou de Fayel; mais la peur d'éprouver le même sort la rend muette: cependant elle recueille les os de son frère, les enterre avec soin, et afin de reconnaître le lieu où elle les dépose, elle y plante un arbrisseau sur lequel un oiseau ne tarde pas à venir chanter. Voici les paroles que la jeune fille croit distinguer dans son ramage:

Ma maïrastro,
Piquo-pastro,
M'a boulit
È perboulit;
Moun paire,
Lou laouraire,
M'a mantsat
È ronségat:
Ma suroto
La Lisoto
M'a plourat
È souspirat,
Tsous un albre
M'a entarrat.
Riou, tsiou, tsiou,
Encaro souï biou.

Lorsque je lus pour la première fois le Faust de Goethe, je ne fus pas peu surpris d'y trouver ces vers presque littéralement traduits : c'est la pauvre Marguerite qui, après avoir noyé son enfant et perdu le sens, les chante dans sa prison. Les voici pris dans la traduction de M. Albert Stapfer :

Ma mère,
La c....,
Qui m'a tuée!
Mon père,
Le coquin,
Qui m'a mangée!
Ma jeune sœur,
A la faveur
De la nuit sombre,

En un lieu frais,
Que je connais,
À l'ombre
Jeta mes os
Dans des roseaux,
Sous un saule
À l'eau.
Là, je devins petit oiseau :
Et vole, vole !

Voici maintenant la traduction littérale des vers patois. Le second est intraduisible, il n'a aucun sens ; le mot qui le remplace dans Goethe est un de ceux qu'un paysan bien élevé et honnête, et surtout une femme, ne prononcent jamais dans la montagne de *Lacaune* ; c'est sans doute pour éviter de le faire que l'auteur du conte patois a mis ces mots : *piquo pastro*, qui, je l'ai dit, ne signifient rien.

Ma marâtre,
Pique-pâtre,
M'a fait bouillir
Et rebouillir.
Mon père,
Le laboureur,
M'a mangé
Et rongé.
Ma jeune sœur,
La Lisette,   (qui s'appelle Lisette.)
M'a pleuré
Et soupiré ;   (et a soupiré.)
Sous un arbre
M'a enterré.
Riou, tsiou, tsiou,   (imitation du chant
Je suis encore en vie.   d'un oiseau.)

On sait que Bürgher conçut l'idée de sa *Lénore* en entendant fredonner par une petite fille ces mots qui sont reproduits à la fin de plusieurs stances : *Les morts vont vite à cheval*. On sait aussi que Byron prit le sujet du *Giaour* dans une ballade chantée ou récitée par un Turc qui lui demandait l'aumône. Goethe a sans doute appris les vers que chante Marguerite de quelque paysan saxon ; mais je n'explique point comment ce petit poème, qui, ce me semble, n'offre rien de remarquable, était connu à la fois, il y a longues années, en patois, dans la commune de Montredon, près Castres, département du Tarn, et, en allemand, aux environs de Vienne ou de Weimar. Dans laquelle de ces contrées a-t-il été composé ? Comment ces vers auront-ils été transportés à six cents lieues de la contrée où ils ont été faits, et traduits presque mot à mot et dans la même mesure ? (*Le Globe*.)

CHAPITRE XVIII.

Développement de la langue et de la poésie wallonnes[1]. — Littérature savante.

Dégagé du latin vulgaire et de l'idiome tudesque, le roman wallon prit un rapide accroissement et se développa surtout au sein de la Normandie, dont quelquefois il porte le nom. A peine fixés dans la Gaule, les Normands semblèrent oublier leur idiome pour adopter le latin vulgaire alors en usage ; ils furent sans doute conduits à ce changement par les enseignemens du clergé, qui se faisaient en latin.

Déjà au onzième siècle la Normandie a ses écoles où, à côté du latin, on enseignait la langue vulgaire, le roman ou *normand*. La langue wallonne devint la langue vulgaire des pays soumis aux ducs de Normandie. C'est en langue romane que la prédication avait lieu.

---

[1] Le nom de *Wallon* ou *Wael* n'est autre que celui de *Gaulois* ou *Gallus*, qui a subi la permutation si fréquente du *g* en *w*. C'est le même nom que les Saxons ont donné au petit pays de Galles. De là le mot *Welsch*, si connu par l'ironie de Voltaire.

Il existe de cette époque un psautier enrichi de notes interlinéaires, en ancien langage français ou normand. A Rouen, capitale des ducs de Normandie, on ne parlait que le roman; c'est à Rouen que plus tard les Normands, conquérans de l'Angleterre, envoient leurs fils pour s'instruire au langage et à l'élégance française[1]. Si, en adoptant ainsi la langue romane et en la cultivant avec soin, les Normands la perfectionnèrent, ils durent aussi en changer le caractère primitif; de là une distinction profonde entre le *roman wallon* et le *roman provençal*, entre le génie du nord et celui du midi.

La manière dont les Anglais prononçaient le français d'alors, jointe à leurs relations avec les habitans de la Normandie et des autres côtes de la France, contribua beaucoup à donner au roman wallon un caractère différent de la forme primitive de la langue latine. La désinence française de trouvères, opposée au nom de troubadours, est déjà une marque de la physionomie différente des langues d'*oïl* et d'*oc*.

Cette distinction ne se put effacer même sous

---

[1] Apud ducem Neustriæ educatur, eo quod apud nobilissimos Anglos usus teneat filios suos apud Gallos nutriri, ob usum armorum et linguæ nativæ barbariem tollendam. (Duchesne, t. 4, p. 842; — t. 3, p. 370.)

l'influence plus douce que sembla répandre sur le roman wallon, d'abord le mariage de Constance d'Aquitaine avec Robert, fils de Hugues Capet, puis celui d'Éléonore de Guyenne avec Louis VII. Guillaume de Poitiers, Bertrand de Born, Richard Cœur-de-Lion, qui firent passer dans les cours de la France septentrionale l'art des troubadours, leurs mœurs gracieuses et faciles, et qui semblent former le lien et la transition entre les deux idiomes wallon et provençal, n'ont pu cependant les fondre entièrement. En eux le génie du Nord domine. Développée sous l'inspiration de ce rude génie, la poésie wallonne en garde l'empreinte : plus claire, plus concise que la langue provençale, elle est moins harmonieuse ; elle s'en sépare par ses inflexions, par ses constructions, par la structure des mots et des phrases. Les sons du roman wallon sont plus durs et plus traînans que ceux du roman provençal. Il est plus chargé de voyelles sourdes, de diphthongues épaisses, de consones discordantes ; les inversions et les transpositions y sont plus rares que dans le provençal et l'italien. Mais inférieur comme langue poétique, il est supérieur comme langue du raisonnement : de là, dans les genres mêmes sur lesquels se sont exercées les deux poésies, une grande différence.

La poésie wallonne, dès son début, s'essaie sur des sujets variés : compositions épiques, didactiques, lyriques, élégiaques, complaintes, chansons érotiques, bachiques et morales, lais ou romances, jeux-partis ou controverses, épîtres, traités de physique et de géographie, *Institutes* même de Justinien, coutumes de Normandie. C'est à la fin du treizième siècle que les livres de droit trouvèrent des traducteurs ; ces traductions se faisaient ordinairement en rimes françaises. Ainsi, les sujets les plus arides comme les plus rians, la poésie wallonne abordait tout : variété que n'offre point la littérature des troubadours, qui présente à peine quelques productions en prose. Des pastorales, des épîtres et des satires ; des controverses ou tensons, quelques chansons légères, voilà toute la littérature provençale. Quelques genres étaient communs aux deux poésies : telle la *sirvente* ou *serventois*, ou encore *sotte chanson*, poésie satirique, origine des *sotties* ou *moralités* qui ont été les premiers essais de l'art théâtral en France. Le vocabulaire noble et harmonieux, mais uniforme et restreint du roman provençal, se refusait aux souplesses et aux détails de la pensée exprimée en prose. Le roman wallon, au contraire, gagnait en flexibilité ce qu'il perdait en verve. Les trouvères étaient plus féconds que les troubadours en contes et en nouvelles. Déjà en eux s'annonçait pour la langue française ce mérite de conter, que nulle autre n'égale. Les troubadours sont beaucoup moins riches en poésie narrative que les trouvères, dont les essais, tout imparfaits qu'ils sont, indiquent dans la langue un progrès rapide et un avenir glorieux.

Cultivée surtout et d'abord en Normandie, la langue wallonne partagea les brillantes destinées des Normands. Avec les Danois, elle pénètre dans le Nord. Au douzième siècle, il y avait à Paris des colléges spéciaux pour les Anglais et pour les Danois; la langue danoise était un dialecte de la langue teutonique, dont les Français parlaient un autre dialecte; qui, quoique abandonné pour le roman ou pour le français naissant dans les États de Charles le Simple, était encore entendu par les princes et conservé avec respect. La langue wallonne s'établit en Angleterre avec Guillaume le Conquérant ; elle passe en Écosse ;

---

¹ La bibliothèque Harleyenne, au Musée britannique, contient un grand nombre de pièces écrites en français. M. de La Rue a publié diverses pièces des poètes anglo-normands. M. Francis Cohen en a fait connaître quelques-unes. Marie de France, poète anglo-normand, est le plus célèbre de ces poètes d'outre-mer. (*Journal des savans*, juillet 1819.)

elle retentit à la cour, où se trouvaient plusieurs familles d'origine française. Avec Robert Guiscard, elle règne à Naples. Transportée en Asie avec les croisés, en 1202, avec eux elle s'y maintient cinquante-huit ans, et leur survit. En 1300, on parlait français dans la Morée, dans la Grèce, à Athènes aussi bien qu'à Paris [1]. Elle visite, avec les croisés, Chypre et Jérusalem, et ses premiers monumens se rattachent à cette royauté des seigneurs français établie en Orient à la pointe de l'épée.

Tandis que la langue et la poésie vulgaires allaient ainsi s'épurant, acquérant chaque jour de nouvelles richesses; tandis qu'elles devenaient populaires, le latin retrouvait de son côté une correction, une élégance qu'il avait perdue, lorsque, obligé de servir d'instrument aux besoins et aux usages de la vie et de la pensée de chaque jour, il avait dû admettre des mots barbares comme supplément d'un idiome

---

[1] Les vestiges de la langue et de la domination françaises ne sont pas, aujourd'hui même, entièrement effacés sur le sol de la Grèce; on les y retrouve avec les ruines des châteaux de la féodalité. La dernière commission scientifique envoyée en Grèce par le gouvernement français a observé, chez les Maïnotes, à côté des mœurs nationales, des coutumes qui semblent se rapprocher de l'esprit féodal de l'Europe du treizième siècle. (*Lycée.*—Chateaubr., *Préf. de l'Itin.*— Buchon, *Expédition des Français en Morée.*)

pauvre et s'ignorant lui-même. Aussi les ouvrages latins du douzième siècle, histoires, poèmes, éloquence, lettres diplomatiques, sont-ils bien supérieurs à tous ceux des quatre siècles que nous avons parcourus; nous n'en exceptons que celui d'Éginhard.

L'histoire surtout est riche. Othon de Frisingue, dans le prologue du cinquième livre de son Histoire Universelle, offre cette pensée, devenue en Allemagne le texte et le guide de la philosophie de l'histoire : « La science et la puissance vont d'Orient en Occident; nées dans l'Inde, elles ont traversé l'Égypte, la Grèce et l'Italie pour arriver en France »; espèce de fatalité historique que l'école française semble avoir adoptée. Lambert d'Affschenbourg, auteur d'une Histoire des Guerres d'Italie contre l'Empire, raconte la vie de plusieurs papes de cette époque, retrace le caractère des empereurs d'Allemagne, explique leur politique, dans un style plein de nerf et d'élégance, et qui, avec les formes et l'imitation de Tite-Live, conserve l'empreinte d'une pensée originale. Matthieu Paris, dans son *Historia Major*, montre de la pureté et de l'élégance; Falcandus écrit avec éclat les annales de la Sicile; Guillaume le Breton raconte la vie de Philippe-Auguste, qu'il accompagna dans ses expéditions militaires.

La poésie s'inspira de l'étude et des formes de l'antiquité. Gauthier de Châtillon, par son *Alexandride*, poème en dix livres, fondé sur l'histoire de Quinte-Curce, excita l'admiration universelle de ses contemporains. En Angleterre, en Italie, la poésie n'était pas cultivée avec moins d'ardeur. Elle offre surtout des hymnes, expression admirable de ce qu'il y avait alors de vivant et d'animé dans les cœurs.

La lutte du pouvoir temporel contre le pouvoir spirituel, la querelle de l'empire et du sacerdoce, ont produit des écrits remarquables par la subtilité diplomatique, et en même temps par la force et l'éclat de l'expression. En Angleterre, les lettres de Lanfranc et de Guillaume le Conquérant à Grégoire VII; en France, les traités de Gerson; en Allemagne, tous les écrits enfantés par la question des investitures, se distinguent par la force, la solidité des pensées, et par l'éclat du style.

Le Saint-Siége soutenait avec non moins de talent et de gloire cette lutte si vive et si redoutable de la science et du pouvoir contre lui réunis. Les lettres et circulaires d'Innocent III, d'Honorius IV, d'Urbain IV, de Pie II, se peuvent placer à côté de ces lettres si fières

---

[1] Le quinzième volume des *Historiens de France* contient toutes les lettres politiques.

et si habiles où éclatait le génie politique et ardent de Grégoire VII, dont une plume brillante nous doit la peinture.

Là est l'éloquence du moyen âge : la tribune est toujours à Rome; mais le forum c'est le monde tout entier : *Urbi et orbi.*

CHAPITRE XIX.

Littérature provençale. — Causes historiques de sa décadence.

La poésie provençale est fille de la civilisation romaine ; elle réunit les influences grecque et latine. Les croyances, les jeux, les fêtes du paganisme subsistèrent long-temps dans le Midi ; le clergé les adopta et les introduisit, en les modifiant, dans l'Église, avec le langage vulgaire. Ainsi se forma, des souvenirs profanes et religieux de la Grèce et de Rome, une littérature tout ensemble savante et populaire, qui brilla surtout du huitième au onzième siècle, et qui, alors étouffée par une poésie nouvelle, n'a survécu que dans deux ouvrages, qui en sont un précieux monument.

Le premier est un poëme dont le héros est Walter (Waiffre?), en qui l'auteur semble, comme à dessein, avoir rassemblé tout le courage, toutes les vertus dont l'admiration et les fables populaires entouraient la mémoire d'Aëtius, le vainqueur d'Attila, et qu'elles prêtaient à tous les hommes qui s'étaient faits les défenseurs de l'indépendance nationale de l'Aquitaine. Ce poème, dont l'action n'est pas sans intérêt et le style sans chaleur, offre quelques mots d'une origine celtique; il paraît avoir été composé vers le huitième siècle, et se rattacher à l'école de Charlemagne. Le sujet, auquel se mêlent du reste des accessoires qui semblent se rapprocher des fictions septentrionales contenues dans les *Niebelungen*, semble être la lutte que les populations méridionales, quoique souvent vaincues, soutinrent contre la race germanique; lutte dont Waiffre fut le héros, et qui, commencée au sixième siècle par la race mérovingienne contre la race gallo-romaine, fut continuée contre les carlovingiens par les rejetons déchus de Clovis [1].

Le second et précieux monument de cette littérature antique, aujourd'hui effacée, est une chronique retrouvée dans l'abbaye de Moissac. Cette chronique, qui semble appartenir au neuvième siècle, retrace les guerres religieuses que soutinrent, vers les Pyrénées, les populations,

---

[1] Les ducs d'Aquitaine descendaient d'Haribert par Bogghis; ils venaient ainsi en ligne directe de Khlovigh. Impatiens de la suzeraineté d'une couronne dont leurs pères avaient été les maîtres, ils s'unirent intimement aux ressentimens de la race gallo-romaine contre la race franque. (CHATEAUBRIAND, *Études.*).

du midi de la France et de l'Espagne contre les Sarrazins. On y reconnaît plusieurs imitations de l'Odyssée, et, dans beaucoup de parties, un calque presque littéral. Comme témoignage littéraire, elle indique le passage de cette première littérature du moyen âge à la littérature romane. Le poëme de *Waiffre* et la chronique de *Moissac* attestent ainsi cette double lutte du Midi, ce combat politique et religieux, qui l'occupait sur les bords de la Loire, pour repousser l'influence et la domination du Nord, au pied des Pyrénées, pour arrêter les invasions et le culte mahométans.

Ce fut là la première littérature provençale, littérature aujourd'hui enfouie, et plutôt soupçonnée que retrouvée. La seconde littérature, bien que différente de cette vieille et savante poésie, en a cependant conservé des traces. Elle lui doit les hellénismes fréquens qu'on rencontre dans les troubadours, le mouvement lyrique qui distingue leurs chants des chants des trouvères ; la coupe des vers, sinon la rime[1] ; ces artifices de style, ce rhythme sa-

---

[1] La rime, introduite au quatrième siècle dans les vers latins, a été consacrée par les troubadours, qui ne l'ont point reçue des Arabes, qui ne parurent qu'au septième siècle ; elle existait, il est vrai, chez quelques peuples de l'Orient. (Roquefort, p. 33-34.)

vant, ces hardiesses heureuses, qui ne sont pas un reflet de la poésie des Arabes, mais un souvenir, une influence secrète du génie souple et enthousiaste de la Grèce. Les poésies de Guillaume de Poitiers, qui unissent la poésie wallonne à la poésie provençale, sont aussi une transition entre la première littérature savante et populaire du Midi, et la littérature plus brillante et moins naïve des troubadours.

La poésie des troubadours, qui remplaça cette première poésie, en fut distincte par les genres comme par l'origine. Les chants chevaleresques, les jeux mi-partis ou tensons, les *je ne sais quoi* ou boutades poétiques, en un mot, l'amour, la joie, les plaisirs, tel est le texte habituel de ses inspirations [1]. Les lé-

[1] La poésie romane offrait encore d'autres genres : le *tenson*, pièce en dialogue dans laquelle ordinairement deux interlocuteurs défendaient tour à tour, et par des couplets de même mesure et en rimes semblables, leur opinion contradictoire sur diverses questions d'amour, de chevalerie, de morale, appelé aussi *partimen*, *jocx partitz*, *jeuparti*, et, quand il y avait plus de deux personnages, *torneyamen*, tournoiement ou tournoi. Les *sirventes*, satires très-âcres, rarement ingénieuses. La *sixtine* : six couplets de six vers chacun ; ces six vers terminés par des mots obligés, qui se reproduisent à chaque couplet dans un nouvel ordre, et, après les six couplets, un envoi de trois vers où sont répétés les six mots qui ont servi de bouts rimés ; voilà la *sixtine*. Le *descort*,

gendes, les vies des saints, les souvenirs de la Bible, mêlés aux souvenirs de l'antiquité grecque et latine, voilà, au contraire, le fond de la vieille et nationale poésie du Midi. Aussi à toutes deux une origine différente. Cette première littérature, dont nous avons déjà, au sixième siècle, entrevu les traits effacés sous l'ignorance superstitieuse de Grégoire de Tours, elle est née au sein du peuple; elle vit de ses croyances; elle y trouve ses dernières inspirations. Savante et crédule comme le Midi, pleine des inspirations de la Grèce et de la religion, elle est cependant populaire. Telle n'est point la poésie des troubadours.

Débris de la civilisation romaine, fruit posthume de l'aristocratie féodale, elle naît dans les châteaux; elle en dit les fêtes, les amours, la vie brillante et polie. Elle est principalement cultivée, encouragée par les princes et par la noblesse. Les troubadours

pièce irrégulière où les couplets sont *discordans*. Les *pastorelles*, éclogues dialoguées. Des pièces coupées de commentaires en prose; différentes pièces à refrain, aubades, sérénades, ballades, la retroensa ; des épîtres érotiques ou morales ; des *novelles* ou contes, et, sous le même titre de *novelles*, des mélanges plus ou moins grossiers d'argumens, d'invectives et de menaces; enfin des romans, essais informes d'épopée.

étaient les chantres de la chevalerie, les trouvères furent les poètes du peuple. Pompeuse et maniérée, la poésie provençale ne trahit point une vive et profonde émotion. Si un instant elle s'anime, c'est aux douleurs, aux sympathies populaires. Proscrite de la Provence avec la liberté religieuse et l'indépendance politique, elle emprunte des ressentimens et des larmes du peuple cet accent de mélancolie vive et profonde, cet enthousiasme que ne lui avaient pas donné les fêtes et les splendeurs monotones de la vie féodale. Son dernier chant est un chant de tristesse et de vengeance; mais il s'échappe d'une lyre obscure : le dernier troubadour, Guillaume de *Figueras*, est un homme du peuple.

Bien différente était la poésie wallonne. Vive, gaie, populaire, narquoise, elle peint les joies, les ressentimens du peuple. Elle commence ces traditions de gaîté et de naïveté gauloise, qui créèrent Villon et Rabelais, et inspirèrent La Fontaine dans le siècle régulier et majestueux de Louis XIV. Les *fabliaux*, dépositaires de la vie commune, sont bien plus amusans que les *romances*, où sont retracés les déplaisirs des chevaliers et la beauté des grandes dames.

Mais ce n'était pas seulement par le vide et

l'uniformité des sujets sur lesquels elles s'exerçaient, que la poésie et la langue provençales devaient périr : elles portaient en elles-mêmes les germes de leur prompte décadence. L'invasion germanique, en s'arrêtant, pour ainsi dire, sur les rives de la Loire, en apparaissant plutôt qu'en se faisant sentir au Midi, y avait laissé les coutumes, les mœurs, le langage à peu près intacts. Ce bonheur, auquel la Provence dut de retrouver plus vite les matériaux d'un idiome nouveau, lui fut fatal.

La poésie romane avait précédé la poésie française. Au dixième siècle, elle avait produit le poème de Boèce. Elle avait aussi ses traductions, dont la plus fameuse est celle de la Bible, que fit faire, en 1180, Pierre Valdo, riche marchand de Lyon, chef des Vaudois¹. Une autre avait été faite environ un siècle auparavant. Les trouvères ne paraissent qu'en 1100, et ne sont pas très-nombreux avant 1201. La

---

¹ Quidam dives rebus in dicta urbe (Lugduni) dictus Waldensis, audiens evangelia, cum non esset multum litteratus, curiosus intelligere quod dicerent, fecit pactum cum dictis sacerdotibus (Bernardus *Vdros* et Stephanus de *Ansa*), altero, sic ut ei transferret in *vulgari*, altero, ut scriberet quæ ille dictaret, similiter multos libros Bibliæ, et auctoritates sanctorum multos per titulos congregatas, quas sententias appellabant. (WILLELMUS NEUBRIGENSIS, ann. 1197, *De rebus angl.*, lib. 3, c. 13.)

poésie romane, au contraire, était depuis longtemps répandue au-delà et en deçà des Alpes, quelquefois au-delà des Pyrénées.

Mais si au nord la langue latine avait été plus corrompue par la contagion des dialectes francs, bourguignons, normands, elle avait, d'un autre côté, puisé dans ces idiomes grossiers, mais énergiques, une vigueur nouvelle; et cet accident, en retardant son développement, la devait rendre plus durable. Ainsi, en se mêlant au vieux sang des populations gallo-romaines, le jeune sang de ces nations guerrières le retrempait, le ranimait. Mais la langue provençale, éclose en un instant à l'éclat des franchises de la Provence, sous la protection de princes qui l'aimaient comme un ornement de leur cour, devait périr avec ces heureuses influences, comme plus tard la poésie italienne. L'Italie et la Provence, venues toutes deux les premières à la liberté et à la poésie, s'éteignirent toutes deux les premières : l'une, faute d'unité monarchique; l'autre, dans cette unité. Ainsi devait-il en être de la poésie provençale. Elle ne pouvait exister ni comme idiome, ni comme expression d'une société. Comme idiome elle n'était, nous l'avons vu, qu'une altération de la langue latine, un débris de sa syntaxe majestueuse et savante, et non un fruit nouveau et spontané du sol. Elle ne subsistait que comme ces familles patriciennes, ces Romains de la Gaule, qui, au sixième siècle, formaient encore l'aristocratie du pays, mais qui devaient disparaître sous les familles du Nord et s'effacer devant les souverainetés de la conquête. Comme expression d'une société, elle trahissait une culture intellectuelle qui n'était qu'à la surface, et qui n'avait pas de racines dans les mœurs, dans les sympathies nouvelles : elle devait donc s'anéantir entre deux révolutions ; car, usée comme expression de l'antiquité, comme expression de la vie nouvelle elle manquait de force et de souplesse. Elle ne s'était pas, d'ailleurs, exercée sur des matières d'un intérêt durable. Étrangère à la philosophie, à l'histoire, elle était l'écho de cette société féodale qui s'en allait : les troubadours étaient les poètes du passé ; les trouvères, les poètes de l'avenir. La langue provençale était la langue de la chevalerie et de l'amour ; la langue wallonne, la langue de l'analyse et du raisonnement : elle se prêtait aux subtilités de la scolastique comme aux chants des trouvères. Quand, au treizième siècle, l'érudition et l'étude du droit remplacèrent dans le Midi les cours d'amour et les chants de la chevalerie, le provençal se trouva impuissant à porter le poids nouveau de la pensée [1]. Le wallon, au contraire, suivant un mouvement lent et rationnel, s'était préparé par une laborieuse correction, par un long essai de son génie, à un avenir fécond : il enfantait la langue de l'Europe. A partir de 1201, les traductions du latin en langue vulgaire se répandent de plus en plus. Il parut un grand nombre de versions romanes ou françaises de certains opuscules d'Aristote, de la Chronique de Turpin, du Traité de Guillaume de Saint-Amour contre les religieux mendians; un grand nombre de légendes ou vies des saints, d'homélies pour les dimanches et les fêtes : ainsi le roman wallon devenait le français.

Mais le triomphe de la langue d'*oïl* sur la langue d'*oc* avait une autre cause plus haute et plus puissante; il n'était que le résultat et la manifestation de la supériorité du génie du Nord sur le génie du Midi, la dernière victoire de la race germanique sur la race gallo-romaine. L'héritage des troubadours, qui avaient protesté contre la domination des hommes du Nord, passa comme une dépouille aux trouvères, qui

---

[1] A proprement parler, cet idiome ne s'est point achevé; probablement il n'en était point susceptible. (*Bénédictins*, tom. 16, pag. 149.)

étaient les poètes de la conquête. C'est donc à l'histoire qu'il faut demander l'explication de ce silence subit qui a succédé aux chants des troubadours.

L'ancien combat des populations méridionales contre les peuples francs, tenté une première fois aux plaines de Vouglé, soutenu plus tard par Waiffre et par les descendans déchus de Clovis, se maintint avec des chances diverses jusque sous saint Louis. Alors, la supériorité de la monarchie du Nord sur le Midi, déjà signalée par le mariage d'Éléonore, héritière et fille du duc des Aquitains, avec le fils de Louis le Gros, est hautement proclamée par la réunion définitive de la Provence à la couronne sous saint Louis. La langue provençale suivit le destin de l'indépendance méridionale ; elle vint, comme les comtes de Toulouse, les vicomtes de Béziers et de Narbonne, en un mot, toutes les petites souverainetés du Midi, se perdre et s'éteindre dans la grande fortune et l'unité de la royauté française, qui, commencées avec Louis le Gros, continuées sous son fils, soutenues par la hardiesse de Philippe-Auguste et la victoire de Bouvines, triomphe complet de la monarchie sur la féodalité, furent achevées par le bonheur de Philippe le Bel et la sagesse de saint Louis.

Un même coup enleva à la Provence son indépendance politique, aux troubadours leurs inspirations.

Ainsi donc les troubadours périrent autant sous le coup de la domination du Nord que sous les fureurs de Montfort et d'Izarn, poète dominicain, représentant de l'inquisition. La guerre des Albigeois fut une guerre non moins politique que religieuse[1]. Innocent III lui-même parut le reconnaître, et voulut, ce semble, par l'intérêt qu'il porta ensuite aux princes dépossédés, réparer sa complicité dans cette spoliation[2].

---

[1] Multitudo maxima prælatorum et laicorum crucis signum susceperunt, plus metu regis Francorum quam zelo justitiæ inducti. Videbatur enim abusio, ut hominem fidelem Christianum comitem Tolosianum infestarent. (MATTH. PARIS., ann. 1226, p. 331.)

[2] La violence et la fraude l'emportèrent : Simon de Montfort resta en possession du comté de Toulouse. Mais ce ne fut pas, à ce qu'il paraît, sans répugnance qu'Innocent III confirma la sentence de ses légats ; il avait été vivement frappé de ce qu'avaient dit pour leur défense les seigneurs dépossédés. Il aurait voulu tempérer jusqu'à un certain point la rigueur de la décision du concile, en pallier l'iniquité.—Le pape Innocent III est représenté, dans ce débat, comme favorablement disposé pour les comtes spoliés, et comme convaincu qu'il y a eu en toute cette affaire des intrigues et des injustices dont il gémit ; et cette conviction ressort vivement, et à diverses reprises, des discours que lui prête notre historien

Le Midi ne trouva plus de chants, parce qu'il n'avait plus une patrie à lui, une Provence avec sa vie riante, avec sa douce liberté, avec ses fêtes ¹, doux souvenir de la Grèce. Les jeux floraux établis en 1334 à Toulouse sont la

populaire. (M. Fauriel, *Dissertation sur une chronique anonyme des Albigeois.—Revue des Deux-Mondes*, 8ᵉ vol., 4ᵉ livraison.)

¹ La danse décrite par Homère sur le bouclier d'Achille (*Iliade*, livre 18) s'exécute encore en Provence. « La danse vraiment nationale est le *farandoulo*, qui paraît être grecque d'origine. Dix, vingt, trente, et même cent personnes, se tenant par la main, forment une chaîne où les sexes sont quelquefois confondus ; cette chaîne alors est menée par un homme ou par une femme : d'autres fois la chaîne est entièrement composée d'hommes ou de femmes. Lorsque ces bandes joyeuses viennent à se rencontrer, elles passent rapidement l'une devant l'autre en sens contraire. Tous ceux qui la composent sautent au son du galoubet et du tambourin, ou en répétant un air qu'entonne celui qui les conduit. On parcourt ainsi les rues, et l'on vient former plusieurs cercles autour du mai ou du gros noyer sous lequel le bal est établi. Souvent il arrive que l'impétuosité de la course fait rompre en plusieurs points cette chaîne mobile ; on dirait alors un ver partagé en différentes parties dont toutes remuent et paraissent vouloir se rejoindre. En effet, chaque portion de la *farandoulo* se rapproche, les mains désunies s'unissent de nouveau, et la danse recommence. Le beau bas-relief antique qui est connu sous le nom de la danse *borghèse*, représente réellement une espèce de *farandoulo*, dans la manière dont on l'exécute aujourd'hui. » (Millin, *Voyage dans les départemens du midi de la France*, tome 3.)

dernière image de cette gaie science des troubadours. Du reste, en réunissant deux peuples que séparaient leur langage et plus encore leurs mœurs, on n'a point effacé et changé leur génie primitif. Le midi de la France a encore sa physionomie locale; le combat a cessé, non l'inimitié [1].

[1] L'Europe, du moins aussi long-temps qu'il y aura des princes, une aristocratie, et une civilisation universitaire dans le Nord, qui cadre mal avec les exigences méridionales, l'Europe est divisée en deux portions distinctes : les hommes civilisés et les barbares. Les hommes civilisés, ce sont les peuples du Midi, ayant jadis vécu sous la férule de l'empire romain, et qui en descendent en droite ligne. Les barbares, ce sont les peuples du Nord, qui ont bouleversé l'empire romain et qui l'ont démembré. La révolution française a été une réaction de l'esprit romain contre l'esprit germanique, de l'Europe civilisée contre l'Europe barbare, et contre l'église catholique, son alliée du moyen âge. On a revomi les Francs, les Goths, les Lombards, les Normands ou Scandinaves; il n'y a pas de petite parcelle de Suève, de Vandale, de Hérule, de Turcilingue, voire même d'Alain et de Scythe, qui ait échappé; la révolution a fait rendre gorge; sans rebâtir les temples de l'antiquité païenne (car elle ne reconnaît que des systèmes de philosophie), elle a reconstruit le sénat, l'empire, le Forum, les légions, les tribuns; elle a rétabli l'administration dioclétienne; elle a départementé, arpenté les Gaules, l'Italie, l'Espagne. On s'est fait classique autant que possible, démocratique, municipal, pour se purger de cet esprit romantique, aristocratique, sacerdotal du moyen âge. Voilà ce qu'on a fait croire aux peuples. L'orgueil a dit *oui*, la nature a dit *non*.

On a eu beau gratter et regratter le Normand, l'Alsacien, le Franc-Comtois, le Provençal; on a eu beau bronzer ou blanchir le Lombard, le Napolitain, le Piémontais; on a eu beau décrasser le Catalan, l'Aragonais, le Portugais, tout cela a reparu, coûte que coûte, dût-on de nouveau rebouleverser le genre humain pour refaire de l'antique.

(*L'Avenir.*)

CHAPITRE XX.

Romans.

La naissance des romans et leur développement suivirent les progrès de la langue romane, en les hâtant.

Les romans du moyen âge forment trois grandes divisions, qui résument en quelque sorte tous les contes, tous les récits, toutes les traditions populaires, qui remplirent et si vivement occupèrent les imaginations aventureuses de cette époque, amoureuse de merveilleux.

Le premier nom autour duquel se groupèrent, dans les esprits du moyen âge, tous les exploits de ces temps fabuleux, fut celui de Charlemagne. Les premiers romans sont donc les romans de Charlemagne, dont l'idée première est une prétendue expédition de Charlemagne en Palestine, et la base, la chronique de Turpin; on y ajouta plusieurs fables, mélange singulier des traditions profanes et sacrées : apparitions, armes enchantées, miracles de saints, à côté des prestiges de la féerie, de prophètes et de géans invulnérables. On y retrouve aussi l'enthousiasme et les prodiges guerriers des croisades, et un reflet de cette vive imagination des Arabes, de ces merveilleux exploits attribués au *Cid*, et dont ceux de *Roland* furent l'origine.

Le nom de Charlemagne avait réuni et concentré toutes les fictions du Midi; le nom d'Arthur fixa, en les résumant, toutes les traditions mythologiques, toutes les fables poétiques du Nord, mêlées aux fables de l'Armorique[1]. Les

---

[1] Il y a surtout trois cercles de fables et d'histoires qui ont servi de sujet aux poèmes chevaleresques du moyen âge. Le premier se compose des traditions des héros goths, francs et bourguignons, de l'époque de la grande migration des peuples. Elles forment le contenu du chant des Niebelungen et des diverses pièces connues sous le nom du *Livre des Héros*. Ces traditions héroïques ont la plupart une base historique; le génie du Nord y respire encore tout entier : elles ont aussi été chantées et traitées de diverses manières dans les langues scandinaves, et se rattachent immédiatement aux temps du paganisme et à l'ancienne théogonie des Germains. Charlemagne fut le second sujet principal des poèmes héroïques; surtout ses expéditions contre les Arabes, la bataille de Roncevaux, et la gloire des héros fameux réunis autour de lui. Les récits de ses faits s'éloignèrent de très-bonne heure de la vérité; ce héros, plein d'activité et d'une mâle énergie, fut transformé en un souverain indolent, semblable à ceux de l'Orient. Ce qui peut y avoir contribué, c'est que les Normands, qui sont les principaux auteurs de ces poèmes, se

exploits d'Arthur, les enchantemens de Merlin, se mêlèrent aux merveilles de la forêt de Bréchiliant, habitée par les fées bretonnes. Les fictions ou *romans* de la *Table-Ronde*, remplies, surchargées de tous les ornemens que pouvaient trouver l'imagination et l'érudition du douzième siècle, se répandirent en Grèce, en Italie : les contes de *Tristan* et de *Lancelot* devinrent la lecture favorite des princes et de la noblesse.

Une troisième classe de romans, que l'on peut appeler romans *mixtes*, se compose de

représentaient Charlemagne, malgré la gloire qui environnait son nom, comme placé dans des circonstances analogues à celles où se trouvaient de leur temps les monarques indolens qui occupaient son trône. Quoi qu'il en ait été, une sorte d'exagération comique domina bientôt dans l'exposition de cette histoire ; chaque jour on y ajoutait encore du merveilleux et de la fiction ; si bien que le tout ne tarda pas à ne plus former qu'un jeu de l'imagination, ainsi que nous le voyons dans l'Arioste. Il n'en fut pas tout-à-fait de même du troisième cercle de fables de la poésie chevaleresque, des histoires du roi breton Arthur et de la Table-Ronde. Il est vrai qu'ici encore ce qui était originairement historique fut enrichi par toute la plénitude de merveilleux qu'offraient les croisades, et que le domaine de la fiction s'étendit jusqu'aux Indes. L'Arthur de l'histoire, roi chrétien de race celtique en Bretagne, ses malheurs et les guerres qu'il eut à soutenir contre les chefs des Saxons, alors encore païens, n'auraient été qu'un sujet très-borné. On l'agrandit en cherchant surtout à développer dans cette fiction l'idéal de la parfaite chevalerie, et

traductions grecques ou latines, de souvenirs, de noms historiques mêlés aux hauts faits de la chevalerie, aux merveilles de la féerie; ils annoncent la renaissance des études antiques; à cette classe se rattachent les romans d'*Alexandre* du *Rou* ou de Rollon, duc de Normandie.

Ces trois divisions, ces trois caractères distincts des romans du moyen âge, accusent l'on y perdit moins de vue un but déterminé que dans les poëmes de Charlemagne. On y rattacha ensuite quelques fictions destinées à représenter l'amour dans les plus belles circonstances de la vie chevaleresque. La principale de ces fictions est tout-à-fait élégiaque, comme l'indique le nom même de Tristan. De tous les grands poëmes épiques de chevalerie et d'amour, Tristan est celui qui a obtenu la préférence chez toutes les nations. Cependant, afin que l'uniformité de ce poëme n'engendrât point l'ennui, on ajouta à cette fiction tout élégiaque celle de Lancelot, qui est plus gaie et plus animée. Les fictions d'Arthur et de la Table-Ronde servirent encore à un tout autre but. Dans ce cercle, qui devait embrasser l'idéal et la fleur de toute vertu chevaleresque, on chercha surtout aussi à exprimer l'idée d'un chevalier religieux, en faisant voir comment ce chevalier, fidèle à un vœu solennel, parvenait, par de dures épreuves et de grands exploits, d'un degré de la perfection à l'autre, et s'élevait toujours davantage vers la sainteté; ce qui n'empêcha cependant pas, en Occident comme en Orient, la fiction de déployer toute sa richesse d'aventures et de merveilles guerrières et amoureuses. On imagina, sous le nom de Saint-Graal, toute une suite de semblables fictions chevaleresques entièrement allégoriques, dont le but est de montrer comment le chevalier doit, par une piété toujours croissante, se rendre digne des mystères

trois époques bien tranchées. Guerriers et religieux, les romans de Charlemagne expriment la première époque du moyen âge ; ils annoncent la chevalerie ; ils ne la reproduisent pas ; elle paraîtra dans les romans de la *Table-Ronde*, où les récits d'amour se mêlent aux pieuses réflexions, où les aventures de *Lancelot du Lac* sont voisines de la conquête du *Saint-Graal* [1].

de la religion et des sanctuaires, dont la conservation est représentée comme le but le plus élevé de sa mission. On peut admettre, et il existe même à cet égard des indices et des preuves irréfragables, que ces poèmes exprimaient non-seulement l'idéal d'un chevalier religieux, tel qu'on le concevait à cette époque, où florissaient les ordres chevaleresques religieux les plus remarquables, mais qu'ils contenaient encore un grand nombre d'idées symboliques et de traditions particulières à quelques-uns de ces ordres, surtout à celui des Templiers. Ce caractère ne saurait être méconnu, même dans les romans français du Graal ; mais il est encore plus saillant dans les ingénieuses traductions qu'en ont données les Allemands. C'est ainsi que ce troisième cercle de fables des poèmes chevaleresques, celui d'Arthur et de la Table-Ronde, a un caractère allégorique tout particulier. Ces trois cercles de fables, celui des Niebelungen, celui de Charlemagne et celui de la Table-Ronde, ont été les principaux sujets de la poésie dans le moyen âge : une foule d'autres fictions s'y rattachèrent comme à un centre commun. (SCHLEGEL, tom. 1, chap. 8.)

[1] Le *Saint-Graal* était un vase ou vaisseau dans lequel on supposait que J.-C. avait mangé l'agneau pascal, lorsqu'il fit la cène avec ses disciples ; Joseph d'Arimathie l'emporta chez lui ; et lorsqu'il eut enseveli le corps du Sauveur, il mit dans le *Graal* le sang et l'eau qui découlaient de ses plaies et de

Ces deux caractères de religion et de galanterie se mêlent, dans les romans de la troisième classe, aux réminiscences confuses de l'Orient que les croisés avaient rapportées, et à l'étude grossière et obscure de l'histoire. Tous ces romans suppléent l'histoire, qu'ils ont rendue, d'ailleurs, incertaine et difficile [1]. Faibles sous le rapport de la poésie et sous celui de l'invention, ils expriment admirablement les coutumes, les mœurs religieuses et militaires du moyen âge.

Le roman a été l'histoire la plus vraie de la société moderne. Nous le voyons, au douzième siècle, retracer les aventures merveilleuses des preux et les grands coups d'épée de la chevalerie; plus tard, animé par la gaîté bouffonne et la verve satirique de Rabelais, il peint les fo-

---

son côté. Joseph d'Arimathie emporta ce vase en Angleterre et *chrestienna* toute cette contrée. Ce précieux vase ayant été perdu, plusieurs chevaliers entreprennent de le retrouver; ce qui a fourni l'idée de la *queste du Graal* et une partie des aventures du roman de *Perceval*. (*De la Poésie française dans les douzième et treizième siècles*, p. 153, 154.)

[1] On ne peut disconvenir que plusieurs de nos anciens romans ne soient purement historiques, et qu'ils ne tiennent de l'invention que quelques circonstances merveilleuses souvent exagérées dont il est aisé de débarrasser le fond de l'histoire. (*Lacurne de Sainte-Palaye*, 17e mémoire concernant la lecture des romans de chevalerie.)

lies singulières d'un siècle malade et corrompu, dans lequel la licence se mêlait à la superstition, le pédantisme à l'ignorance, la lâcheté au crime. Aux approches du grand siècle, il s'épure et se fixe; mais alors même, retenant les travers du bel esprit et les prétentions ingénieuses de l'hôtel de Rambouillet, il se montre dans Cyrano de Bergerac et dans Scarron avec plus de subtilité que de naturel, plns de recherche que de gaîté. Mademoiselle de Scudéri transporte dans ses ouvrages les grands sentimens, les amours magnifiques que la Fronde avait mis à la mode, et qui régnaient encore au commencement du règne de Louis XIV; mêlant à l'héroïsme exagéré de la chevalerie l'antique fierté romaine, mademoiselle de Scudéri offre une image assez vraie de cette époque où l'érudition n'était pas encore éclairée par le goût. Plus heureuse et plus habile, madame de Lafayette retraçait avec une teinte délicate et pure ces nuances légères du sentiment, que les femmes excellent à saisir et à exprimer. Bientôt la littérature s'altéra, et le roman, comme les autres genres, perdit sa grâce naturelle et simple. Lesage, cependant, sut l'animer de cette verve comique, de cette gaîté spirituelle qu'il avait aussi ramenée sur la scène, mais qui devait disparaître sous l'afféterie et la finesse maniérée de Marivaux.

La philosophie, qui, pour mieux répandre ses opinions, adopta et quelquefois corrompit les diverses branches de la littérature, la philosophie teignit aussi le roman de sa couleur. Voltaire, sous le voile transparent de l'allégorie, attaqua, détruisit les sentimens les plus chers au cœur de l'homme. Si l'esprit sourit d'abord à la malignité piquante de Candide, ce sourire se change bientôt en tristesse; on a honte de se surprendre applaudissant à cette sèche et détestable observation de l'homme; ajoutons que cette manière d'envisager la nature humaine est aussi fausse qu'elle est étroite; celui qui ne voit de l'homme et de la société que les vices et les abus, n'en voit que la partie la plus petite : la vertu explique mieux l'âme et notre nature. Marmontel, dans ses Contes, peignit avec assez de bonheur la sensibilité factice qui alors succédait aux passions vraies, comme la galanterie à l'amour, et l'étalage de la morale à la pratique des vertus. Deux femmes, madame de Tencin, madame Riccoboni, peignirent avec une piquante finesse les intrigues de plaisir qui avaient remplacé la délicatesse des affections domestiques, dans ce siècle dégradé, où l'amour même avait perdu sa puissance avec sa pudeur et ses mystères. Crébillon fils, dans son style léger, nous laissait des tableaux qui accusent moins sa plume que son siècle. Dans ce siècle, on aurait pu croire toute vie éteinte, si un homme n'eût trouvé dans son âme et dans son génie le feu sacré qui n'échauffait plus ses contemporains. La Nouvelle Héloïse, en rouvrant des cœurs flétris et desséchés à de vives émotions, y ranima une salutaire chaleur. Il faut plaindre, sans doute, un âge qui a besoin de pareils ouvrages; ils guérissent, mais brûlent; semblables à ces remèdes qui ne raniment la vie qu'en épuisant le corps. Disciple de Rousseau, Bernardin de Saint-Pierre reproduisit son style et son âme avec moins de force, mais avec plus de douceur et de pureté; Paul et Virginie sont remplis d'un charme de naïveté et de mélancolie qui ne laisse jamais le cœur sans attendrissement.

La révolution ramena les esprits à de plus graves pensées. En présence des tombeaux, tout est sérieux; aussi la religion, qui auparavant avait disparu des ouvrages de littérature les plus importans, se montra même dans le roman. Atala et René lui rouvrirent dans les cœurs une source d'affections et de souvenirs long-temps fermée, et révélèrent cette tendance nouvelle. Il y a dans ces productions, et dans René surtout, une profondeur de pensées, une magie de style, une chaleur d'âme, un éclat d'imagination, un cachet d'originalité qui n'appartiennent qu'au génie. Tandis que M. de Châteaubriand remuait ainsi les esprits, une femme célèbre, déposant dans *Delphine* et *Corinne* ses goûts, ses passions, imprimait au roman une teinte différente de rêveries et de croyances indécises; mais ses ouvrages, expression de son âme ardente plus que d'une couleur sociale, ne reproduisent qu'un accident, et non une généralité du siècle. A peu près à la même époque, une autre femme plus simple, d'une sensibilité moins bruyante, et plus vraie, épanchait aussi dans ses ouvrages des sentimens purs et nobles, vifs et naturels; mais ici l'expression de son cœur était l'image de ce que chacun sent au dedans de soi-même : ces luttes si pénibles et si courageuses du devoir contre la passion, ces affections profondes qui dominent la vie entière, ces caprices, ces emportemens, ces joies sans cause, ces chagrins sans motifs qui maîtrisent et subjuguent l'âme; toutes ces bizarreries du cœur humain, madame Cottin les a peintes avec chaleur et naturel. Chez elle, tout l'intérêt se fonde sur le développement habile et le contraste des sentimens; il y a dans l'expression autant de vie que de profondeur dans la pensée; c'est l'image vive et animée du cœur.

Depuis lors, le roman a pris une physionomie plus grave; l'histoire lui a demandé les secrets auxquels sa hauteur obligée ne lui permettait pas de descendre.

Un homme a singulièrement contribué à ce mouvement des esprits, Walter Scott. Si l'on aime tant à parcourir, à méditer les vivantes peintures que son génie nous trace, c'est qu'il nous initie, pour ainsi dire, à cette vie intime des peuples qui anime les compositions antiques, et qui, bannie des institutions et des histoires modernes, s'était réfugiée et comme éteinte dans de vieilles chroniques, comme ces vertus des siècles passés, qui, ne pouvant plus s'exercer en public et sur un vaste théâtre, se consumaient en dévouemens obscurs, en sacrifices ignorés. Le goût pour les antiques récits et les naïves chroniques du vieux temps n'a rien, d'ailleurs, de surprenant; il semble que, pour les peuples vieillis comme pour les individus, il y ait plaisir à revenir aux souvenirs de l'enfance; ils y puisent une vigueur nouvelle et de la sagesse contre leurs erreurs : la vérité alors a tout le charme piquant de la nouveauté. Ajoutons que, dans un siècle où l'on juge tous les événemens comme toutes les opinions, où l'on veut, avant tout, la bonne foi, et où rien ne saurait faire illusion au jugement, notre avide curiosité se plaît à examiner, dépouillées de leurs fausses couleurs, les gloires imposantes, les supériorités des temps passés. Ainsi l'on aime à visiter des temples désenchantés, à percer des mystères dont l'obscurité avait long-temps effrayé les esprits, mais dont la puissance disparaît au grand jour.

A travers les grands coups d'épée du moyen âge, les exagérations de mademoiselle Scudéri, les grâces délicates de madame de Lafayette, les satires impies de Voltaire, les honteuses amours de la régence, la sensibilité passionnée de Rousseau, les rêveries de Bernardin de Saint-Pierre et de M. Châteaubriand, le roman, entre les mains de Walter Scott, est donc redevenu ce qu'il était à sa naissance, historique ; autre trait de ressemblance avec le moyen âge.

Les romans tombèrent avec la chevalerie, qui elle-même disparut avec la féodalité, dont elle était le nom poétique. Sortie, avec la féodalité, des forêts de la Germanie, avec elle transplantée sur le sol gallo-romain, la chevalerie y reçut les influences du christianisme. Religieuse et guerrière, elle reproduisit ce double caractère dans les cérémonies qui lui servaient d'initiation et de consécration. Développée par l'esprit militaire et la foi du moyen âge, la féodalité change et s'efface avec lui; errante et mondaine, elle n'est plus qu'une institution sans harmonie, un souvenir brillant, mais stérile. La poésie, qui l'avait parée de ses brillantes couleurs, la flétrit et la dégrade : l'Arioste et Cervantes la tuent en l'immortalisant. Tombée ainsi dans le ridicule, elle voulut vainement retrouver dans les châteaux, et à la cour de François Ier, son éclat et sa magie; vint Rabelais, qui lui porta le dernier coup.

CHAPITRE XXI.

Chroniques.

Les romans, toutefois, n'avaient pas été la seule histoire du moyen âge; ils ne furent pas ses dernières annales. Les chroniques qui les avaient précédés, modestes et populaires, leur survivront. Religieuses, savantes, guerrières comme les romans, les chroniques réfléchissent le moyen âge dans ses trois caractères principaux.

Les chroniques ne sont d'abord que des espèces de registres et journaux des monastères, continués dans le même couvent, et transmis de générations en générations comme une tradition vénérable : de là, entre elles, un enchaînement que n'ont pas les annales anciennes; de là aussi un intérêt en quelque sorte national. Une chronique n'était point un travail à part, le labeur isolé d'un homme; c'était une œuvre publique, un document universel sur lequel on cherchait à rassembler toutes les lumières. C'était dans des assemblées générales, surtout en Angleterre, qu'avaient lieu les communications et les rectifications des chroniques. L'histoire se faisait, pour ainsi dire, au grand jour et sous le contrôle de l'opinion, de l'expérience publiques : ainsi la Grèce confirmait, en les écoutant, les récits d'Hérodote. Aussi les historiens du moyen âge semblent-ils comprendre l'importance et la grandeur de leur mission ; ils regrettent sans cesse que leur talent soit au-dessous de leur tâche, et leur style inférieur aux événemens. Les craintes s'augmentent encore en eux des scrupules d'une piété naïve, car la religion est la pensée qui les domine ; ils placent, pour ainsi dire, toutes les dates sous la protection d'un souvenir religieux, comme de nos jours on les a mises sous l'anniversaire d'une victoire. Avec la foi de leur siècle, ils en ont toute la crédulité : les phénomènes célestes, les pluies, les orages, les songes les frappent vivement ; ils y voient la volonté du ciel, comme les anciens y voyaient la fatalité. Souvent encore, comme les dramatiques récits de l'histoire ancienne, leurs pieux pressentimens font planer sur les hommes une mystérieuse vengeance ; le malheur est souvent à leurs yeux une expiation : disposition salutaire et touchante, qui, dans des siècles livrés à toute la brutalité de la force, plaçait au moins la faiblesse sous la protection divine !

La simplicité, j'ai presque dit la grossièreté du style et le défaut de jugement, tel est le caractère général des chroniques, considérées comme œuvre littéraire. Agréables par l'abondance des détails, par la variété des peintures, rarement les chroniqueurs s'élèvent à des considérations générales; ils expriment un fait, mais sans en tirer les conséquences. Même simplicité dans la peinture des caractères. C'est par les qualités physiques plus que par les qualités morales, à part la piété, qu'ils n'oublient jamais, qu'ils font connaître leurs héros : autre rapport avec les temps primitifs de la poésie grecque, avec les époques héroïques, moyen âge de l'antiquité. Nous avons retracé le premier caractère des chroniques.

Cette naïveté et aussi cette rudesse disparurent insensiblement pour faire place à une élégance étudiée, à une imitation quelquefois heureuse, le plus souvent raide et maladroite, des écrivains de l'antiquité. Les chroniqueurs du douzième siècle, qui forment la seconde classe, semblent pressentir le réveil de l'esprit humain; ils annoncent que, partout, la grammaire et les belles-lettres sont cultivées. Leur latin est moins barbare, leur allure plus régulière, leur jugement historique plus éclairé, leur piété moins intolérante. Foucher de Chartres [1], Guillaume de Tyr [2], sont les représentans de

[1] « Fulcherii Carnutensis gesta peregrinantium Francorum cum armis Hierusalem pergentium. »
Cet historien n'a pas écrit comme un simple chroniqueur. Il a su mêler à son récit des détails et des observations curieuses sur l'histoire naturelle. Sa narration est simple; le ton qui y règne est plein d'une naïveté qui lui donne beaucoup de charmes. Foucher ne raconte pas un seul événement où il assiste, sans rapporter en même temps toutes les impressions que cet événement fit sur son esprit; sa joie, ses craintes, sa douleur, et jusques à ses désirs, il exprime tout avec une franchise qui fait quelquefois sourire, mais qui est aussi une grande garantie de la vérité de ses récits. Rarement Foucher remonte à l'histoire des temps passés; toujours préoccupé de lui-même et de ce qui l'entoure, il semble qu'il n'a pas le loisir de s'occuper d'autre chose; ses sensations présentes absorbent, pour ainsi dire, toutes les facultés de son esprit; et s'il conserve encore des souvenirs, ils s'appliquent tous aux saintes écritures et aux traditions sacrées que devaient lui rappeler sans cesse les événemens et les lieux qu'il avait entrepris de décrire.

[2] « Historia rerum in partibus transmarinis gestarum a tempore successorum Mahometis usque ad annum Domini 1184, edita a venerabili Willermo, Tyrensi archiepisco. » Guillaume de Tyr est supérieur à son siècle par son savoir, par la variété de ses connaissances et par la noblesse de son caractère. Son *Histoire de Jérusalem* n'est cependant pas sans défauts. Sa narration, presque toujours dépourvue de chaleur, manque souvent de précision et quelquefois de méthode; souvent il s'arrête au milieu d'un événement pour en raconter un autre. Il a mieux réussi à peindre les progrès des colonies chrétiennes

cette seconde école, et ses plus brillans écrivains. On remarque, dans leurs ouvrages, les traces de l'étude des anciens. A côté d'eux se

qu'à retracer leur décadence. Guillaume de Tyr a toutefois des qualités qu'on trouve rarement dans les auteurs contemporains. Il fait preuve dans ses récits d'une critique judicieuse; il décrit les lieux avec assez d'exactitude; les scènes de la guerre, quoiqu'elles ne soient jamais très-animées sous sa plume, ne sont néanmoins jamais dépourvues de vérité. Les discours qu'il met dans la bouche de ses personnages, sans avoir beaucoup d'éclat, paraissent toujours inspirés par la raison : il ne se contente pas de raconter les faits, il attache encore par des tableaux de mœurs; il se plaît à faire des portraits. Dans ses peintures, il n'oublie ni les formes du corps, ni les traits caractéristiques de la vie privée; il mêle souvent à ses récits des passages tirés de l'Écriture ou des auteurs profanes : ainsi, dans ses tableaux historiques, Isaïe, Ézéchiel, Jérémie, se trouvent à côté de Virgile, de Juvénal, d'Horace ou d'Ovide.

Dans une courte préface, il fait connaître à la fois le but qu'il s'est proposé et le plan qu'il a suivi. Il parle d'abord des dangers et des difficultés que l'on trouve à écrire l'histoire des rois. Si l'historien dit la vérité, il se fait de puissans et de nombreux ennemis; s'il la passe sous silence, il manque à ses devoirs et commet un grand péché. Mais que sera-ce s'il la trahit et trompe la postérité crédule ? Après avoir montré les inconvéniens de la carrière qu'il parcourt, Guillaume de Tyr paraît rempli de scrupules et d'alarmes : il n'est soutenu dans son entreprise que par le sentiment du patriotisme et par le besoin qu'il éprouve de conserver les hauts faits et la gloire des conquérans et des habitans de la Terre-Sainte.

(Biblioth. des Croisades.)

présentent Guibert, abbé de Nogent [1], tour à tour crédule et pénétrant ; Odon de Deuil [2], précis, énergique, animé.

Les chroniques, bien que moins naïves,

---

[1] Guibert de Nogent a fait plusieurs ouvrages, parmi lesquels on distingue ses propres mémoires, où se trouvent très-bien décrites les mœurs et les habitudes des cloîtres. On remarque dans ce dernier écrit un récit très-curieux d'une révolution dont il fut témoin dans la ville de Laon contre l'évêque. L'abbé de Nogent annonce le projet qu'il a d'écrire d'une manière plus convenable qu'un anonyme qui l'a précédé, et auquel il reproche d'avoir violé les règles de la grammaire et de n'employer qu'un langage commun ; il veut s'élever, autant que son génie le lui permettra, à la hauteur du sujet. Ce qui le détermine, dit-il, à redoubler d'efforts pour écrire élégamment, c'est l'esprit d'émulation qui de son temps se répandait dans les provinces pour l'étude de la grammaire et des lettres. En adoptant le titre : *Gesta Dei per Francos*, il nous dit que ce titre est sans prétention, et qu'il doit servir à honorer le nom français. Son style, qui s'élève quelquefois, est trop souvent plein d'affectation, et ce défaut répand de l'obscurité dans ses récits. On ne peut cependant s'empêcher de reconnaître dans Guibert un observateur plus habile et plus éclairé que la plupart des chroniqueurs contemporains.

[2] « Odonus de Diogilo, de Ludovici VII, Francorum regis, cognomento junioris, profectione in Orientem. » Le style d'Odon est mâle, mais obscur ; ses pensées sont hardies et quelquefois énergiques ; il connaît assez bien les hommes, et il aime à pénétrer dans les replis de leur âme. Il s'élève souvent à la véritable éloquence, et le goût des siècles modernes ne repousserait pas toujours ses descriptions : celle qu'il a faite de Constantinople est un morceau véritablement remarquable.

(MICHAUD, t. 1, p. 229.)

ou, si l'on veut, moins grossières à cette seconde époque, conservent cependant encore la physionomie primitive des chroniques, la physionomie religieuse. Cette physionomie va changer avec la nature même des croisades, dont elles étaient la plus complète, la plus vive, la plus fidèle image. Religieuses d'abord, puis savantes, mais encore religieuses, les chroniques ne seront plus qu'un récit militaire, comme les croisades elles-mêmes deviendront une expédition guerrière, et non plus une guerre sainte.

Cet affaiblissement de l'enthousiasme religieux remplacé par le courage chevaleresque se trahit dans Villehardouin, historien de la dernière croisade, dont il fut un des principaux acteurs. Villehardouin annonce bien encore, en commençant, que c'est au nom et par les ordres du ciel que tant de chevaliers prennent la croix; mais combien d'autres idées se mêlent à ce pieux dessein, et, chemin faisant, le compromettent! Déjà les intérêts du commerce et les considérations politiques prennent place à côté des intérêts du ciel. Cette croisade n'est plus un élan religieux, elle est une expédition militaire qui a ses dispositions, ses calculs, ses obstacles matériels. Les chevaliers eux-mêmes n'ont plus l'âme pieuse, l'imagination ardente du moyen âge. Arrivés à Constantinople, ils se laissent surprendre à la beauté de son climat, à la magnificence de ses monumens, au spectacle des arts, à la douceur efféminée des mœurs; Jérusalem ne leur apparaît plus, pour ainsi dire, qu'à travers les splendeurs de Byzance, qui en effacent un peu la sainte majesté. Enfin, pour dernier trait caractéristique, ces croisés, pour qui Constantinople n'était que le chemin de Jérusalem, s'y arrêtent; et, venus pour délivrer la Terre-Sainte, ils établissent un empire à Constantinople. L'esprit religieux des croisades a péri, on le sent, comme la féodalité et la chevalerie.

Aussi croisades et chevalerie n'ont plus d'historien. Froissart, qui suit Villehardouin, est le narrateur des aventures des princes, des jeux et des magnificences des cours; il n'est plus le peintre d'une pensée religieuse ou militaire. Comines, qui lui succède, est le précurseur de l'histoire moderne. Sa pensée n'a plus rien du moyen âge; la politique seule l'occupe. Avec Louis XI, en effet, et par lui, la féodalité a succombé : la diplomatie a remplacé la force; la suprématie monarchique a écrasé toutes les souverainetés subalternes qui se partageaient et opprimaient la France.

Le règne des chroniques est donc fini. Elles

étaient, comme les romans, la poésie du moyen âge ; poésie en quelque sorte religieuse, dont les romans étaient la poésie épique. Les chroniques seront remplacées par les mémoires : les chroniques convenaient à l'unité religieuse et militaire du moyen âge ; les mémoires vont mieux à cette variété d'opinions, d'intérêts, de luttes particulières qui occuperont l'activité du quinzième et du seizième siècle : esquisses légères, vives, brillantes, elles en donnent mieux, dans leur diversité, les nuances infinies. L'histoire, en effet, n'est plus et ne peut être une. Éparse çà et là, elle se fait et se montre sous mille faces différentes : politique, religieuse, savante, hardie, licencieuse, fanatique. Elle n'est plus seulement dans les châteaux ou dans l'Église ; elle vit à la cour, dans les parlemens, dans les communes ; elle est dans la réforme, dans la ligue, dans la guerre de la fronde ; il faut la demander à Luther, à Brantôme, au cardinal de Retz.

CHAPITRE XXII.

Italien.—Formation de la langue vulgaire.—Conjectures.

Nous avons vu la langue provençale, fille du latin, transplantée dans les Gaules, se développer avec un éclat et une fécondité soudaine. Sans doute, sur le sol italien, cette langue vulgaire a dû plus promptement encore se former; son origine, du moins, a dû être marquée à des traits plus certains, attestée par plus de monumens, et des monumens moins obscurs. Il n'en est rien pourtant. L'origine de la langue italienne, ses développemens, sont restés enveloppés de ténèbres et de doutes.

Les inscriptions des quatrième et cinquième siècles, les actes légaux rédigés sous les rois lombards, bien que pleins de solécismes, de constructions irrégulières, de fautes grammaticales, présentent encore les inflexions latines[1]. Pour rencontrer quelques faibles indices, quelques rares vestiges d'un idiome nouveau

[1] Muratori, *Dissert.* 1 et 43.

et populaire, il faut aller jusqu'au huitième siècle; alors, seulement, on trouve cette épitaphe de Grégoire V, qui trahit une langue distincte du latin :

> Usus francisca [1], vulgari et voce latina,
> Instituit populos eloquio triplici.

Les chartes du huitième siècle offrent aussi, dans le caractère de l'orthographe, quelques traces d'un changement d'idiome, et comme ses traits nouveaux. On trouve *diveatis* pour *debeatis; da* pour *de* à l'ablatif; *avendi* pour *habendi; dava* pour *dabat;* cedo *a* Deo et *ad* ecclesiam.

Puis, du huitième au douzième siècle, on n'aperçoit plus, comme révélation d'un idiome vulgaire, que quelques locutions italiennes mêlées au jargon barbare de quelques chartes. Il ne nous reste aucun monument de la langue que parlait le peuple, c'est-à-dire la langue *vulgaire*, par opposition au latin, qui était la langue des savans; au *roman*, qui était celle des Gaules; au *tudesque*, langue des peuples

---

[1] *Francisca* ne signifie point langue française, mais langue tudesque, théotisque et allemande, *Frankisga Zungun*, qui était celle des anciens Francs. (*Gloss. de la lang. rom.*, t 1, p. 19. — *Académ. des inscript.*, t. 17, p. 719.)

du Nord [1]. Muratori ne rapporte qu'une pièce en dialecte sarde, plus provençale qu'italienne. Avant le douzième siècle, pas de traces de poésie italienne; alors, seulement, Ciullo d'Alcano de Sicile en offre quelques fragmens.

Si l'on ne connaît pas la date et les progrès de la langue italienne, on n'est pas plus d'accord sur son origine même et sa filiation. L'italien est-il comme le roman wallon, comme le provençal, comme l'espagnol, une corruption du latin, un mélange de tudesque et de latin rustique? ou bien n'est-il autre que cette vieille langue populaire du Latium, dont nous avons trouvé, dans Plaute, les rudes expressions et les fortes empreintes; de cette langue qui se perpétua à côté du latin classique, du latin grec du siècle d'Auguste; qui, toujours distincte du style des auteurs classiques, se serait conservée au sein du peuple comme un indestructible témoignage des races primitives du Latium? Ces deux opinions ont partagé le monde savant; et, malgré les dissertations nombreuses qui ont eu pour but d'éclairer cette question, elle est encore fort obscure. Disons aussi nos conjectures.

Le fait d'une langue vulgaire latine, distincte de la langue savante et classique, est reconnu.

---

[1] SISMONDI.

Que les mots, les tours, les formes même de cette langue soient plus rapprochés des idiomes modernes espagnol, français et italien, que les formes, les tours et les expressions du latin classique, c'est encore là un autre fait incontestable. Mais ce latin rustique, cet idiome populaire n'a-t-il eu, pour devenir italien, qu'à briser, en la rejetant loin de lui, la forme savante du latin grec? a-t-il apparu tout à coup, langue complète et brillante, idiome ancien et jeune, caché sous une enveloppe étrangère? ou bien, comme toutes les langues filles de l'unité romaine, s'est-il lentement, obscurément composé, rajeuni, augmenté des débris de la langue classique corrompue, des élémens et des influences tudesques? Nous pencherions pour la première opinion; et, en ceci, nous avouons que l'absence de témoignages contraires, et l'obscurité même de la naissance de la langue italienne, nous feraient croire à son ancienneté.

Laissons ces locutions latines-italiennes que Cicéron signalait déjà, et qui cependant ne nous paraissent pas une preuve sans force; n'interrogeons que les analogies; plaçons à côté de l'italien le provençal, et demandons-nous comment, de ces deux branches sorties du même tronc, l'une, qui a été entée, s'est developpée avec un si rapide éclat, et l'autre, native et légitime, est si long-temps restée inaperçue et stérile. Le provençal était arrivé à son plus haut degré de culture, l'Espagne et le Portugal avaient produit quelques poètes; la langue d'oïl était cultivée dans le Nord, avant que l'italien eût pris rang parmi les langues de l'Europe, et qu'on eût soupçonné l'harmonie d'un idiome né obscurément parmi le peuple[1].

Cette langue retardataire, cette langue née sans bruit parmi le peuple, comment expliquer son avénement à la poésie, son éclatante et soudaine apparition? Le fait d'un idiome sortant improvisé du sein d'un peuple, ne serait-il pas plus étonnant que la conservation même de cet idiome sous une langue savante, une langue d'emprunt et d'imitation? Si cet idiome se fût, comme tous les idiomes du Midi, formé peu à peu, nous saisirions ses transformations successives; nous le verrions, ainsi que la langue romane, grossier, incorrect, mélangé; nous y trouverions l'influence germanique. Rien de tout cela.

En Italie, la langue nationale n'éprouve point les altérations qui, ailleurs, la transforment; elle n'admet qu'un petit nombre de mots d'origine strictement septentrionale; les Goths et

[1] Sismondi, *Litt. du Midi.*

les Lombards lui laissent sa physionomie. Ce privilége de la langue vulgaire italienne, de ne point ressentir la contagion qui dissolvait et renouvelait les patois sortis du latin, n'indique-t-il pas que cette langue avait des racines plus profondes que les idiomes formés du latin? ne prouve-t-il pas que, née au sein du peuple, ou plutôt au sein du peuple toujours vivante, cette langue a pu et dû résister aux influences de la conquête? Ainsi nous verrons en Angleterre l'idiome teutonique, l'élément national étouffer une langue importée, une influence étrangère ; de même l'italien se sauva de la rudesse germanique et normande, et, loin d'en prendre les caractères et les incorrections, leur communiqua sa douceur et sa pureté. Autre considération.

L'italien ne se fait pas, ne naît pas lentement; il ne grandit pas sous le latin, mais à côté. Germe vivace et brillant, il se développe sous l'écorce étrangère qui semble, pendant deux mille ans environ, l'avoir moins étouffé que conservé; il se montre, quand son jour est venu, comme ces vieilles populations italiennes qui semblaient attendre en silence le temps de la régénération; comme l'antique génie de l'Étrurie, il brise une enveloppe désormais inutile, et la résurrection d'une langue est celle d'un peuple.

Expliquez autrement, si vous le pouvez, ce peuple et cette langue improvisés, ce génie de la poésie et de la Toscane s'éveillant à la liberté et à la gloire. Cette langue et ce peuple dormaient; ils n'étaient pas éteints. Sous la forme antique qui les couvrait, circulaient la sève et la vie qui devaient éclater en de si magnifiques productions, en des exploits si poétiques, en des rivalités si fécondes. Oublié pendant des siècles, le génie de la Toscane, le génie des arts, de la liberté, de la poésie, reparut plus brillant; semblable à ces chefs-d'œuvre de l'architecture que le temps et les ruines ont conservés en les recouvrant : l'Étrurie a enfanté la Toscane.

La langue italienne existait donc; mais elle ne se révélait pas. Les traditions anciennes et classiques, mieux et plus long-temps conservées, nous l'avons vu, dans l'Italie que dans les autres contrées, contribuèrent à arrêter son développement. La distinction du latin classique subsista à Rome, alors que partout ailleurs elle avait péri; la langue vulgaire ne remplaça pas progressivement la langue savante, elle en prit tout à coup la place; ce fut une usurpation et non un héritage : de là peut-être aussi cette espérance que conserva toujours le latin d'une restauration qui faillit avoir pour elle le génie du Dante [1]; de là encore, lors même que Dante eut consacré l'italien, ces doutes sur sa légitimité. Au treizième siècle, les délibérations des conseils des républiques italiennes, si elles n'avaient lieu en latin, étaient du moins proclamées en cette langue. Pétrarque confie à ses poèmes latins l'espoir de son immortalité : ses poésies italiennes ne sont, en quelque sorte, qu'un usage profane de la pensée; en employant la langue vulgaire, il déroge à sa dignité de Romain.

Ces scrupules des auteurs italiens, cette croyance à un retour de l'ancienne langue, nous semblent une autre preuve de la spontanéité de l'italien. Le français, l'espagnol n'ont pas les mêmes craintes; rien ne trouble leur possession; ils sentent qu'ils ont pour eux la lenteur même de leurs progrès. L'italien, au contraire, est reconnu avec peine; c'est qu'au fait sa conquête est sur la langue ancienne une usurpa-

---

[1] Dante eut d'abord l'idée de composer son poème en vers latins ; Boccace en rapporte le commencement :

Ultima regna canam fluido contermina mundo
Spiritibus quæ lata patent; quæ præmia solvunt
Pro meritis utcumque suis.

tion ; c'est le vieux Latium, c'est l'idiome démocratique qui triomphent de la Rome antique, de l'influence grecque.

L'italien s'ignorait lui-même, ou du moins paraissait s'ignorer, quand une lumière étrangère vint lui montrer sa beauté et sa force. Le provençal révéla la langue italienne à l'Italie ; les troubadours furent les maîtres du Dante ; l'Italie hérita de la Provence. On y vit descendre les troubadours avec leurs ménestrels et leurs jongleurs ; on les vit se répandre dans toutes les cours et y semer le goût de la musique et des vers [1]. Cette influence même trouva de l'opposition [2]. Boccace et l'Arioste ont anéanti, en la résumant, toute la poésie romane ; Boccace s'est approprié les contes gaulois et populaires ; l'Arioste a immortalisé, en les parodiant, les exploits et les amours de la chevalerie. Cette alliance entre la langue romane et la langue italienne ne se bornait pas à la poésie ; la prose wallonne passa aussi dans l'Italie. Le maître du Dante,

---

[1] Cantabant histriones de Rolando et Oliviero. Finito cantu, bufoni et mimi in cytharis pulsabant, et decenti corporis motu se circumvolvebant. (*Ancienne chronique de Milan*, citée par Grosley, *Observ. sur l'Italie*, tom. 4, p. 118.)

[2] Ut cantatores Francigenorum in plateis communes ad cantandum morari non possunt. (Murat., *Dissert. antich. ital.*, t. 2, chap. 29, p. 16.)

Brunetto Latini, traduisait en français son *Tesoretto*, espèce d'encyclopédie, parce que, disait-il, « la langue françoise cort parmi le monde, et est plus délitable à lire et à oïr que nulle autre[1]. »

Les traces de fraternité entre les deux langues se conservent long-temps. Le français semble, à son tour, emprunter à l'italien sa douceur; Villehardouin a beaucoup de mots[2] qui ont une couleur plus italienne que française[3]. Le séjour des papes à Avignon, les guerres des Français en Italie, et, plus tard, les reines de la famille des Médicis que la France demanda à l'Italie, rendirent ces rapports plus nombreux, cette influence plus générale et plus manifeste[4].

La langue romane, exilée de la Provence, n'alla pas de suite en Italie; elle se réfugia d'abord en Sicile; et là, sous un ciel ami, retrouvant les inspirations de la Grèce, qui déjà pour elle s'étaient mêlées aux inspirations du

---

[1] Tiraboschi, t. 2; Ginguené, *Hist. littér. d'Italie*, t. 1, p. 335, note 1.

[2] Il *ere* prestre et tenoit la *parroiche* de la ville; *manda al prodrome*.

[3] Sainte-Palaye, *Mém. des Inscript. et Bell.-Lett.*, t. 24, p. 671.

[4] Henri Estienne. Du nouveau langage françois italianisé; de la précellence du langage françois sur le *toscan*, c'est-à-dire l'italien.

génie méridional, aux inspirations naïves du génie gaulois, elle acquit en peu de temps cette souplesse et cet éclat qui devaient s'augmenter des merveilles du génie toscan. Sans cette verve et cette énergie native du sol étrusque, brillante, mais éphémère comme la langue romane, la langue italienne eût peut-être péri à sa naissance.

CHAPITRE XXIII.

Dante et Pétrarque.

L'Italie, ainsi préparée à une littérature nouvelle, n'attendait plus qu'un heureux accident et un grand homme pour fixer sa langue et en consacrer la gloire : Dante parut.

Dante est l'Homère du moyen âge ; il l'est par la hardiesse et l'originalité de son génie ; il l'est aussi par la vive et complète peinture des mœurs, des croyances, de la vie tout entière de cette époque de convictions religieuses et politiques. Là est la gloire du Dante, comme celle d'Homère fut de faire revivre les temps héroïques et les rudes populations de la Grèce primitive avec leurs coutumes, leurs physionomies si simples et si poétiques. Le poème du Dante est l'encyclopédie du moyen âge [1]. Lit-

---

[1] On a même voulu y voir ce que le moyen âge ignorait. Ainsi Dante aurait dans ces vers :

Il punto
Al qual d'ogni parte si tirano in pesi,

indiqué avec justesse l'égalité de l'angle d'incidence avec l'an-

térature, science, théologie, astronomie, tous les âges, tous les peuples y apparaissent. Aussi la *Divine Comédie*, qui est tout à la fois drame, sermon, satire, épopée, hymne, ne se peut bien comprendre que par la situation intellectuelle, politique, religieuse de ces temps si confus, si animés, si merveilleux ; tableau immense sur lequel se dessinent, comme caractères principaux, l'enthousiasme classique,

gle de réflexion ; il aurait décrit l'attraction universelle, pressenti la véritable nature de la voie lactée, même deviné les quatre étoiles du pôle antarctique qu'Améric Vespuce devait apercevoir le premier. Ainsi des commentateurs enthousiastes avaient trouvé dans Homère la science universelle. Antoine *Urcœus*, écrivain du 15e siècle, assure qu'Homère possédait toutes les connaissances, depuis l'art de gouverner jusqu'à celui de faire la cuisine. M. *Millin* a publié la minéralogie d'Homère. Adam *Brentelius* vante ses connaissances astronomiques. Érasme *Schmid*, autre Anglais, affirme qu'Homère a découvert l'Amérique avant Christophe Colomb. Enfin quelques commentateurs ont aussi trouvé dans Homère la physique générale et particulière, la chimie, la pierre philosophale ; *Pope* y a vu l'attraction. Madame *Dacier*, Nicolas *Bergmann*, *Harles*, *Lescalopier*, l'ont reconnu pour un théologien orthodoxe. Jacques *Capello* a pensé qu'Homère savait l'hébreu ; enfin Josué *Barnès* en a fait un prophète. Homère n'est autre que Salomon ; car, en lisant *Omeros* à la manière des Hébreux, c'est-à-dire de droite à gauche, on trouve *Soremo*, dont il est aisé de faire Salomon. Homère, prêtre égyptien, aurait dérobé deux poèmes de *Phantasia* dans le temple d'Isis.

l'enthousiasme religieux, et l'amour, qui est encore de la religion. Triple passion du moyen âge, qui fut aussi la triple inspiration du Dante.

Au premier coup d'œil, c'est une étrange fiction que celle qui, dans un poème si grave, si solennel, si chrétien, pour ainsi dire, place les inspirations du poète sous une protection toute profane, et mêle les mystères de l'enfer, du paradis et du purgatoire, aux souvenirs de la mythologie. Virgile[1], conduisant le Dante dans ce sombre et religieux voyage, pour notre goût correct, c'est là une bizarre alliance : pour les contemporains du Dante, il en allait autrement. Alors commençaient à renaître vives, enthousiastes, pleines de foi et d'avenir, les études classiques si long-temps abandonnées ; nouvelle religion littéraire, dont Virgile était le Dieu : car la gloire du cygne de Mantoue était, pour l'Italie, une gloire nationale ; Virgile, c'était la poésie elle-même. De là le respect du Dante, et cette invocation si vive. En lui, toutefois, l'admiration est grande et hardie ;

[1] Ed io a lui : Poeta, i' ti richieggio
Per quello Iddio che tu non conoscesti
. . . .
Che tu mi meni là dov' or dicesti,
Sì ch' io vegga la porta di san Pietro.

ce n'est pas une admiration de faiblesse et d'impuissance, mais de rivalité et d'inspiration : ainsi la conçut plus tard notre seizième siècle littéraire. En effet, si le poète invoque Virgile, il l'invoque comme une haute illumination, comme une influence supérieure qui se doit répandre dans toutes les parties de son œuvre et l'animer. Cette inspiration, souvenir de l'antiquité, descendue comme une vertu puissante et secrète dans l'âme du poète, le soutient sans gêner sa libre allure; souffle lointain et harmonieux, semblable à ces hymnes que Pindare entendait dans le ciel, elle élève, elle enchante l'imagination, et lui donne la pureté avec l'enthousiasme, la liberté avec la foi. L'ombre de Virgile plane en quelque sorte au-dessus des pensées du poète, invisible et bienfaisante, comme ces divinités mystérieuses qui, dans les récits antiques d'Homère, veillent sur un mortel, et ne se révèlent à lui que par la sagesse qu'elles prêtent à ses conseils.

Cet enthousiasme classique s'explique donc dans le Dante par l'admiration de son siècle pour l'antiquité. L'amour et la religion, qui sont les deux passions de la *Divine Comédie*, avaient également leur intérêt, et elles ont dans le moyen âge leur explication.

Cette Béatrice, que le poète invoque tantôt

comme la philosophie, tantôt comme l'objet d'un tendre amour; personnage mystérieux qui vous échappe à chaque instant, Béatrice a beaucoup embarrassé les commentateurs, qui se sont épuisés à démêler dans chaque vers le sens allégorique et le sens littéral : vaines distinctions auxquelles se refuse l'ensemble de cette haute et mystique fiction[1]. En effet, amour, théologie, Béatrice, tout cela, pour le poète, c'est une seule et même chose : tout cela se confondait dans son imagination, comme dans celle de ses contemporains. Cherchez au moyen âge à concevoir l'amour sans la religion, la religion sans la théologie, et la théologie sans Aristote, vous ne le pouvez : car tout cela ne faisait qu'un seul et même

---

[1] Presso il sullodato Pelli si veggano parimenti le prove dell'innamoramento di Dante con Bice ossia Beatrice, figlia di Folco Portarini, cominciato mentre ambedue erano in età di circa dieci anni, et durato fino alla morte di essa, seguita nel 1290, perciocchè comunque io non creda, che l'amor di Dante fosse sol misterioso, e che sotto nome di Beatrice intender solo si debba, come altri han pensato, la sapienza, o la theologica. È certo però, come confessa il medesimo sig. Pelli, che Dante nelle sue opere, e nella sua Commedia singolarmente, ha parlato di questo suo amore in termini così enimmatici, e che sembrano spesso gli uni agli altri contrari, ch'è quasi impossibile l'adattarli tutti nè al senso allegorico nè al litterale. (Buttura, *Vita di Dante*.)

tout. Rien alors n'était distinct ; c'était un long, un pénible enfantement. Toute la science de l'antiquité, mêlée à la science fausse mais puissante de la scolastique ; les mystères d'une religion toute spirituelle, compliqués des subtilités et des formules d'Aristote ; et par-dessus tout, cet amour nouveau, cette passion nouvelle du cœur, créée et combattue par le christianisme : voilà l'immense tableau que trace le Dante ; voilà le monde philosophique, moral, qu'il ouvre à nos regards. Homère des croyances chrétiennes, il peint l'éternité avec ses terreurs et ses joies, ses récompenses et ses supplices ; il marque toute la différence de la civilisation ancienne à la civilisation moderne ; et entre ces deux civilisations il y a la distance du monde matériel au monde intellectuel et moral.

Cependant, sous ce mélange inévitable, on saisit la vie nouvelle, l'inspiration pure du christianisme. Cet épisode de Françoise de Rimini ; cette peinture si délicate, si naïve, si pleine de fraîcheur et de grâce ; ces regrets touchans, ce combat de tendresse et de pureté, cet abandon de volupté qui, en Italie, s'est toujours mêlé à la religion, c'est l'amour nouveau, pathétique, qu'a créé le christianisme. Françoise de Rimini pleure de joie et de douleur au souvenir d'un bonheur qu'elle regrette en le condamnant [1].

Cette influence de la pensée religieuse, cette méditation de la parole divine a empreint l'œuvre du Dante d'une douceur chrétienne, d'une mélancolie tendre, d'une naïveté délicate, qui se font surtout sentir dans la nouveauté des images et le bonheur des comparaisons, que l'on dirait, à leur fraîcheur, recueillies, comme celles de la Bible, sous la tente des patriarches, dans le calme d'une nuit d'Orient. Les douces peintures de la vie champêtre y abondent; l'on y respire le parfum de l'herbe matinale; on y sent le souffle primitif, et, pour ainsi dire, la vie sainte et poétique de ce moyen âge religieux, qui passait dans la lecture de la Bible, et le silence de la solitude, les heures que lui laissaient la prière et le travail.

Expression du moyen âge sous le rapport des influences religieuses et des passions, Dante a cependant une face plus particulière, un cachet national, qui fait de son poème le monument populaire de l'Italie: Dante est Gibelin; Dante a vécu et souffert pour la liberté: il est mort en exil.

[1] Nessun maggiore dolore
Che ricordarsi del tempo felice
Nella miseria. (Chant 5.)

Ces rivalités continuelles des républiques italiennes, ces dissensions intestines, qui souvent partageaient une même ville en deux camps ennemis; cette longue guerre de l'Empire contre le Saint-Siége, de la tyrannie contre la liberté; toutes ces passions si actives, ces haines ardentes et implacables, ces vengeances héréditaires, et avant tout l'amertume et les ressentimens de l'exil, tout ce mélange de générosité et de barbarie, telle est l'inspiration individuelle et populaire qui anime la Divine Comédie. L'âme fière du Dante, également impatiente du gouvernement démocratique, des prétentions de la cour de Rome, de l'ambition des empereurs d'Allemagne et de celle des rois de France, remplit son poème de cette triple indignation. Il apostrophe les pontifes, les rois et ses concitoyens : il flétrit en même temps la théocratie ambitieuse, la trahison et la licence. Par là le poème du Dante est devenu pour l'Italie, comme les poèmes d'Homère pour la Grèce, un monument national. L'immortalité glorieuse ou infamante que le poète attache à d'illustres familles, les souvenirs de trahison ou de patriotisme si fortement burinés dans des vers impérissables, les émotions et les regrets de la liberté exprimés avec une si vive et si profonde mélancolie, voilà le

charme toujours nouveau; la vie immortelle
de la Divine Comédie : vaste scène où se meut
tout entière l'Italie du moyen âge; où sous
des allégories bizarres en apparence, mais sai-
sissantes et populaires, le poète, plein lui-même
d'une sombre terreur, inflige aux coupables
un double supplice, et vivans encore, les traîne
aux enfers, tandis que dans les rues de Florence errent leurs ombres réprouvées[1]. Ces fictions étaient dans tous les esprits avec les terreurs de l'enfer, avec les espérances du paradis.
Nées du mélange du mysticisme chrétien et
des subtilités scolastiques, elles avaient été
nourries, exagérées par des dissertations alors
fort répandues, sur les limbes, le paradis, le
purgatoire; par les légendes des vieux er-
mites de Syrie et d'Égypte; par toutes les
croyances populaires qui remplissent la première partie du moyen âge. Ces images ter-
ribles, ces figures hardies dont le poète a effrayé ses auditeurs, cette éternité vivante où

[1] . . . . . Il corpo suo l' è tolto
Da un dimonio che poscia il governa,
Mentre che 'l tempo suo tutto sia volto.
. . . .
Che questi lasciò un diavol in sua vece
Nel corpo suo.
(Chant 33.)

il a plongé les coupables, toutes ces pittoresques allégories n'étaient que la traduction fidèle des frayeurs, des rêves, des superstitions populaires.

Si, de plus, on songe qu'alors on attendait la fin du monde, on sentira combien les vengeances éternelles proclamées par le Dante devaient plus vivement encore frapper les imaginations; combien les flammes de l'enfer se réfléchissaient plus sombres et plus dévorantes sur les vers du poète et dans l'âme des lecteurs; avec quelle facilité la crédulité populaire grossissait tous ces fantômes créés par le génie du poète ! Car ces fictions merveilleuses, c'est le peuple qui les avait faites : Dante les a exprimées et rendues vivantes par cette beauté d'expressions, cette vivacité d'images, qui est la puissance du génie.

Dante fut le premier des poètes du moyen âge, il en fut aussi le seul. Après lui, cette triple unité de la religion, de l'amour, du patriotisme, qu'il a consacrée en la résumant, va s'affaiblissant; l'amour et la religion sont encore unis, mais seulement dans l'imagination; ils sont encore un beau idéal, ils ne forment plus une croyance : il y a une Laure, il n'y a plus de Béatrice ; la *vie nouvelle*, cette vie de rêves de théologie et d'amour, s'efface ; nous aurons Vaucluse et sa fontaine.

De là dans Pétrarque un caractère nouveau. Nous avons vu dans le Dante l'amour se confondre avec la théologie, en emprunter le langage, les obscurités, le voile saint et redoutable. Cet amour, dans les *Canzone*, va se montrer plus à découvert. Libre de la théologie, il demandera peut-être à la philosophie platonicienne quelques poétiques extases; mais il ne les mêlera plus aux mystères et aux terreurs de la foi. Il ne prendra de la religion chrétienne que cette pureté de pensées, cette chasteté de tendresse, charme délicieux de Pétrarque, poésie nouvelle, inconnue à l'antiquité.

Le changement des croyances semble passer dans le langage. Énergique, concise, mais âpre et saccadée quelquefois dans le Dante, la langue italienne est souple et harmonieuse dans Pétrarque ; les expressions s'adoucissent et s'épurent comme les sentimens. Pétrarque annonce le seizième siècle littéraire de l'Italie. Précurseur de l'Arioste et du Tasse, il achève de façonner pour eux cet instrument souple et brillant que Dante a créé; il prépare aussi cette renaissance de l'antiquité, qui, en polissant le génie de l'Italie et de l'Europe, en devait effacer l'originalité et la beauté primitive.

CHAPITRE XXIV.

Esquisse de la langue espagnole et de la littérature anglaise.

Tous les idiomes modernes nés, comme l'italien et le français, de la langue latine, ou qui en avaient reçu l'influence, se développaient. L'espagnol autant que l'italien, et plus que le français wallon, conserva l'empreinte romaine, qui dans l'Espagne n'avait été que légèrement effacée par la domination des Visigoths. Les Visigoths, en effet, laissèrent à leurs sujets d'Espagne et d'Aquitaine les usages romains, et les institutions étrangères qu'ils purent y mêler furent singulièrement adoucies et tempérées par la religion : leur code de jurisprudence civile et criminelle atteste un progrès remarquable dans la politique et dans l'humanité.

Le clergé, qui dès-lors domina l'Espagne, et qui, comme aujourd'hui, vit se ranger sous lui la royauté, l'aristocratie, le peuple, contribua beaucoup à maintenir la pureté de la langue latine, en la consacrant en Espagne, comme elle le fut ailleurs, au culte, à la science, aux lois. Le huitième siècle nous présente un écrivain remarquable, Isidore de Séville. Ses Origines ou Étymologies sacrées ou profanes, en vingt livres, sont un ouvrage prodigieux pour le temps où il parut. Isidore de Séville y traite de presque tous les arts et de toutes les sciences, en commençant par la grammaire, et embrassant ensuite la dialectique, les mathématiques, la médecine, l'homme, les animaux, le monde, la terre avec ses différentes parties et ses diverses productions. Ses définitions courtes et lumineuses fixent le sens d'un grand nombre de mots grecs et latins dont la tradition était encore vivante.

La conquête des Arabes n'effaça pas cette physionomie ancienne que les Visigoths n'avaient que légèrement altérée. L'Espagne vit luire sur elle la lumière et les arts de l'Orient. Ses écoles instruisirent l'Europe.

Mais cette influence des Arabes, qui éclaira l'Espagne, ne la changea point. Les Arabes laissèrent bien dans l'idiome espagnol un certain nombre de mots, comme ils laissèrent sur le sol des traces brillantes de leur domination; mais le fond primitif, le fond romain reparut et domina.

Les élémens nombreux qui composent la langue espagnole ne se sont point fondus ; ils sont restés distincts et isolés avec leur physionomie native, comme les provinces qui composent la monarchie espagnole. De là peut-être la formation plus lente de la langue espagnole; comme la monarchie, elle a eu peine à réunir, à harmoniser les parties diverses qui devaient constituer son ensemble. Occupée à reconquérir l'indépendance et l'unité de son territoire, l'Espagne songea assez tard à l'unité de son langage. A part les romances du Cid, la littérature n'offre rien jusqu'au treizième siècle. Il semble que, pour naître et se développer, son génie attendait la découverte d'un monde : Lope de Vega, Calderon s'éveillent aux triomphes de leurs concitoyens ; l'Amérique est l'inspiration de la muse espagnole.

Tandis que les Francs et les Visigoths s'établissaient dans les Gaules et en Espagne, les Saxons achevaient la conquête de la Bretagne. Sous eux, périrent la magnificence et la civilisation que la domination romaine y avait fait naître, et qui jetaient encore un vif éclat au moment où la Bretagne s'était séparée de l'empire d'Occident. Saint Gildas, du moins, nous trace un tableau brillant des progrès de l'agriculture, du commerce étranger, de la beauté des édifices publics et particuliers qui, à cette époque, couvraient le sol de cette grande contrée. Une barbarie profonde suivit la conquête des Saxons et ne se dissipa qu'à la lumière de l'Évangile, et des sciences qu'avec l'Évangile y apportèrent les missionnaires de Rome.

Arthur reconquit un instant l'indépendance nationale, qui fut suivie pour les Bretons d'un plus dur esclavage. Dans ce nouveau naufrage périt complètement la langue introduite par les Romains pour les sciences, les affaires et la conversation. Toutes les lois de Rome furent abolies et remplacées par les lois grossières des pirates du Nord, qui, en adoptant, pour leurs communications avec le peuple vaincu, un petit nombre de mots celtiques ou latins, finirent par établir l'usage de leur idiome national, qui était le même pour tous les peuples du Nord. Au commencement du septième siècle, les Francs et les Anglo-Saxons entendaient mutuellement leurs langages, dérivés de la même racine teutonique. L'usage de la langue latine fut aboli, et les Bretons privés des arts et des sciences que l'Italie avait communiqués aux Saxons qu'elle avait convertis. Le saxon fut la langue dominante ; elle était celle des vainqueurs. Tous les noms des dignitaires de l'Église et de l'État trahissent une origine teutonique : double preuve de l'abaissement de la race vaincue, et de la puissance de la race conquérante. De même, dans les Gaules, et à peu près à la même époque, tous les noms dans l'armée, l'Église et l'administration, sont francs en deçà de la Loire; d'origine latine en Provence, en Auvergne, de l'autre côté de la Loire, là où l'invasion avait moins pénétré. Ces noms germaniques et latins qui se heurtent dans Grégoire de Tours, comme les deux races sur le sol gaulois, furent pour beaucoup dans la corruption du langage.

La langue latine n'avait pu résister à la conquête; elle n'était elle-même qu'une langue conquérante et transplantée; elle n'avait ses racines ni au cœur ni aux mœurs du peuple. Sous elle vivait une autre langue, vieux idiome de la Bretagne et de l'Occident, la langue celtique, qui, nous l'avons montré, résista dans les Gaules à la domination franque. En Angleterre aussi elle survécut à la conquête : réfugiée dans le pays de Galles et l'Armorique avec la liberté, elle s'y est maintenue jusqu'à nos jours. Elle a résisté aux lois, au gouvernement anglais, et aux continuelles relations d'un peuple avec l'autre. Les bardes furent dans la Bretagne, comme les druides, leurs anciens compagnons, les chantres et les soutiens de cette opposition nationale. Les poésies galliques sont le dernier monument du vieux génie breton [1]. Debout sur un rocher que frappait la mer, le dernier barde se précipita dans les flots avec sa lyre et sa liberté, bravant la fureur d'Édouard, et l'épouvantant de sinistres adieux.

Excepté dans le pays de Galles, l'idiome saxon triompha et de l'ancienne langue celtique et de la langue latine; il fut parlé en Angleterre jusqu'à la conquête. A cette époque, il est non pas étouffé, mais obscurci par l'idiome des vainqueurs. Guillaume ordonna que les élémens de la grammaire fussent enseignés en français, et que la manière anglaise d'écrire fût supprimée. Le français devint la langue de la cour, la langue du bon ton; les Anglais affectaient d'y exceller : misérable vanité qui croyait faire oublier la conquête en l'adoptant. L'Angleterre eut ses poètes français, ou anglo-normands, dont le plus célèbre est Marie de France.

[1] Les bardes ont encore été protégés par les lois d'Élisabeth au seizième siècle. Dans l'année 1568, on tint à Caerwigs une session par l'ordre spécial de la reine Élisabeth, et cinquante-cinq ménestrels y reçurent régulièrement leurs grades en musique vocale et instrumentale.

Néanmoins la langue saxonne triompha de l'influence française. Conservée d'abord comme moyen indispensable de communication entre les vainqueurs et les vaincus, entre les vassaux et les seigneurs, sous Édouard III elle reprit sa suprématie. Déjà, vers le milieu du treizième siècle, la langue normande avait cessé d'être couramment employée ; elle n'était plus parlée qu'à la cour et par la noblesse. Sous Édouard III, il se forma un idiome nouveau, mélange de l'ancien saxon et de la langue anglo-normande. Cette fusion fut lente et insensible comme celle des deux peuples. Le saxon y prévalut, comme dans la constitution politique dominèrent les vieilles lois. La langue française déposa seulement dans l'idiome anglais un petit nombre de mots. Johnson observe qu'en 1150, le saxon commença à prendre une forme dans laquelle se trahit celle de l'anglais actuel. Il ajoute : L'altération de la langue saxonne par la normande devient apparente ; cependant le saxon est moins altéré par le mélange de nouveaux mots importés du continent, que par le changement de ses propres formes et terminaisons. Le saxon diffère de l'anglais actuel plus par la syntaxe, la phraséologie et le tour, que par l'étymologie. En 1362, un statut d'Édouard III porte que toute affaire soumise à une cour de justice sera plaidée, discutée et jugée en anglais. En 1350 avait paru l'ouvrage original le plus ancien, les Voyages de sir John Mandeville : c'était une révélation du génie maritime de la Grande-Bretagne, un pressentiment de Cook.

La réunion de la Normandie à la couronne de France, et la fin de cette longue rivalité qui avait, pendant trois siècles, mis aux prises la France et l'Angleterre, acheva, en rendant plus rares les communications des deux peuples, de séparer entièrement la langue anglaise de la langue française. La traduction de la Bible et d'autres écrits de Wicleff, donnèrent à la prose anglaise un caractère énergique et populaire. Chaucer fut le créateur de la poésie, qu'avaient grossièrement ébauchée saint Adelme, évêque de Schirburn, qui composa en langue vulgaire des cantiques pour engager le peuple, encore à demi barbare, à ne point sortir de l'église aussitôt après la messe, et Robert de Gloucester, qui avait rédigé des chroniques en vers d'une énergique concision, mais dénuées de toute inspiration, et écrites dans une langue encore imparfaite.

Élevé à Oxford et à Cambridge, Chaucer

perfectionna par les voyages une instruction déjà très-grande; il s'inspira des troubadours, de Boccace et de Pétrarque; et, fondant en un même tout les restes du celtique, du saxon, du danois, du norwégien et du français, il fit une langue et une poésie anglaises; il fixa leurs formes, qui, bien qu'altérées, se retrouvent dans Shakspeare. La poésie anglaise prit, dès-lors, le caractère particulier qu'elle a conservé. Elle réfléchit les rêveries du Nord et des compositions runiques; elle a une couleur sombre, une physionomie vague; elle se sépare complètement de la forme latine, que retinrent les littératures sorties de la langue romaine. Une autre cause contribua à lui donner cette empreinte locale et plus intime. Les restaurateurs des lettres anglaises furent, pour la plupart, des hommes nés dans l'obscurité[1]. Plusieurs d'entre eux exercèrent des métiers pénibles, afin de se procurer les moyens de se livrer à l'étude. Encore aujourd'hui, au sein des occupations les plus dures, on trouve la science. En Écosse, il n'est pas rare de rencontrer des gens sachant grec et latin. Le poète des joies, des douleurs et des travaux champêtres, Burns,

---

[1] MULLER, *Hist. univ.*, tom. 3, p. 53.

était garçon de ferme. La poésie populaire se conserva ainsi à côté des études classiques, comme les mœurs nationales à côté de la vie et de l'aristocratie féodales. Dans ce mélange de naturel et de magnificence, de poésie primitive et d'inspiration historique, était le germe du génie trivial et sublime, naïf et passionné de Shakspeare.

Dans Chaucer, comme dans les troubadours, comme dans le Dante même, la poésie a conservé un fond commun. Les fictions de l'Italie, de la France, se mêlent encore; c'est encore le moyen âge; les moines, les dames en font les frais. Ce lien commun entre les peuples et les littératures va se rompre. Séparés désormais par des idiomes qui, en prenant un caractère plus national, vont de plus en plus perdre l'empreinte d'une même origine, les peuples ne seront plus unis que par les ressemblances de la pensée. Alors le Nord se détache du Midi; il a sa littérature à lui. L'Angleterre oublie les influences de la Provence et de l'Italie pour se teindre des couleurs teutoniques. Shakspeare range la littérature anglaise parmi les littératures du Nord. C'est déjà la distinction du classique et du romantique, et pour ainsi dire une seconde séparation du monde germanique et du monde romain qui aujourd'hui se rapprochent.

Renfermé dans l'étude des idiomes et des peuples romains, il nous reste à retracer l'influence de l'étude nouvelle et ardente de l'antiquité latine et grecque au quinzième siècle, qui fut surtout un siècle d'érudition.

CHAPITRE XXV.

Littérature du Bas-Empire.

Lorsque l'empire et la littérature d'Occident périrent au cinquième siècle, la littérature et l'empire d'Orient brillaient encore de quelque éclat. La séparation des deux empires grec et latin, qui retarda de neuf siècles la chute de l'empire d'Orient, fut aussi une circonstance heureuse pour la littérature grecque. En se détachant de la langue latine, qui lui avait été apportée avec la domination du monde, la langue grecque put reprendre ou conserver une pureté que ce mélange avait altérée, et qu'il eût sans doute entièrement détruite.

Sous Justinien, la langue romaine n'est déjà plus que la langue officielle, la langue des magistrats et des savans[1], la langue des lois, auxquelles Justinien éleva un dernier et magnifique monument[2]. Cette majesté et cette

---

[1] Priscien, bien que Grec et maître célèbre à Constantinople, écrivit en latin sa grammaire de la langue latine.

[2] Le *Code*, les *Institutes*, le *Digeste*, les *Pandectes*, les

sagesse des lois avaient été l'originalité du génie latin; elles furent sa dernière gloire, et, dans les temps modernes, son plus beau titre : Gravina, Vico, Beccaria, Filanghieri, furent les héritiers de Tribonien; en eux reparut le génie profond et législateur de l'antique Latium. Étrangers par leur naissance à la langue latine, les successeurs de Justinien ne la soutinrent pas : elle s'éteignit donc lentement. Sous Héraclius, elle ne vivait plus que dans quelques termes de jurisprudence et dans les acclamations du palais impérial, où elle retentissait comme un faible écho de cet empire de l'univers qu'elle ne représentait plus.

La littérature grecque, au contraire, rendue à elle-même, sembla reprendre une vie nouvelle. L'histoire, surtout, fut dès-lors, comme jusqu'au quatorzième siècle, la partie brillante du génie grec. Elle présente Procope et Agathias [1] : le premier, écrivain élégant et énergique, trop prodigue de réflexions, principalement dans les harangues, mais à qui ne manquent ni le tact des affaires, ni la connaissance des hommes. Plus faible, Agathias semble annoncer ces chroniqueurs grecs qui, faisant

---

Novelles, en en exceptant une grande partie, furent écrits en latin, et ensuite traduits en grec pour l'usage du peuple.

[1] Lamothe Levayer, tom. 8, p. 441.

descendre l'histoire à de minces détails, lui ôtèrent son intérêt avec sa grandeur.

La philosophie fut moins heureuse. Proscrite par Justinien, qui supprima les écoles d'Athènes et chassa les maîtres, elle dut chercher un asyle dans les cellules des moines du mont Athos[1], qui contiennent peut-être plus de richesses littéraires qu'elles ne nous en ont livré. Mais, en proscrivant les vaines disputes de la philosophie, Justinien n'échappa pas à un autre danger : le danger des controverses religieuses, des violences théologiques qu'il enflammait par sa présence, en voulant les étouffer. Quand un empereur présidait un concile, faut-il s'étonner de voir, même les artisans, agiter des questions de théologie dans les rues de Constantinople ? c'étaient là les débats qui remplaçaient les débats politiques du Forum : les prêtres étaient des tribuns.

Cette ardeur pour des questions subtiles et impénétrables fut surtout fatale à la littérature. Poésie, éloquence, histoire, tout languit auprès de ces vives querelles, funestes sans doute aux Grecs, mais fécondes pour l'avenir. Là, en effet, se préparait la pensée moderne et sa spiritualité. Toute la littérature est donc reli-

---

[1] *Historia critica philosophiæ.* BRUCKER, t. 3, p. 533.

gieuse en Orient comme en Occident ; et, pour la trouver, il la faut chercher dans les écoles de théologie, dans les débats des conciles : alors on sera étonné de la merveilleuse souplesse de la langue grecque, de sa facilité à rendre les idées les plus abstraites, et de la pureté de ses expressions au milieu même des recherches et des bizarreries de la pensée.

Déjà ainsi atteinte de stérilité, la littérature souffrit encore au septième siècle des triomphes mêmes d'Héraclius sur Chosroës. Des bibliothèques furent détruites, et l'étude oubliée au milieu des désastres de la population et de l'agriculture. Aussi le règne d'Héraclius ne compte guère d'écrivain un peu remarquable que Théophilacte Simocatte, dont l'histoire, composée de huit livres, et écrite, en 628, dans un style prolixe et fleuri, contient le récit des événemens du règne de Maurice, terminé en 602. Dans la Préface, l'auteur établit un dialogue entre la Philosophie et l'Histoire ; toutes deux sont assises sous un plane ; la dernière touche sa lyre et chante l'espérance des jours meilleurs que promet aux lettres le règne d'Héraclius : espérance trompée ! Tout va dégénérant, et nous pouvons à peine nommer Jean Moschus, auteur d'un ouvrage intitulé : *Le Pré spirituel* ou *le Nouveau Paradis*, écrit dans un style plat et barbare; Jean Climaque, qui se fit une grande réputation par son *Climax* ou *Échelle du Paradis :* tristes productions dont le titre seul a une signification, et accuse tout à la fois la dégradation de la littérature et les égaremens de la dévotion.

Le huitième siècle ajoute à ces malheurs. Léon l'Isaurien, irrité de l'opposition qu'il rencontrait dans la guerre qu'il avait déclarée aux images, fit fermer les écoles, et interdit tous les moyens d'acquérir des connaissances[1]. De froides homélies, des déclamations véhémentes et emphatiques pour ou contre les images[2], des histoires sans méthode et sans jugement, c'est là tout ce que nous offre le huitième siècle. Ce siècle cependant vit naître saint Jean Damascène[3], qui le premier, mêlant la philosophie grecque à la théologie, rattacha la philosophie d'Aristote à la scolastique. Après lui, mais bien loin, nous citerons Georges Syncelle, qui a compilé des chroniques, et Théophane, son continuateur.

Le neuvième siècle ne commence pas sous de plus heureux auspices. Mais bientôt il nous

---

[1] Paul. Diac. *Hist. Longobard.*, t. 6, chap. 49.
[2] Mosheim. 8ᵉ siècle, c. 1.
[3] Dom Ceillier, t. 18, p. 110.

offre Nicéphore, patriarche de Constantinople, remarquable par la pureté de son goût, la concision de son style et son discernement [1]. Bardas protégea les lettres; il ouvrit des écoles, nomma des professeurs, régla leurs salaires, et confia la direction de ces établissemens au philosophe Léon, distingué par ses connaissances universelles, et surtout par son habileté en astronomie et en mathématiques. Photius appartient à ce neuvième siècle, qu'il remplit tout entier, et qu'il a, par le privilége du génie, marqué de son nom.

Héritier de toute la science des Grecs, Photius est plus célèbre encore à un autre titre. Ses luttes contre Rome, son opiniâtre conviction, cette séparation de l'église d'Orient et d'Occident en lui commencée, et si fatale à l'empire grec, qui plus tard lui dut l'indifférence de Rome et sa ruine; les vicissitudes d'une vie de gloire, de malheurs, d'exils et de triomphes, qui, aujourd'hui encore, trouvent de la sympathie dans quelques esprits ardens et solitaires, toutes ces circonstances ont appelé sur Photius l'intérêt de la postérité, en même temps qu'elles ont partagé le juge-

---

[1] Photius, *Biblioth.*, cod 66. — *Biblioth. Græca*, l. 5, c. 5, f. 6.

ment des historiens. Pour nous, nous n'avons ici à considérer dans Photius que l'écrivain.

Les ouvrages de Photius attestent une vaste intelligence et d'immenses recherches. Sa bibliothèque, μυριοβιβλίον, est une véritable encyclopédie de la science des Grecs : c'est une revue élégante et rapide de deux cent quatre-vingts écrivains[1], dont un grand nombre, et les plus précieux, n'existent plus que dans les extraits que nous en a donnés Photius; et, d'un autre côté, cette bibliothèque elle-même est peut-être la première cause de cette perte irréparable, s'il est vrai que ces extraits, en favorisant la paresse, aient fait négliger les sources primitives, qui, ainsi oubliées, se sont perdues dans un impénétrable abyme.

On a encore de Photius le Νομοκανων, ou collection de lois ecclésiastiques et impériales; des épîtres, au nombre de deux cents, qui attestent la délicatesse de son goût, la vivacité de son esprit, la force, l'étendue et la variété de ses connaissances.

Au dixième siècle, Léon le Philosophe ou le Sage, et Constantin Porphyrogénète, son fils, poète et historien, essayèrent de ranimer les lettres languissantes; mais les efforts et l'exem-

---

[1] *Biblioth. Græca*, l. 5, c. 38, t. 9.

ple de Constantin furent impuissans. Constantin nous a laissé, dans la Vie de son grand-père Basile, une image de cette royauté idéale qu'après lui Charles Ier nous a retracée dans son Εἰκὼν βασιλική. Il composa, pour l'instruction de son fils Romain, un Traité sur la théorie du gouvernement, traité qui fut suivi des *Themata*, ouvrage que nous avons encore, et qui contient, sur les provinces de l'empire, telles qu'elles étaient alors composées, sur les différens peuples qui les habitaient, sur leur origine, leurs antiquités, des renseignemens curieux, comme le premier traité en donnait sur les mœurs, les institutions, les forces militaires des nations étrangères, sur les avantages de leur alliance pour l'empire, sur le danger de leurs inimitiés. Constantin fit aussi faire des extraits des ouvrages les plus rares, et principalement des ouvrages historiques: ces extraits, concernant le gouvernement et la morale, furent distribués en quatre-vingt-trois chapitres; nous n'en possédons plus que deux. Il fit composer sur le même plan deux autres ouvrages: le premier traitant de l'art vétérinaire; le second, de l'agriculture. Siméon Métaphraste écrivit quelques vies des saints, en retoucha d'autres publiées avant lui, et forma ainsi un volume de cent vingt-deux Vies; il fut le seul auteur que put faire naître la protection de Constantin. En Siméon, qui mérite peu son surnom de Métaphraste, commence cette suite d'agiographes dont la piété peu éclairée remplaça, par des ornemens de leur imagination, les matériaux qui leur manquaient. On place aussi dans ce siècle Suidas, dont le Lexique, recueil historique et littéraire, contient, avec l'explication de beaucoup de termes curieux, des détails sur les historiens, les poètes, les orateurs, et des extraits de leurs ouvrages. Suidas paraît manquer quelquefois de patience dans les recherches, de jugement dans les critiques, d'ordre dans la disposition des nombreux matériaux qu'il a ressemblés [1]. On a attribué à Suidas, sans une autorité suffisante, l'*Etymologicon magnum*, riche répertoire d'observations sur la grammaire et les étymologies de la langue grecque, travail qui rappelle celui de Ducange sur notre vieux français. Tous ces ouvrages d'ailleurs, dans lesquels Photius et Suidas avaient été précédés par Athénée, suivi bientôt par Stobée, à qui nous devons une anthologie en quatre livres, composés de sujets de morale et de philosophie, d'extraits de près de cinquante poètes et prosateurs; tous ces ou-

---

[1] *Biblioth. Græca*, l. 5, cap. 40, t. 9.

vrages trahissent une littérature épuisée ; semblables à ces mosaïques qui, en Égypte, ornaient les tombeaux, ils sont l'inventaire et le mausolée du génie grec.

— Négligées sous les successeurs de Constantin, les lettres allèrent s'affaiblissant au milieu des guerres étrangères, des dissensions intérieures, de tous les événemens déplorables qui, donnant et enlevant le sceptre à une foule d'ambitieux, finirent par le transporter de la famille Macédonienne et Basilienne à la famille des Comnène dans la personne d'Isaac. L'esprit humain ne conservait plus d'activité que dans le principe religieux ; le feu sacré vivait encore dans quelques couvens d'Orient. Là le platonisme se nourrissait de subtilités religieuses et d'extases. Comme au temps de la primitive Église, les monastères donnaient les évêques. Les solitudes du mont Olympe préparèrent Xiphilin au patriarcat de Byzance.

La littérature proprement dite ne présente dans le onzième siècle que le philosophe Psellus, qui, supérieur à ses contemporains par le nombre comme par l'étendue de ses ouvrages, par l'abondance de son style, par la profondeur et l'éclat de ses pensées, contribua beaucoup, par son influence, à ranimer les études éteintes, et prépara leur prospérité au douzième siècle[1]. Cédrénus et Jean Scylitzès, auteurs, le premier, d'un Abrégé d'Histoire depuis le commencement du monde jusqu'au temps d'Isaac Comnène; le second, d'une Histoire *des événemens passés dans l'Orient* depuis l'année 811 jusqu'au temps d'Isaac Comnène, appartiennent aussi au onzième siècle.

Le douzième siècle est plus brillant, et surtout fécond en historiens. Nous trouvons d'abord Jean Zonare, qui compila les Annales de l'Histoire depuis les temps les plus reculés jusqu'à la mort d'Alexis Comnène en 1018. C'était, on le voit, une manie commune aux historiens du moyen âge, Grecs ou Latins, de débuter par le déluge : ainsi ont fait Bède, Isidore de Séville, et presque tous les historiens des Croisades. Vient ensuite Nicéphore Brienne, qui, pour ne point usurper le trône d'Alexis Comnène, eut à résister aux efforts de l'impératrice Irénée qui voulait l'y porter, et aux séductions de sa femme, l'ambitieuse Comnène, à qui la philosophie n'enseigna pas la vertu. Nicéphore nous a laissé une *Histoire des affaires de Byzance*, depuis le commencement de la dynastie des Comnène jusqu'au règne

---

[1] BRUCKER, t. 3. — ANNE COMNÈNE, *Alexiad.*, lib. 5.

d'Alexis, qui monta sur le trône en 1081. On reconnaît à son style l'homme qui avait gouverné l'empire et commandé les armées.

Anne Comnène, épouse de Nicéphore, acheva l'ouvrage qu'il avait commencé. Rendue, par la mort de son époux, à la solitude et à l'étude, qu'elle n'avait jamais négligée, elle écrivit l'*Alexiade*, ou l'Histoire du règne de son père, en quinze livres : ouvrage diffus et élégant, dans lequel l'affectation du savoir, la vanité de femme et de bel esprit, une simplicité artificielle, un atticisme recherché, trahissent, avec les dons les plus heureux de la nature, cette corruption de goût inévitable à une vieille littérature, et que l'imagination même d'un auteur augmente en croyant lui échapper.

D'autres genres de littérature furent cultivés. Manuel, fils de Jean Comnène, composa des Traités religieux, et déclama quelquefois publiquement sur des sujets de religion. Ses lettres, écrites avec pureté, annoncent une éloquence facile et naturelle.

Eustathe, évêque de Thessalonique, donna sous le titre de Κέρας ἀμαλθείας, la Corne d'Abondance, un commentaire célèbre sur Homère : ouvrage d'érudition et d'enthousiasme classique, riche de détails, complet dans toutes les parties, entremêlé d'observations et de passages tirés des critiques, des philosophes, des poètes et des historiens. C'était, de plus, une noble protestation que le poétique génie de la Grèce élevait contre l'ignorance de quelques scrupules chrétiens qui, avec les dieux d'Homère, en voulaient proscrire les poèmes. Ainsi réhabilité par le savoir et par la piété d'un évêque, Homère reçut une nouvelle et double consécration.

Voisins d'Eustache, mais au-dessous de lui, paraissent deux autres critiques, deux frères, Isaac et Jean Tzetzès : Isaac, plus obscur ; Jean, poète, grammairien, scoliaste de la Théogonie d'Hésiode, commentateur de l'obscure production de Lycophron intitulée *Cassandre*, annotateur d'Homère, célèbre surtout par ses *Chiliadès*, ouvrage rempli de remarques instructives sur l'histoire, les fables, la philosophie. Les *Chiliadès* de Tzetzès sont écrites en vers *politiques*, c'est-à-dire en vers dans lesquels, sans avoir égard à la quantité, on ne s'attache qu'à un nombre fixe de syllabes.

Cependant, au milieu de ces loisirs littéraires, l'empire s'en allait. Constantinople, déjà une fois inquiétée par la présence des Croisés, qu'avait su contenir la défiance habile d'Alexis

---

[1] Schoell, *Hist. de la Littér. grecq.*, t. i, p. 17, 345.

Comnène, les avait revus une seconde fois sous Manuel, en 1147. Pendant le règne d'Isaac l'Ange, une troisième croisade, conduite par Frédéric Barberousse, traversa Constantinople pour se rendre en Palestine. Enfin quelques chevaliers français, alliés à la république de Venise, tournent vers Constantinople les voiles qui devaient flotter aux rivages de la Palestine; appelés par Isaac l'Ange pour le rétablir sur le trône d'où l'avait précipité son frère Alexis, ils retiennent la couronne comme un gage, et bientôt s'en emparent.

L'empire et la littérature grecque, ou plutôt leurs doubles débris, sont refoulés dans Nicée en Bithynie, où Lascaris lève son étendard. L'Épire et Trébizonde, où l'on forme deux duchés, deviennent le rendez-vous général des Grecs. Vatace, successeur de Lascaris, n'oublia pas toutefois, au milieu de ses efforts courageux pour rétablir dans Byzance le siége de l'empire, l'éducation de la jeunesse et les mesures qui pouvaient ranimer les lettres. Dans cette émigration de l'empire grec, paraît Nicétas de Chone [1], qui, retiré à Nicée, composa des annales qui s'étendent depuis la mort d'Alexis Comnène en 1118 jusqu'à l'an 1206, ou-

[1] Schoell, t. 1, p. 264; t. 2, p. 224.

vrage dans lequel un style quelquefois recherché, des invectives contre les Latins, se mêlent à un goût assez pur et à des détails intéressans; on doit à Nicétas d'autres ouvrages [1]. Après lui viennent Joël, chronologiste, qui conduit également son histoire jusqu'en 1206; Georges Acropolite, dont la chronique est particulièrement précieuse par le récit fidèle des événemens dans lesquels Acropolite fut acteur; Georges Pachymère, qui, revenu à l'âge de dix-neuf ans à Constantinople avec l'empire, nous a donné, dans un style obscur et enflé, l'histoire des règnes de Michel et Andronic Paléologue; enfin, Théodore Balsamon, patriarche d'Antioche; Germain, patriarche de Byzance; Veccus, qui fut, avec Paléologue, le défenseur de l'union avec l'Église latine; Nicéphore Blemnide, précepteur de Théodore Lascaris. Ainsi s'achève le treizième siècle.

Le quatorzième siècle brilla d'un plus vif éclat littéraire; l'histoire surtout, cette dernière gloire de la littérature du Bas-Empire, l'histoire fut féconde. Jean Cantacuzène, qui, nommé par Andronic Jeune tuteur de son fils Jean Paléologue, fut forcé, pour sa propre sûreté, de porter pendant six ans la couronne

---

[1] *Biblioth. Græca*; t. 5, c. 5, t. 6.

dont le dépôt lui avait été confié, et qui en 1353 se retira dans les cellules du mont Athos, Jean Cantacuzène a composé son histoire, ou les mémoires de son temps, qui renferment un espace de près de quarante ans depuis la révolte d'Andronic le Jeune, en 1320, jusqu'à sa propre abdication de l'empire. L'ouvrage de Jean Cantacuzène, élégant mais diffus, est surchargé de discours inutiles, où se trahit une imitation déplacée de l'antiquité; on doit d'ailleurs le considérer plutôt comme une apologie, que comme un tableau fidèle et sincère des événemens dans lesquels Jean Cantacuzène avait joué un rôle si important, et qu'il présente toujours sous un jour favorable et adouci.

Les mêmes défauts avec les mêmes qualités se peuvent remarquer dans Nicéphore Grégoras. Comme Cantacuzène, Nicéphore détruit l'intérêt de la narration par une vaine redondance, par le luxe et la recherche des ornemens : c'est là, du reste, le vice de toute la littérature du Bas-Empire. Nous devons à Nicéphore une histoire qui s'étend depuis la prise de Constantinople par les Latins, en 1204, jusqu'à la mort du jeune Andronic, en 1341 : histoire remplie de détails intéressans, de réflexions justes, de connaissances variées. Nicéphore a aussi laissé des ouvrages bibliques, dogmatiques, ascétiques, philologiques, épistolaires, oubliés comme tant d'autres laborieuses conceptions du moyen âge et du Bas-Empire.

Nous touchons au quinzième siècle et à la ruine de Constantinople.

Depuis long-temps l'empire grec était démembré. Déjà dévasté au midi par les Sarrazins, puis par les Turcs, au nord par les Bulgares, la puissance ottomane va lui porter le dernier coup. Nicée, Nicomédie, toutes les provinces de la Bithynie, jusqu'aux rives du Bosphore et de l'Hellespont, tout le territoire de l'Asie-Mineure, subissent le joug musulman. En 1355, sous Jean Paléologue, l'empire c'est Byzance. Les empereurs, ainsi bloqués dans leur capitale, ne se peuvent cependant arracher à leurs sérieuses mais frivoles occupations; ils périssent comme les descendans de Charlemagne, par les études hors de saison. Manuel, fils de Paléologue, compose, sous le titre d'*Études des arts polis* ou *libéraux*, un traité pour l'éducation de son fils Jean Paléologue second, qui lui succéda en 1425. Jean Paléologue, mieux appris ainsi à discuter qu'à combattre, cherche, dans un *acte d'union* entre les deux Églises grecque et latine, un tardif secours, qui vient périr à la bataille de Warna. En 1453, Constantinople est au pouvoir de Mahomet II; son dernier empereur, Constantin, sait du moins honorer sa chute et celle de l'empire : il meurt sur la brèche; digne expiation de ces princes à qui la science avait fait oublier le courage [1].

La chute de l'empire eut ses historiens, Michel Ducas, Laonic Chalcondyle et Georges Phranza. L'histoire de Michel Ducas commence à l'an 1341, et s'étend jusqu'à 1462; l'histoire de Chalcondyle renferme, en dix livres, l'histoire grecque et l'histoire turque de 1300 à 1463. Phranza raconte, en quatre livres, qui s'étendent de 1260 à 1477, les événemens de l'État byzantin, jusqu'à la catastrophe qui l'anéantit. Témoin de ce dernier jour, Phranza a mis dans ses récits l'intérêt d'une vive émotion et d'un grand spectacle. Le discours qu'il prête à Constantin avant le combat est un noble mélange de fierté et de cette piété qui anime le courage. Gibbon n'a pas compris et ne devait

---

[1] On dirait que la langue française a voulu faire justice de cet empire en le nommant *Bas*. Il périt comme il avait vécu, en disputant. Mahomet brisait les portes de la capitale, pendant que les sophistes mitrés argumentaient *sur la gloire du Mont-Thabor*. (DE MAISTRE, *le Pape*, p. 623.)

pas comprendre ces dernières paroles d'un empereur chrétien.

Ainsi finit cette littérature grecque, si belle encore, si féconde dans sa vieillesse; cette littérature qui, par un privilége réservé au génie de la Grèce, survit deux fois à la destruction d'un peuple, et qui, puissante et inspirée dans son exil, retrouve aux rivages de l'Italie, qu'elle a déjà éclairés il y a deux mille ans, l'empire qui lui échappe aux rives du Bosphore. Spectacle douloureux toutefois que celui d'un peuple qui, au milieu de la splendeur des arts, de la magnificence des monumens, des loisirs de la science, des rêves de l'imagination, de tous les trésors et de tous les enchantemens de la pensée, disparaît sous la force matérielle, sous la puissance du sabre, sans que cet éclat du savoir, cette politesse de mœurs, ce prestige des arts, le puissent protéger! Ainsi avait péri la Gaule sous les Francs; ainsi Rome sous les Barbares; ainsi sous Mahomet périt Constantinople.

Il nous reste à suivre, avec les débris fugitifs de l'empire grec, la fortune non plus de la littérature, mais de la langue grecque.

La langue classique disparaît. Déjà et depuis long-temps corrompue par les mots d'origine étrangère qu'y avaient introduits la domination des Francs, le commerce des Vénitiens, la guerre et le mélange des différens peuples, elle se réfugia dans les montagnes : là elle se conserva plus pure que dans les îles, où les mots italiens surtout la défigurèrent. Elle devint le grec moderne.

Le grec moderne remonterait même plus haut. Suivant quelques critiques, la langue vulgaire, ou dialecte romaïque, commence au dixième siècle; elle n'est qu'une transformation, une légère altération de cette langue usuelle qui, au sixième siècle, s'est formée à côté de la langue ancienne et classique, comme le latin vulgaire à côté du latin écrit. On y saisit le germe et les caractères du grec moderne; les inflexions grammaticales sont changées; l'accentuation, c'est-à-dire l'habitude de lire et de prononcer comme longue toute syllabe aiguë et circonflexe, sans tenir compte de la quantité primitive, l'accentuation apparaît dans les vers populaires ou politiques de Tzetzès, si elle ne leur est antérieure[1]. C'est là la vraie

---

[1] Ne serait-ce pas là ce qui arrive à la langue française, ce que du moins on a tenté? La guerre faite à la rime n'est-elle pas la guerre faite à la quantité, qui est la rime des anciens? Assisterions-nous, nous aussi, à une décomposition de notre idiome poétique? Avec la rime de moins et les enjambemens de plus, que nous restera-t-il d'harmonie, nous qui n'avons pas l'accentuation pour ressource?

origine du grec moderne, qui, réfugié avec la liberté dans la cabane du Klephte, y a puisé une vie nouvelle, une fraîcheur pleine d'éclat, qui, pour briller, n'attendit pas le réveil de la patrie qu'elle a hâté : les chants populaires de la Grèce sont le début d'une autre Iliade.

CHAPITRE XXVI.

Les Grecs en Italie. — Renaissance de l'antiquité. — Son influence.

La chute de Constantinople dispersa en Italie et en Europe les débris de cette littérature grecque dont, pendant le moyen âge, la connaissance avait été très-rare dans l'Occident, et l'étude abandonnée. En Italie, cette lumière de la Grèce s'était moins éteinte et plus tôt ranimée. Déjà, avant la chute de Constantinople, la langue et l'érudition grecques y avaient été répandues par les voyages des empereurs grecs qui venaient chercher en Europe des secours contre les Turcs [1]. Cet idiome d'ailleurs n'y avait jamais entièrement péri. La présence des militaires et des magistrats grecs à Ravenne, sous l'exarchat, y avait conservé des vestiges de la langue grecque, qui s'était aussi maintenue dans un coin de l'Italie, dans la Calabre, autrefois la Grande Grèce, comme

---

[1] *État de la littérature des* 13e *et* 14e *siècles*, par Mosheim. *Instit. hist. eccles.*, pag. 434, 440, 490, 494.

langue vulgaire, ou du moins comme langue ecclésiastique. En effet, les églises de la Calabre avaient été long-temps attachées au trône de Constantinople, et, jusqu'à sa chute, les moines de Saint-Basile firent leurs études au mont Athos et dans les écoles de l'Orient. Ainsi se conservèrent la langue et la littérature grecques dans les couvens de la Calabre, qui, bien que soumis à la règle de saint Benoît, se conformaient à la liturgie grecque, et se considéraient comme Grecs, quoiqu'ils fussent composés d'un mélange de Grecs, d'Italiens et d'autres nations. Le schisme de l'Église grecque n'influa point sur l'existence de ces congrégations, dont plusieurs subsistent encore. Une population parlant le grec s'est maintenue aux environs de Locres [1]. Ainsi perpétué dans la Calabre par les *besoins* de la liturgie, les relations entre les monastères, et les Byzantins, qui, jusqu'en 1100, la possédèrent, le grec s'y mêla plus tard à la langue romane, qui y fut apportée par les Normands, et à laquelle il communiqua une teinte plus douce.

Avant la chute de Constantinople, ce fut la Calabre qui initia l'Italie à la littérature grecque. Barlaam, le plus célèbre des moines de

---

[1] Niebuhr, *Hist. rom.*, t. 1, p. 89.

la Calabre, fut le maître de Pétrarque, qui sous lui étudia Platon, dont les inspirations poétiques et religieuses se mêlèrent en lui aux mystiques pensées de l'amour chrétien [1]. Accueillie d'abord par Pétrarque, plus tard et mieux cultivée par Boccace, la littérature grecque fut pour la première fois enseignée dans les contrées occidentales de l'Europe par Léon ou Léonce Pilate, qui expliqua les poèmes d'Homère dans les écoles de Florence [2]. Toutefois ces progrès furent lents, même en Italie, qui ne fournit d'abord que deux disciples d'Homère; plus lents encore dans le reste de l'Europe. L'étude du grec ne se ranima qu'avec Emmanuel Chrysoloras, qui enseigna successivement à Florence, à Pavie, à Rome, avec un succès et des applaudissemens universels. Cet enseignement nouveau et animé, répandu de Rome à Florence, de Venise à Pavie, excita une ardeur générale, une noble émulation. Quelques Italiens vinrent au sein même de Constantinople acquérir une connaissance plus parfaite de l'idiome grec; ils en rapportèrent

---

[1] L'abbé DE SADES, *Vie de Pétrarque*, t. 3, p. 625-634, 670-673.

[2] HODIUS, *de Græcis illustribus, linguæ græcæ, litterarumque humaniorum instauratoribus.* TIRABOSCHI, tom. 5, p. 364 ; 377 ; tom. 7, p. 112, 143.

des manuscrits, précieuses richesses dérobées à la ruine prochaine de Byzance. La connaissance de la langue grecque, jusque-là très-rare, devint plus commune : Guarino de Vérone, Aurispa et Filelfo, tels furent les heureux auteurs de cette impulsion ; Aurispa seul enrichit Venise, en 1423, de deux cent trente-huit volumes.

Jusque-là l'Italie avait moins reçu le génie grec que la langue grecque. Avec le concile de Florence, les lumières de l'Église grecque et la philosophie de Platon pénétrèrent dans les esprits. Le projet d'union entre les deux Églises, qui se débattit aux conciles de Ferrare et de Florence, n'eut d'autre résultat que de rendre le savoir nécessaire, d'introduire dans la science un esprit de critique plus sévère et plus éclairé, de ranimer au sein de l'Italie le goût de la langue grecque, résultat auquel contribua beaucoup la défection de Bessarion, ainsi que le séjour en Italie de Marc d'Éphèse, Georges Scholarius ou Gennadius, Georges Gemistus, surnommé Plethon. Bessarion fut l'âme de ce grand mouvement intellectuel, de cette révolution philosophique qui, pour la première fois, ébranla le trône d'Aristote, qui avait dominé le moyen âge, soutenu qu'il était par l'école et par l'Église[1]. Autour de Bessarion se groupaient d'autres savans illustres : Georges de Trébisonde ; Théodore Gaza, qui traduisit les ouvrages de Théophraste et d'Aristote sur les plantes et les animaux ; Argyropule, Démétrius Chalcocondyles, qui continuèrent son œuvre et enseignèrent leur langue nationale dans les écoles de Florence et de Rome ; enfin Jean Lascaris, qui fonda les colléges grecs de Rome et de Paris.

L'ardeur des Latins était au moins égale à celle des Grecs. Par les soins de Nicolas V, le dépôt des livres anciens s'augmenta : le Vatican devint le foyer des lumières. Le monde grec, jusque-là inconnu au moyen âge, se révéla avec toutes ses richesses : Xénophon, Diodore, Polybe, Thucydide, Hérodote et Appien, furent traduits, ainsi que la Géographie de Strabon, l'Iliade, les plus précieux ouvrages de Platon, d'Aristote, de Ptolomée, de Théophraste et des Pères de l'Église grecque : l'antiquité tout entière sortit de ses ruines. Une plume célèbre nous a retracé cette vie savante et enthousiaste des Grecs en Italie, avec cette vivacité d'imagination qui semble elle-même un reflet du brillant génie de la Grèce.

[1] Boivin, *Mém. de l'Acad. des Inscript.*, tom. 2, p. 715, 729. Tiraboschi, tom. 6, p. 259, 288.

Outre cette haute instruction, la langue s'était répandue en Italie par des rapports de peuple à peuple. Les relations établies entre les Grecs et les Latins par la fondation d'un empire latin à Constantinople, n'avaient point péri au rétablissement de l'empire grec. Quelques familles vénitiennes s'étaient fixées à Constantinople, surtout celles qui appartenaient aux classes inférieures : de là les mots italiens que l'on rencontre dans le grec moderne. Mais les familles qui abandonnèrent Constantinople lorsque les Latins s'en retirèrent, portèrent au sein de l'Europe les influences grecques. D'ailleurs, entre l'empire grec et l'Occident, les communications ne furent point interrompues. Les Génois, les Pisans, les Vénitiens, y continuèrent leur commerce, y conservèrent leurs priviléges, leur juridiction, et, pour ainsi dire, leur cité particulière : heureuse transaction qui mêla la civilisation grecque à la rudesse de l'Occident ; large voie ouverte aux arts, aux sciences, aux lettres ; échange fécond que vint interrompre la chute de Constantinople, et que remplacèrent bien faiblement les débris littéraires que l'Océan nous apporta avec les ruines de Byzance.

Au-delà des Alpes, et dans le reste de l'Europe, la connaissance de la langue grecque avait été beaucoup plus difficile et plus rare ; on n'en saisit au moyen âge que des traces effacées. Gontran étant à Orléans en 585, y fut harangué, dit-on, en hébreu, en arabe, en grec, en latin ; mais c'étaient des Juifs ou des Grecs. A Condat, on élevait les moines dans la connaissance du grec comme dans celle du latin. Sous Charlemagne, le grec fut cultivé. La charte d'Osnabruck prescrivait aux moines de cette colonie d'apprendre le grec et de l'enseigner. Alcuin cite dans quelques ouvrages le texte grec des livres saints. Les clercs envoyés de Byzance pour initier à la langue grecque la princesse Rotrude, la fiancée de l'empereur Constantin V, durent former quelques disciples. Alors des relations non interrompues s'établissent entre l'Occident et Constantinople [1]. Les relations politiques de l'empire grec avec l'Allemagne, et celles des Églises grecque et latine, durent rendre la connaissance de la langue grecque indispensable à la cour des papes et des empereurs d'Allemagne.

Le poème en l'honneur de Bérenger et celui d'Abbon sur le siége de Paris offrent partout

---

[1] Post occupatum a Carolo Magno imperium Occidentis, cum nostras inter et Græcos crebra essent epistolarum legationumque commercia, cœpit Occidentibus nosci et in usu esse lingua græca. (Vales, in Bereng. Panegyr.)

des traces de la langue grecque. La langue grecque fut cultivée en France sous les successeurs de Charlemagne; Charles le Chauve, nous l'avons déjà dit, voulut faire de Compiègne une rivale d'Athènes. Les écrivains du neuvième siècle emploient des mots grecs dans leurs ouvrages. Depuis l'époque où Charlemagne, déjà vieux, étudiait le grec et fondait des chaires de cette langue dans deux villes de l'Allemagne méridionale, jusqu'au temps où les deux Othon de la maison impériale de Saxe savaient assez bien la langue grecque pour pouvoir la parler, la connaissance de cette langue ne s'était jamais perdue en Allemagne. Si d'abord on l'appliqua à la Bible et aux connaissances de l'Église, ainsi que cela devait naturellement arriver à cette époque, l'archevêque Bruno de Cologne, qui était issu de la même maison impériale, fit venir de la Grèce des savans, afin de pouvoir comprendre lui-même et faire expliquer aux autres les écrivains, les philosophes et les historiens profanes [1]. Hincmar reproche à son neveu d'introduire dans ses écrits des mots grecs et autres expressions extraordinaires. Les *Lexicon* de Robert Étienne avaient, dit-on, leur modèle dans ceux du

---

[1] Schlegel, tom. 1, p. 340.

neuvième siècle [1]. Une colonie de Grecs se serait établie en Lorraine, auprès de Bar, au dixième siècle. Abailard possédait le grec, et avait lu au moins les écrits d'Aristote sur la logique et le *Timée* de Platon. Les citations répandues dans la Chronique d'Othon de Frisingue prouvent qu'il avait appris le grec; ces citations appartiennent à des ouvrages qui, selon toute apparence, n'ont été traduits qu'au douzième siècle. Sous le règne de Philippe Auguste, il se forma à Paris un collége de jeunes Grecs auxquels on enseignait les dogmes de l'Église romaine, et qu'on envoyait ensuite prêcher l'orthodoxie latine en Orient : origine des missions et du collége de la propagande.

Malgré ces preuves à grand'peine rassemblées de la culture du grec en Occident pendant le moyen âge, il faut reconnaître que la connaissance de cette langue, si elle existait, était très-imparfaite : le grec ne parut dans l'université de Paris qu'avec Jean Lascaris, et sous François Ier.

L'Angleterre ne fut pas non plus complètement étrangère au grec : Jean Scot, Lanfranc, Guillaume de Malmsbury, Roger Bacon, Robert Groshead, évêque de Lincoln, en eurent quelque

---

[1] BENEDICT., tom. 4, p. 280.

teinture. Étudiée à Florence sous Démétrius Chalcocondyles, par Grocyn, Linacer et Latimer, la langue grecque fut avec eux, et par eux, introduite dans l'université d'Oxford, vers la fin du quinzième siècle.

Jusqu'à cette époque, le grec avait été pour l'Italie une science à part, un titre d'orgueil. *Ii barbari*, dit Pétrarque en parlant des Allemands et des Français, *vix non dicam libros, sed nomen Homeri audierunt*. Bientôt cette vive clarté se répandit de toutes parts : elle reluit sur la France, l'Allemagne, l'Angleterre, qui dès lors purent s'affranchir de ce joug de l'érudition italienne.

L'antiquité romaine n'était pas étudiée avec moins de zèle. Dès le onzième siècle, on rechercha, on lut et on goûta les classiques latins. De nouvelles écoles furent établies dans les cloîtres et les métropoles des grandes villes; les anciennes, perfectionnées. Les couvens rivalisèrent dans l'établissement des bibliothèques. Les lettres, qui avaient souffert de la translation du Saint-Siége à Avignon, reprirent sous Martin V et sous ses successeurs, un nouvel éclat. On rassembla à grands frais les manuscrits. A la tête des restaurateurs de la langue latine, se placent Albertino Mussato, Ferretro de Vicence, Jean de Cermenate, qui rendirent au latin sa pureté. Jean Calderin et Jean Andrea expliquèrent les lois civiles et canoniques; Jean Jaudun et Marsilio de Padoue éclairèrent des lumières de la philosophie les rapports entre l'autorité politique et l'autorité religieuse. Bientôt la prédilection pour l'ancienne langue nationale faillit un instant à étouffer la nouvelle langue vulgaire; pour son immortalité, Pétrarque comptait beaucoup plus sur son poëme latin de *Scipion* que sur ses sonnets à Laure. Élève de Pétrarque, Jean de Ravenne expliquait à Florence les auteurs latins avec beaucoup d'éclat et de faveur : de cette école sortirent Guarino, Philelphe, Leonardo Aretino, Paulus-Petrus Vergerius, Poggius, Politianus.

Cette admiration pour l'antiquité était plus qu'un culte littéraire : c'était un regret et une espérance d'indépendance nationale ; ce fut presque une idolâtrie. Au synode de Florence, Gemistus Pletho dit à Georges de Trébisonde que toutes les nations renonceraient bientôt à l'Évangile et au Koran pour embrasser une religion ressemblante à celle des Gentils. Ce fut du reste, moins sans doute dans la crainte de voir s'accomplir cette prophétie, qui n'était qu'une illusion classique, que dans une prévoyance politique, que Paul II persécuta l'Académie romaine, fondée par Pomponius Lætus, et en accusa les principaux membres d'hérésie, d'impiété et de paganisme. Dans le siècle suivant, des étudians et des poètes célébrèrent en France la fête de Bacchus, et immolèrent, dit-on, un bouc en réjouissance du succès qu'avait obtenu la *Cléopâtre* de Jodelle. Ce n'est pas seulement avec le style, mais avec l'âme d'un vieux Romain que Pétrarque applaudit à Rienzi, ce hardi tribun d'une république éphémère. C'est avec toute l'amertume d'une douleur patriotique que, du haut du Capitole, le Pogge [1] contemple et déplore les doubles ruines de Rome, morte dans ses monumens, morte dans sa liberté; et Rienzi lui-même, pour réveiller la Rome des papes, ressuscite les titres et les dignités de la Rome antique, les souvenirs et les spectacles du Forum : impuissante magie qui put bien un instant ranimer le cadavre de Rome, mais non le faire marcher. En vain rassemblant, interrogeant les monumens épars de la grandeur romaine, Rienzi y chercha des conseils, des inspirations et un appui : cette éloquence des images, cette action des souvenirs, ne sauvèrent ni Rienzi ni la liberté;

---

[1] *Discours sur les vicissitudes de la fortune.*

Rienzi ne fut lui-même qu'une ruine vivante de cette république qui, depuis tant de siècles, dormait sous les décombres du Capitole.

Cette influence de la littérature grecque, cette renaissance de l'antiquité latine, ont-elles été un bienfait pour l'Italie? La Rome du quinzième siècle ne fut-elle pas, comme la Rome antique, accablée des richesses étrangères? Les faits semblent accuser cette influence de la Grèce.

En effet, la littérature nationale, créée par le Dante, et déjà affaiblie, ce semble, dans Pétrarque, par l'influence classique, disparaît au quinzième siècle sous l'érudition, et, pour ainsi dire, sous les ruines de cette antiquité qu'elle veut reconstruire. La vie nouvelle, la pensée féconde de l'Italie s'efface sous cette empreinte antique. Tels sont les faits qui déposent, en apparence, contre cette étude de l'antiquité, que vinrent ranimer en Italie les Grecs fugitifs. Mais ce travail, stérile, ce semble, se développera bientôt, et portera les plus heureux fruits. Sans les secrètes et puissantes inspirations de l'antiquité grecque et latine, qui préparèrent non-seulement Machiavel, le Tasse, tous les grands écrivains de l'Italie, mais encore notre seizième siècle littéraire, Rabelais, Montaigne, éphémère sans doute comme la poésie provençale, d'où elle était née, la langue italienne eût également disparu; le génie même du Dante ne l'eût pas sauvée. Elle dut à cet enthousiasme pour l'antiquité une gloire durable, et l'Europe, sa civilisation. Ce n'est pas, en effet, la langue d'Homère et de Cicéron que l'on a ressuscitée, mais bien la pensée de l'humanité qui, brisée par le moyen âge, n'a pu se continuer, se développer, qu'en la rattachant à son premier anneau : sans passé, nous eussions aussi été sans avenir.

CHAPITRE XXVII.

De la littérature savante et de la littérature romane au moyen âge.

Deux littératures ont ainsi partagé et rempli le moyen âge : l'une, naïve, populaire, brillante ; l'autre, ancienne, savante, grave. De ces deux littératures, cependant, la première est née et s'est épuisée en moins de quatre siècles ; la seconde, plus vieille de quinze siècles, lui a survécu. Doit-elle cette fortune au hasard? Cet empire de l'antiquité classique est-il légitime ou usurpé? Pour bien juger cette question, il faut la reprendre à son origine.

Nous avons vu, au cinquième siècle, la langue latine, idiome des vaincus, résister à la langue des vainqueurs, et plus tard l'étouffer : c'était là un heureux et nécessaire triomphe de la civilisation sur la barbarie. Non-seulement l'idiome romain, mais l'administration, les mœurs, les lois romaines, se soutinrent sous la domination franque : toute la première race, la race mérovingienne, fut une continuation de l'empire, qui se déplaça et ne périt point. Les évêques gaulois tempérèrent, par l'ascendant religieux, la violence de l'invasion, et, sous leur influence sainte et patriotique, la population gallo-romaine conserva, à côté de la population franque, sa langue, ses mœurs, ses priviléges. La race carlovingienne essaie un moment de faire triompher l'influence germanique; mais bientôt, elle aussi, elle cède à l'influence romaine, qui, même sous Charlemagne, domina. Plus tard, le démembrement de l'empire de Charlemagne, en rendant à eux-mêmes des peuples réunis contre leur génie, replaça la société gauloise, et avec elle l'idiome romain, au rang d'où l'avait fait descendre la conquête. L'avénement de Hugues Capet fut le triomphe définitif de la race du sol, de la race gauloise, sur la race germanique ou conquérante : alors seulement il y eut et il pouvait y avoir une langue française. Jusque-là le latin n'avait pas seulement été un heureux supplément, mais une nécessité; comme la société gallo-romaine, il avait dû à sa supériorité de se conserver sous la conquête.

Voyez, en effet, où était, du cinquième au dixième siècle, ce qui restait d'autorité dans l'esprit humain; pour le trouver, il le faut demander aux chroniques, aux légendes, en un mot, à toute la littérature ancienne et religieuse de la société gallo-romaine. Au douzième siècle, l'ignorance féodale s'est un peu dissipée; elle essaie un idiome nouveau, dont le latin fait encore les frais. Quelles sont les productions de cette littérature nouvelle? des romans, quelques poésies ingénieuses, mais vides : fruits brillans et éphémères, et seuls fruits qu'elle pût produire.

Que représente, en effet, cette littérature? La chevalerie avec ses enchantemens, ses fêtes, ses tournois, ses grands coups d'épée, ses exploits merveilleux, en un mot, toute la vie féodale. Mais, épisode brillant jeté au milieu du drame confus et grossier du moyen âge, la chevalerie devait périr avec lui. La langue et la poésie du moyen âge ne pouvaient donc survivre à la chevalerie, dont elles avaient été l'expression; nées avec elle, elles n'eurent pas d'autres inspirations, elles ne pouvaient avoir une autre destinée.

Telle n'est point la littérature classique. Son œuvre, à elle, avait commencé bien avant le moyen âge et devait se continuer long-temps après ; car cette œuvre n'était autre que la lutte et le triomphe progressif de la liberté contre le despotisme, de l'esprit contre la matière : lutte courageusement soutenue en présence de la féodalité par la puissance pontificale, en présence et au sein même de la théologie par la scolastique. Le seul bienfait de la féodalité avait été de relever, par le sentiment fortement prononcé de l'individualité, la dignité humaine long-temps courbée sous l'esclavage antique. Mais ce sentiment, qui pouvait et devait un jour servir à l'affranchissement du genre humain, ne servait alors qu'à un petit nombre d'hommes contre l'espèce entière; d'ailleurs, utile alors, il devenait plus tard dangereux.

A la littérature savante appartenait donc l'avenir. Elle s'exerçait sur des idées qui devaient être immortelles; elle nourrissait, elle enfantait cette unité de pensées et de croyances qui contenait l'Europe moderne. Aussi, malgré sa forme antique, quelquefois rebutante, elle a étouffé la littérature romane, jeune, vive, séduisante, d'une apparence plus belle, mais à qui manquait un principe fécond de vie. Ce n'est pas, en effet, un caprice, un préjugé, un vieux respect du nom et du langage romain, qui ont fait de la langue latine l'occupation, l'exercice, l'instrument du moyen âge; c'est la nécessité qui l'a maintenue au milieu de la confusion des dialectes. Il fallait un langage entendu de tous, et dans la variété des peuples, un lien commun, symbole de l'unité religieuse qui les dominait. Or, bien que mutilée, appauvrie, défigurée, la langue latine se trouvait suffire aux besoins de l'intelligence : son empire fut donc un empire légitime. Maintenue par la liturgie, comme dépôt de la science, comme idiome sacré et inviolable, elle sauva la civilisation. La suprématie de Rome pontificale lui donna un autre caractère de durée et d'étendue; elle en fit une seconde fois une langue diplomatique, destinée, comme la première, à porter dans l'univers les ordres de la ville éternelle. Cette supériorité, du reste, la langue latine ne la devait pas seulement à une nécessité politique; elle la devait aussi à elle-même, à sa pompe majestueuse, à son caractère grave, si bien assorti au caractère pieux du moyen âge, à ses accens marqués, à ses fortes expressions, à sa religieuse harmonie.

Que seraient devenues, sans la langue latine, l'histoire, la philosophie, l'éloquence[1]? Sans Abailard nous n'aurions pas Rousseau, et Anselme a préparé Descartes. La littérature savante a sauvé la liberté politique par la liberté

---

[1] Cum linguarum cognitio et mathematicæ est maximè necessaria studio latinorum, et fuit præcise in usu sanctorum et omnium sapientum antiquorum, nos moderni negligimus, adnihilamus et reprobamus, quia ista et eorum utilitatem nescimus. (*Opus majus*, p. 1, c. 1.)

philosophique. La littérature romane au contraire, sans racines sur le sol gaulois, sans rapport avec le passé, incomplète et superficielle, eût laissé languir la pensée dans de riantes mais stériles fictions. Singulière méprise! la littérature romane invoquée aujourd'hui par la liberté, elle le fruit et le symbole de la conquête, la poésie de la féodalité! Là en effet où règne encore la féodalité, là plus qu'ailleurs, s'est conservée la poésie romane, confondue avec elle et unie par les souvenirs, les mœurs, les croyances, par une vieille et commune origine. Qu'on y réfléchisse : aujourd'hui même, la question au fond n'a pas changé, et sous d'autres noms, c'est la même lutte, entre le Nord et le Midi, entre la barbarie et la civilisation, entre les *Cosaques* et la *République*. La révolution française elle-même n'a été qu'une réaction de l'esprit romain ou civilisé contre l'esprit germanique ou féodal, et, pour ainsi dire, le dernier triomphe des Gaulois sur les Francs. Ainsi la littérature romantique cache, sous des formes décevantes, une origine peu populaire : elle appartient au passé et à l'aristocratie. C'est donc à tort que M. Schlegel [1] a vu dans la langue

---

[1] Sans doute, à ne considérer que la poésie et le développement de l'esprit national dans les idiomes nationaux, on pourrait souhaiter que cette littérature latine n'eût point exis-

latine un obstacle au développement du moyen âge. Il y a eu lutte en effet au moyen âge, mais lutte de la liberté et de l'Église contre le fait brutal ou la féodalité : l'esprit nouveau, c'était l'esprit ancien ; l'esprit créé par le christianisme, et non par l'invasion ; esprit qui lutta contre la conquête ; qui, réfugié dans les cloîtres, humilia les forteresses; qui, avec Grégoire VII, réhabilita le droit ou la liberté ; qui, plus tard, lorsque Rome parut manquer à sa destinée, qui est de répandre la liberté avec l'Évangile, passa dans les moralistes ; créa les écrivains du seizième siècle, anima Pascal, et prépara la hardiesse, quelquefois aussi la témérité des écrivains du dix-huitième siècle. L'esprit nouveau n'appartient donc qu'à la littérature savante : le beau siècle du romantique ne se trouve nulle part au moyen âge ; semblable à l'âge d'or des poètes, il fuit devant les recherches.

De ces réflexions que faut-il conclure ? Que la littérature classique est préférable à la lit-

---

té, et que la langue morte fût entièrement tombée en désuétude ; c'est par elle que l'histoire et surtout la philosophie furent séparées de la vie. Il y a quelque chose de barbare à ce que la science et l'érudition, la législation et les affaires d'état soient traitées dans une langue étrangère et tout-à-fait morte. (SCHLEGEL, 1ᵉʳ vol., p. 335 de la traduct.)

térature romane ou romantique? A Dieu ne plaise ! Littérature latine et littérature romane, toutes deux ont également vécu ; toutes deux sont mortes avec les institutions ou les besoins qui leur ont donné naissance, celle-ci avec la féodalité, celle-là avec le dix-huitième siècle. Là s'est accomplie l'œuvre de la littérature ancienne ; là, et là seulement, la société moderne s'est entièrement séparée de la société ancienne, dont, au quinzième siècle, elle avait commencé à se détacher. Ainsi, classique ou romantique, le passé ne peut renaître ; mais en disant adieu à la littérature ancienne, n'oublions pas les services qu'elle a rendus. Quelle littérature les doit remplacer? nous ne chercherons point à le prophétiser. Une littérature ne s'impose pas à un peuple ; elle sort de ses mœurs, de ses idées, de son histoire, et non d'une poétique : elle résume un siècle, et ne le devance pas.

CHAPITRE XXVIII.

Progrès du moyen âge.

Nous avons esquissé quelques traits de cette physionomie si variée et si profonde du moyen âge. Pour en saisir et fixer dans ce rapide tableau, la vie singulière et animée, il a fallu la chercher dans différens pays, et sous diverses influences. Nous avons vu d'abord le moyen âge, image décolorée de l'antiquité, s'éteindre dans une imitation stérile du génie romain ; puis inspiré de la vie nouvelle et de la pensée religieuse, s'égarer mais aussi se fortifier dans les distinctions subtiles et puissantes de la dialectique. Au quatorzième siècle, il retrouve ou devine la science. Bientôt un mouvement nouveau et fécond l'agite : il se fait sentir, il éclate dans la formation des langues et des littératures modernes ; il se manifeste dans les essais brillans des troubadours, dans les merveilles du génie italien, héritier de la Provence.

Telle est l'œuvre du moyen âge. Débris du monde ancien, et préparation du monde moderne, a-t-il accompli sa tâche? Dans l'ordre intellectuel, dans l'ordre moral, a-t-il été une décadence ou un progrès?

Si l'on estime le fond plus que la forme, si l'on conçoit la grandeur de l'humanité, dans la supériorité de quelques esprits qui, à eux seuls, la résument et l'élèvent, aussi bien que dans une culture intellectuelle plus répandue mais moins profonde, l'on avouera que le moyen âge n'a point été une époque stationnaire et stérile; qu'il a, dans l'histoire de l'esprit humain, sa place, son intérêt, et d'immenses résultats. Il a ses idiomes et ses littératures à lui : littératures et idiomes incomplets, il est vrai, sous le rapport extérieur, sous le rapport de la forme, mais complets comme expression de mœurs, de sentimens, de caractères et de nation. Il ne poursuit pas avec une moins vive ardeur les études antiques et sérieuses, s'épuisant quelquefois dans de vaines recherches, mais attestant sa vigueur par ses excès mêmes. Les questions que soulevait la scolastique n'étaient pas sans quelque grandeur et sans avenir : de la scolastique, sont nées nos sciences morales. Les erreurs de l'astrologie ont préparé les découvertes de l'astronomie; les chimériques espérances du grand œuvre et les expériences des Arabes ont produit la chimie : en un mot, du moyen âge, de ces dix siècles taxés d'ignorance et de barbarie, datent toutes les découvertes auxquelles nous devons notre supériorité sur les anciens.

Les arts n'ont pas été moins féconds. Le génie religieux a laissé dans les Églises d'indestructibles monumens d'une sublime poésie : Cimabué a retrouvé la peinture.

Ce progrès est plus admirable encore dans l'ordre moral et politique. Le servage remplace l'esclavage ; des états indépendans se forment sur les ruines et à la place du despotisme romain. La féodalité dans sa violence même vaut mieux que cette liberté antique fondée sur l'ilotisme : elle crée la chevalerie, trait brillant de la physionomie moderne, heureux développement de cette influence morale que le christianisme est venu donner aux femmes. Le moyen âge a vu renaître les franchises municipales, et s'élever ces républiques commerçantes qui, par l'industrie, ont préparé la liberté de nos jours.

Tous ces travaux, tous ces progrès littéraires et moraux du moyen âge, s'animent et se rattachent à une seule et même pensée, la croyance religieuse. La religion est la science fondamentale, le dogme primitif dont les autres sciences sont des subdivisions. Il y avait enchaînement dans les études, parce qu'il y avait unité dans les croyances, partant conviction dans les intelligences. De là l'universalité des études, et cette communauté de pensées inconnue à l'antiquité : l'Angleterre et l'Italie, la France et la Grèce se touchent et se correspondent. Tout se soutient et s'enchaîne dans cette époque d'unité et de force, les institutions les plus frivoles comme les plus sérieuses. Les cours d'amour reproduisent les procédures des tribunaux et les subtilités des écoles ; la tendresse a ses formules obligées et invariables : le syllogisme est encore de la passion. Dans cette organisation puissante, dans cette hiérarchie si habilement graduée, qui, s'étendant du seigneur au serf, du pape au dernier chrétien, de la politique à la morale, de la morale à l'amour, enveloppait dans une même étreinte le pouvoir religieux et le pouvoir féodal, les affections et les pensées, le moyen âge ressemble à ces cercles mystérieux dans lesquels le poète de l'Enfer a renfermé tous les degrés du crime et de l'expiation, et qui vont en rétrécissant et enserrant dans des liens plus étroits les dernières nuances du péché, comme l'unité féodale du moyen âge pressait plus durement, dans ses immuables catégories, les dernières classes de la population. Merveilleuse unité qui enchante et frappe l'imagination, alors même que la raison et la liberté humaine la condamnent ! Science, foi, religion, amour, nobles croyances de l'esprit et du cœur, qui embellissiez la vie rude d'ailleurs et laborieuse du moyen âge, puissiez-vous encore, mêlés aux inspirations heureuses de la liberté, animer de votre vertu secrète, et féconder de vos douces influences les destinées nouvelles que les siècles et les sciences ont faites à l'humanité !

Cette unité du moyen âge, ces progrès de l'humanité, ont été peints avec une singulière vivacité de couleurs et d'imagination par M. Michelet : le lecteur nous saura gré de lui mettre sous les yeux ce morceau remarquable :

« Ensuite vinrent les Francs, enfans d'Odin, furieux de pillage et de guerre, avides de blessures et de mort, comme les autres de fêtes et de banquets, impatiens d'aller boire la bière au Wahalla, dans le crâne de leurs ennemis. Ceux-là marchaient presque nus au combat, se jetaient dans une barque pour tourner l'Océan, du Bosphore à la Batavie. Sous leur domination farouche et impitoyable, l'esclavage domestique ne laisse pas de disparaître : le servage lui succéda ; le servage fut déjà une délivrance pour l'humanité opprimée. Ces barbares apportaient une nature vierge à l'Église ; elle eut prise sur eux. Les Goths et les Bourguignons, qui ne voyaient qu'un homme en Jésus, n'avaient reçu du christianisme ni sa poésie, ni sa forte unité; le Franc adopta l'Homme-Dieu, adopta Rome purifiée et se fit appeler César. Le chaos tourbillonnant de la barbarie, qui, dès Attila, dès Théodoric, voulait se fixer et s'unir, trouva son centre en Charlemagne. Cette unité matérielle, et mensongère encore, dura une vie d'homme, et, tombant en poudre, laissa sur l'Europe l'aristocratie féodale, couronnée du pape et de l'empereur : merveilleux système dans lequel s'organisèrent et se posèrent en face l'un de l'autre l'empire de Dieu et l'empire de l'homme; la force matérielle, la chair, l'hérédité dans l'organisation féodale; dans l'Église, la parole, l'esprit, l'élection; la force partout, l'esprit au centre, l'esprit dominant la force. Les hommes de fer courbèrent devant le glaive invisible la raideur de leurs armures; le fils du serf put mettre le pied sur la tête de Frédéric Barberousse, et non-seulement l'esprit domina la force, mais il l'entraîna. Ce monde de la force, subjugué par l'esprit, s'exprima par les croisades, guerre de l'Europe contre l'Asie, guerre de la liberté sainte contre la nature sensuelle et impie. Ainsi s'accomplit en mille ans ce long miracle du moyen âge, cette merveilleuse légende dont la trace s'efface chaque jour de la terre, et dont on douterait dans quelques siècles, si elle ne s'était fixée et comme cristallisée pour tous les âges dans les flèches, et les aiguilles, et les roses, et les arceaux sans nombre des cathédrales de Cologne et de Strasbourg, dans les cinq mille statues de marbre qui couronnent celle de Milan. En contemplant cette muette armée d'apôtres et de prophètes, de saints et de docteurs échelonnés de la terre au ciel, qui ne reconnaîtra la cité de Dieu, élevant jusqu'à lui la pensée de l'homme [1] ? »

Du reste, ainsi fait, le moyen âge devait finir, et finit réellement avec le quatorzième siècle. Alors l'esprit humain et la société s'affranchissent : l'un par le développement des idiomes vulgaires, par la découverte de l'imprimerie ; l'autre par la réforme, et l'invention de la poudre à canon.

Ces essais d'indépendance politique et intellectuelle séparent complétement le moyen âge du quinzième siècle.

Au quatorzième siècle, bien que déjà compromis et sourdement ébranlé, le moyen âge apparaît encore avec les formes et l'éclat de la puissance et de l'unité. La féodalité conserve ses

---

[1] MICHELET, *Introd. à l'Hist. univ.*, p. 23, 24.

priviléges et sa magie; Rome, ses foudres et sa suprématie; son empire est encore intact comme son infaillibilité. La scolastique n'a point perdu sa domination : Aristote n'est point détrôné. Ainsi comprimée, la société semble se complaire dans ses vieilles traditions politiques et morales : au-delà, elle n'imagine rien, rien du moins qui la tente. La constitution féodale, la suprématie du Saint-Siége sont encore pour bien des esprits une admirable harmonie; la scolastique, une merveilleuse invention.

Tel n'est point le quinzième siècle. Le doute a pénétré dans les esprits. Le monde politique et le monde religieux ressentent une secrète agitation. La pensée a ses révoltes, le peuple ses protestations, l'Église son schisme. Si l'on ne rompt pas ouvertement avec les traditions du passé, on commence à les examiner; l'admiration fait place à la plainte, le doute se mêle au respect : le moyen âge va de toutes parts s'écroulant.

La féodalité, habilement combattue par Philippe-Auguste et par ses successeurs, tombe enfin sous les coups de Louis XI, et devant la création de l'infanterie et la découverte de l'imprimerie. La puissance pontificale, déjà menacée par les sectes qui s'étaient multipliées au treizième siècle, allait succomber à des attaques plus hardies, plus opiniâtres, plus générales : Luther démembre le Saint-Siége. Inquiétée par les prétentions des réformateurs, Rome l'est aussi par l'opposition des rois. Les limites du spirituel et du temporel, jusque-là incertaines, ou plutôt confondues, se séparent. De toutes parts Rome voit la puissance lui échapper : au Nord le protestantisme, en France les libertés gallicanes brisent son unité temporelle et spirituelle.

Lutte politique et religieuse, telle est donc la tendance du quinzième siècle. Croyances, idiomes, chevalerie, gouvernement féodal, tout va périr ou se transformer. La religion n'est plus qu'un choix ; la chevalerie, un souvenir ; la féodalité, un nom.

La littérature change comme tout le reste : naïve, populaire, ignorante, elle devient savante, artificielle, laborieuse. Il faut à l'esprit d'examen et de raisonnement qui a remplacé l'esprit de foi et d'enthousiasme, des armes plus solides, un instrument plus vigoureux à la pensée. Mais cette révolution ne s'accomplit pas de suite. Avant de se séparer de ses convictions, de rompre son unité, de briser les deux grandes disciplines qui l'ont gouverné, la foi et la féodalité, le moyen âge hésite ; le quinzième siècle est une halte, le seizième une agitation féconde, mais confuse. Les peuples remuent comme les idées pour s'asseoir et se créer une nationalité. La France conquiert sur l'Angleterre l'indépendance de son territoire; l'Angleterre est en proie aux factions que suscitent les rivalités d'York et de Lancastre; l'Allemagne rejette la féodalité ecclésiastique, et s'attache à la liberté spirituelle, insouciante d'une autre liberté; l'Italie perd la sienne pour n'en avoir pas su faire à temps le sacrifice à l'unité.

Ainsi séparée de sa littérature primitive, de sa religion, de sa constitution féodale, la société moderne ira pendant trois siècles flottante, incertaine, ignorante de ses destinées, pour arriver à travers toutes ces agitations, en littérature à une vérité qu'elle rêve encore, en religion à la tolérance, en politique à la liberté. Dans le moyen âge, en effet, était le germe de cette révolution politique, morale, intellectuelle, que le dix-huitième siècle a accomplie, mais qui avait ailleurs et plus haut sa cause: nous n'en sommes que les fils et les continuateurs.

Le moyen âge a donc été fidèle à sa mission; placé entre le monde ancien et le monde moderne, il achève l'un et commence l'autre.

Il a eu pour bonheur, une foi profonde ; pour gloire, une étonnante activité intellectuelle ; pour résultat éloigné, mais infaillible, le développement de l'humanité.

FIN.

NOTES.

CHAPITRE II.

Page 17 : *Synesius redisait*, etc.

Ἄγε μοι, λίγεια φόρμιγξ,
Μετὰ Τηΐαν ἀοιδήν,
Μετὰ Λεσβίην τε μολπὴν,
Γεραρωτέροις ἐφ' ὕμνοις
Κελάδει Δώριον ᾠδήν,
Ἀπαλαῖς οὐκ ἐπὶ νύμφαις
Ἀφροδίσιον γελώσαις,
Θαλερῶν οὐδ' ἐπὶ κούρων
Πολυηράτοισιν ἥβαις,
Θεοκύμονος γὰρ ἁγνὰ
Σοφίας ἄχραντος ᾠδὶς
Μέλος ἐς θεῖον ἐπείγει
Κιθάρας μίτους ἐρέσσειν·
Μελιχρὰν δ' ἄνωγεν ἄτην
Χθονίων φυγεῖν ἐρώτων·
Τί γὰρ ἀλκά, τί δὲ κάλλος,
Τί δὲ χρυσός, τί δὲ φάμα,
Βασιλήϊοί τε τιμαὶ
Παρὰ τὰς Θεοῦ μερίμνας;

Ὁ μὲν ἵππον εὖ διώκοι,
Ὁ δὲ τόξον εὖ τιταίνοι,
Ὁ δὲ θημῶνα φυλάσσοι
Κτεάνων, χρύσειον ὄλβον·
Ἑτέρῳ δ' ἄγαλμα χαίτη
Κατνειμένη τενόντων·
Πολύυμνος δέ κεν εἴη
Παρὰ κούροις, παρὰ κούραις,
Ἀμαρύγμασι προσώπων·
Ἐμὲ δ' ἀψόφητον εἴη
Βιοτὴν ἄσημον ἕλκειν,
Τὰ μὲν ἐς ἄλλους ἄσημον,
Τὰ δὲ πρὸς Θεὸν εἰδότα·
Σοφία δέ μοι παρείη
Ἀγαθὰ μὲν νεότατα,
Ἀγαθὰ δὲ γῆρας ἕλκειν,
Ἀγαθὰ δ' ἄνασσα πλούτου
Πενίαν δ' ἄμοχθος οἴσει
Σοφία γελῶσα, πικραῖς
Ἄβατον βίου μερίμναις.
Μόνον εἰ τόσον παρείη,
Ὅσον ἄρκιον καλίης
Ἀπὸ γειτόνων ἐρύκειν,
Ἵνα μὴ χρεώ με κάμπτοι
Ἐπὶ φροντίδας μελαίνας.

Κλύε καὶ τεττίγος ᾠδήν,
Δρόσον ὀρθρίαν πιόντος·
Ἴδε μοι βοῶσι νευραὶ
Ἀκέλευστα, καί τις ὀμφὴ
Περί τ' ἀμφί μὲ ποτᾶται·
Τί ποτ' ἄρα τέξεταί μοι
Μέλος ἁ θέσκελος ᾠδίς;

Ὁ μὲν, αὐτόσσυτος ἀρχά,
Ταμίας πατήρ τε ὄντων.
Ἀλόχευτος, ὑψιθώκων
Ὑπὲρ οὐρανοῦ καρηνῶν
Ἀλύτῳ κύδεϊ γαίων,
Θεὸς ἔμπεδος θαάσσει·
Ἑνοτήτων ἑνὰς ἁγνή,
Μονάδων μονάς τε πρώτη,
Ἁπλότητας ἀκροτήτων
Ἑνώσασα, καὶ τεκοῦσα
Ὑπερουσίοις λοχείαις·
Ὅθεν αὐτὴ προθοροῦσα
Διὰ πρωτόσπορον εἶδος,
Μονὰς ἄρρητα χυθεῖσα
Τρικόρυμβον ἔσχεν ἀλκάν·
Ὑπερούσιος δὲ παγὰ
Στέφεται κάλλεϊ παίδων
Ἀπὸ κέντρου τε θορόντων,
Περὶ κέντρον τε ῥυέντων.

Μένε μοι, θρασεῖα φόρμιγξ,
Μένε, μηδὲ φαῖνε δήμοις
Τελετὰς ἀνοργιάστους·
Ἴθι, καὶ τὰ νέρθε φώνει·
Τὰ δ' ἄνω σιγὰ καλύπτοι·
Ὁ δὲ νοῦς οἵοισιν ἤδη
Μέλεται νόοισι κόσμοις·
Ἀγαθὰ γὰρ ἔνθεν ἤδη
Βροτέου πνεύματος ἀρχὰ
Ἀμερίστως ἐμερίσθη·
Ὁ καταιβάτας ἐς ὕλαν
Νόος ἄφθιτος τοκήων
Θεοκοιράνων ἀπόρρωξ

Ὀλίγα μέν· ἀλλ' ἐκείνων
Ὅλος οὗτος εἴς τε πάντη
Ὅλος εἰς ὅλον δεδυκώς,
Κύτος οὐρανῶν ἑλίσσει·
Τὸ δ' ὅλον τοῦτο φυλάσσων
Νενεμημέναισι μορφαῖς
Μεμερισμένος παρέστη·
Ὁ μέν, ἀστέρων διφρείαις,
Ὁ δ' ἐς ἀγγέλων χορείας,
Ὁ δὲ καὶ ῥέποντι δεσμῷ
Χθονίαν εὕρετο μορφάν,
Ἀπὸ δ' ἐστάθη τοκήων,
Δνοφερὰν ἤρυσε λάθαν,
Ἀλαωποῖσι μερίμναις
Χθόνα θαυμάσας ἀτερπῆ,
Θεὸς ἐς θνητὰ δεδορκώς.

Ἔνι μέν, ἔνι τι φέγγος
Κεκαλυμμέναισι γλήναις·
Ἔνι καὶ δεῦρο πεσόντων
Ἀναγώγιός τις ἀλκά,
Ὅτε κυμάτων φυγόντες
Βιοτησίων, ἀκηδεῖς,
Ἁγίας ἔστειλαν οἴμους.
Πρὸς ἀνάκτορον τοκῆος.

Μάκαρ ὅστις βορὸν ὕλας
Προφυγὼν ὕλαγμα, καὶ γᾶς
Ἀναδύς, ἅλματι κούφῳ
Ἴχνος ἐς Θεὸν τιταίνει·
Μάκαρ ὅστις μετὰ μοίρας,
Μετὰ μόχθους, μετὰ πικρὰς
Χθονογηθεῖς μελεδῶνας,

Ἐπιβὰς νόου κελεύθων
Βυθὸν εἶδεν Θεολαμπῆ·
Πόνος εἰς ὅλαν τανῦσαι
Κραδίαν ὅλοισι ταρσοῖς
Ἀναγωγίων ἐρώτων·
Μόνον ἐμπέδωσον ὁρμὰν
Νοερηφόροισιν ὁρμαῖς·
Ὁ δέ τοι πέλας φανεῖται
Γενέτας χεῖρας ὀρεγνύς.
Προθέοισα γάρ τις ἄκτις
Καταλάμψει μὲν ἀταρποὺς,
Πετάσει δέ τοι νοητὸν
Πεδίον, κάλλεως ἀρχήν.

Ἄγε μοι, ψυχά, πιοῖσα
Ἀγαθορρύτοιο παγᾶς,
Ἱκετεύσασα τοκῆα
Ἀνάβαινε, μηδὲ μέλλε,
Χθονὶ τὰ χθονὸς λιποῖσα·
Τάχα δ' ἂν μιγεῖσα πατρί,
Θεὸς ἐν Θεῷ χορεύσοις.

Viens, lyre harmonieuse; après les chansons du vieillard de Théos, après les accens de la Lesbienne, redis sur un ton plus grave des vers qui ne célèbrent pas les jeunes filles au gracieux sourire, ni la beauté des jeunes époux. La pure inspiration de la divine sagesse me presse de plier les cordes de la lyre à de pieux cantiques; elle m'ordonne de fuir la douceur empoisonnée des terrestres amours. Qu'est-ce, en effet, que la beauté, l'or, la réputation, les pompes des rois, au prix de la pensée de Dieu?

Qu'un autre presse un coursier, qu'un autre sache tendre un arc, qu'un autre garde des monceaux d'or, qu'un autre se pare d'une chevelure tombant sur ses épaules, qu'un autre soit célébré parmi les jeunes gens et les jeunes filles pour la beauté de son visage ; pour moi, qu'il me soit donné de couler en paix une vie obscure, inconnue des autres mortels, mais connue de Dieu ! Puisse venir à moi la sagesse, excellente compagne du jeune âge comme des vieux ans, et reine de la richesse ! La sagesse supporte en riant la pauvreté. Que j'aie seulement assez pour n'avoir pas besoin de la chaumière du voisin, et pour que la nécessité ne me réduise pas à de tristes inquiétudes !

Entends le chant de la cigale qui boit la rosée du matin : regarde ; les cordes de ma lyre ont retenti d'elles-mêmes. Une voix harmonieuse vole autour de moi ; que va donc enfanter en moi la divine parole ?

Celui qui est à soi-même son commencement, le conservateur et le père des êtres, sur les sommets du ciel, couronné d'une gloire immortelle, Dieu repose inébranlable. Unité des unités, monade primitive, il confond et enfante les origines premières. De là, jaillissant sous la forme spirituelle, la monade mystérieusement répandue reçoit une triple puissance. La source suprême se couronne de la beauté des enfans qui sortent d'elle, et roulent autour de ce centre divin.

Arrête, lyre audacieuse, arrête ! ne montre pas aux peuples les mystères très-saints ; chante les choses d'ici-bas, et que le silence couvre les merveilles d'en haut. Mais l'âme ne s'occupe plus que des mondes intellectuels ; car c'est de là qu'est venu sans mélange le souffle de l'humaine pensée. Cette âme tombée dans la matière, cette âme immortelle, est une parcelle de ses divins auteurs, bien faible, il est vrai; mais l'âme qui les anime eux-mêmes, unique, inépuisable, tout entière partout, fait mouvoir la vaste profondeur des cieux; et tandis qu'elle conserve cet univers, elle existe sous mille formes diverses. Une partie anime le cours des étoiles, une autre le cœur des anges; une autre, pliant sous des chaînes pesantes, a reçu la forme terrestre, et, plongée dans le ténébreux Léthé, admire ce triste séjour, Dieu rabaissé vers la terre.

Il reste, cependant, il reste toujours quelque lumière dans ces yeux voilés; il reste dans ceux qui sont tombés ici une force qui les rappelle aux cieux, lorsque, échappés des flots de la vie, ils entrent dans la voie sainte qui conduit au palais du Père souverain.

Heureux qui, fuyant les cris voraces de la matière, et s'échappant d'ici-bas, monte vers Dieu d'une course rapide! heureux qui, libre des travaux et des peines de la terre, s'élançant sur les routes de l'âme, a vu les profondeurs divines! C'est un grand effort de soulever son âme sur l'aile des célestes désirs. Soutiens cet essor par l'ardeur qui te porte aux choses intellectuelles; le père céleste se montrera de plus près pour toi, te tendant la main; un rayon précurseur brillera sur la route, et t'ouvrira l'horizon idéal, source de la beauté.

Courage, ô mon âme! abreuve-toi dans les sources éternelles, monte par la prière vers le Créateur, et ne tarde pas à quitter la terre; bientôt, te mêlant au Père céleste, tu seras dans Dieu même.

(Traduction de M. VILLEMAIN, *Mélanges litt.*)

CHAPITRE III.

Page 30 : *On se demande comment cette langue celtique*, etc.

Il reste donc toujours à comprendre cette singulière destinée de la langue celtique, qui périt sur tous les points par la conquête quand les autres se maintiennent et conservent presque intacts leurs territoires respectifs, dont il ne nous reste aucun monument écrit, bien que les peuples qui la parlaient eussent l'usage des lettres, fussent parvenus à un degré assez avancé de la civilisation, eussent étendu leurs conquêtes au loin, et que ces peuples soient nos ancêtres. Peut-être les efforts des érudits, pour acquérir sur cette langue quelques données certaines, seront-ils plus heureux qu'ils ne l'ont été jusqu'à présent ; mais, à défaut de solutions satisfaisantes pour des problèmes si dignes d'intérêt, nous désirerions au moins faire sentir à quel ordre de considérations ils se rattachent. Quand il s'agit d'expliquer un fait aussi anomal que la destruction d'une langue indigène et son remplacement par un idiome étranger qui prend aussitôt le caractère de persistance attaché d'ordinaire aux seules langues indigènes, nous voudrions qu'on n'eût pas recours à un prétendu édit d'Auguste, qui ordonnait sous peine de mort de parler latin, et qu'on n'attachât pas grande importance à quelques passages recueillis çà et là. Car la première règle de la critique philosophique, c'est que le poids des preuves doit être en raison de l'importance des choses à prouver ; et, comme on l'a dit depuis long-temps, mieux vaut l'ignorance qu'une science fausse.

Le phénomène primitif, dont rien ne peut nous donner l'explication, est sans doute l'existence même de la race celtique et ibérique, placée à l'extrémité occidentale de l'Europe, et cernée de toutes parts par la race indogermanique, à laquelle appartiennent le latin aussi bien que les langues slaves et teutoniques. L'immense étendue que celle-ci occupe sur l'ancien continent indique assez qu'il y avait en elle des raisons de résistance à l'empiétement des races limitrophes, et que la lutte n'a pu s'établir entre elles que sous des conditions inégales. « Le celtique et l'ibérien, écrivait-on dans *le Lycée* (t. 1, p. 227), à l'occasion des leçons d'un habile professeur, n'ont guère laissé de traces que pour attester combien le génie des peuples auxquels ils appartinrent différait de celui de la race indo-germanique. » Y aurait-il improbabilité à supposer que l'un des caractères de cette race celtique était une moindre persistance dans sa langue indigène et ses autres caractères spécifiques, une moindre résistance aux causes destructives? Les faits ne rendent-ils pas au contraire cette conclusion nécessaire? Je ne saurais m'empêcher de rappeler ici que l'auteur d'un ouvrage publié dans ces derniers temps sur les races humaines, est forcé de reconnaître, chez les peuples de l'Europe occidentale, et par suite de la fusion des Celtes et des Germains, une inconstance anomale dans les caractères physiologiques qui, suivant lui, différencient ailleurs les races d'une manière fixe. Nous ne pouvons en aucune manière être juge des hypothèses de cet auteur, ni des explications qu'il nous donne; mais au moins est-il permis de signaler l'identité des conclusions auxquelles des considérations d'ordre si différent peuvent nous conduire.

Nous avouons sans peine qu'il n'est pas aisé de comprendre comment cette famille de peuples aurait une disposition plus grande à perdre son idiome indigène ; pourquoi les formes de cet idiome seraient liées d'une manière moins intime avec la constitution organique des hommes qui l'ont parlé originairement : mais tout ce qui tend à soulever les questions d'origine, en linguistique comme ailleurs, n'est-il pas pour nous couvert du même voile ? Comprenons-nous la raison de ces liens de parenté qui unissent évidemment des idiomes d'ailleurs si dissemblables, et qui souvent rapprochent davantage ceux qui, d'après la situation géographique des peuples qui les parlent, ou ce que nous connaissons de leur histoire, devraient avoir entre eux le moins de rapports ? Pourrions-nous dire pourquoi certaines racines, certaines formes grammaticales se sont conservées et sont restées de préférence communes à toute une famille de langues ? Savons-nous enfin à quoi tient la paternité des langues, si c'est à une communauté d'origine, ou à l'analogie des dispositions organiques ? Sur tous ces points la science est muette ; sa tâche est seulement de constater et de classer les faits.

(*Lycée*, tom. 2.)

CHAPITRE V.

Page 52 : *Saint Avite, évêque de Vienne, a, dans un poème*, etc.

Il ne sera pas sans intérêt de mettre sous les yeux du lecteur, comme témoignage de la poésie du sixième siècle, et comme rapprochement entre Avitus et Milton, quelques passages qui forment tout à la fois les scènes principales du poème latin et du poème anglais : la description du paradis, les regrets et la colère de Satan à l'aspect des deux êtres qui ont hérité de son bonheur et de sa gloire, la chute d'Adam et ses plaintes, voilà des termes faciles de comparaison, et aussi d'admirables morceaux de poésie.

DESCRIPTION DU PARADIS.

Ergo ubi transmissis mundi caput incipit Indis,
Quo perhibent terram confinia jungere cœlo,
Lucus inaccessa cunctis mortalibus arce
Permanet, æterno conclusus limite, postquam
Decidit expulsus primævi criminis auctor,
Atque reis digne felici a sede revulsis,
Cœlestes hæc sancta capit nunc aula ministros.
Non hic alterni succedit temporis unquam
Bruma, nec æstivi redeunt post frigora soles,
Excelsus calidum cum reddit circulus annum,
Vel densante gelu canescunt arva pruinis.
Hic ver assiduum cœli clementia servat;
Turbidus auster abest, semperque sub aëre sudo
Nubila diffugiunt jugi cessura sereno.
Nec poscit natura loci quos non habet imbres,
Sed contentâ suo dotantur germina rore.
Perpetuo viret omne solum, terræque tepentis
Blanda nitet facies. Stant semper collibus herbæ,
Arboribusque comæ : quæ cum se flore frequenti
Diffundunt, celeri confortant germina succo.
Nam quidquid nobis toto nunc nascitur anno,
Menstrua maturo dant illic tempora fructu.
Lilia perlucent nullo flaccentia sole.
Nec tactus violat violas, roseumque ruborem
Servan perpetuo suffundit gratia vultu.

Sed cum desit hyems, nec torrida ferveat æstus,
Fructibus autumnus, ver floribus occupat annum.
Hic quæ donari mentitur fama Sabæis
Cinnama nascuntur, vivax quæ colligit ales,
Natali cum fine perit, nidoque perusta
Succedens sibimet quæsita morte resurgit :
Nec contenta suo semel ales ordine nasci
Longa veternosi renovatur corporis ætas,
Incensamque levant exordia crebra senectam.
Illic desudans fragrantia balsama ramus
Perpetuum proruit pingui de stipite fluxum.
Tum si forte levis movit spiramina ventus,
Flatibus exiguis, lenique impulsa susurro,
Dives sylva tremit foliis, ac flore salubri,
Qui sparsas late suaves dispensat odores.
Hic fons perspicuo resplendens gurgite surgit.
Talis in argento non fulget gratia, tantam
Nec crystalla trahunt nitido de frigore lucem.
Margine riparum virides micuere lapilli,
Et quas miratur mundi jactantia gemmas,
Illic saxa jacent : varios dant arva colores
Et naturali campos diademate pingunt [1].

Milton :

Southward through Eden went a river large,
Nor chang'd his course, but through the shaggy hill
Pass'd underneath ingulf'd ; for God had thrown
That mountain as his garden mound high rais'd
Upon the rapid current, which, through veins
Of porous earth with kindly thirst up drawn,
Rose a fresh fountain, and with many a rill
Water'd the garden ; thence united fell
Down the steep glade, and met the nether flood,
Which from his darksome passage now appears,
And now, divided into four main streams,

---

[1] Alcm Aviti *de Initio mundi*, lib. 1, v. 211-257, édit. de Sirmond.

Runs diverse, wand'ring many a famous realm
And country, whereof here needs no account;
But rather to tell how, if Art could tell,
How from that sapphire fount the crisped brooks,
Rolling on orient pearl and sands of gold,
With mazy error under pendant shades
Ran nectar, visiting each plant, and fed
Flow'rs worthy of Paradise, which not nice Art
In beds and curious knots, but nature boon
Pour'd forth profuse on hill, and dale, and plain,
Both where the morning sun first warmly smote
The open field, and where the unpierc'd shade
Imbrown'd the noontide bow'rs; thus was this place
A happy rural seat of various view;
Groves, whose rich trees wept od'rous gums and balm;
Others, whose fruit, burnish'd with golden rind,
Hung amiable, Hesperian fables true,
If true, here only, and of delicious taste:
Betwixt them lawns, or level downs, and flocks
Grazing the tender herb, were interpos'd;
Or palmy hillock; or the flow'ry lap
Of some irriguous valley spread her store,
Flow'rs of all hue, and without thorn the rose:
Another side, umbrageous grots and caves
Of cool recess, o'er which the mantling vine
Lays forth her purple grape, and gently creeps
Luxuriant; meanwhile murm'ring waters fall
Down the slope hills, dispers'd, or in a lake,
That to the fringed bank with myrtle crown'd
Her crystal mirror holds, unite their streams.
The birds their choir apply: airs, vernal airs,
Breathing the smell of field and grove, attune
The trembling leaves, while universal Pan,
Knit with the Graces and the Hours in dance,
Led on th' eternal Spring. Not that fair field
Of Enna, where Proserpine, gathering flowers,
Herself a fairer flow'r, by gloomy Dis
Was gather'd, which cost Ceres all that pain

> To seek her through the world; nor that sweet grove
> Of Daphne by Orontes, and th' inspir'd
> Castalian spring, might with this Paradise
> Of Eden strive; nor that Nyseian isle
> Girt with the river Triton, where old Cham,
> Whom gentiles Ammon call and Lybian Jove,
> Hid Amalthea and her florid son
> Young Bacchus, from his stepdame Rhea's eye;
> Nor where Abassin kings their issue guard,
> Mount Amara, though this by some suppos'd
> True Paradise under the Ethiop line
> By Nilus' head, inclos'd with shining rock,
> A whole day's journey high, but wide remote
> From this Assyrian garden, where the fiend
> Saw undelighted all delight, all kind
> Of living creatures, new to sight and strange [1].

Satan, à l'aspect du bonheur de l'homme, s'indigne et jure de l'entraîner dans sa chute :

> Vidit ut iste novos homines in sede quieta
> Ducere felicem nullo discrimine vitam,
> Lege sub accepta Domini famularier orbis;
> Subjectisque frui placida inter gaudia rebus,
> Commovit subitum zeli scintilla vaporem
> Excrevitque calens in sæva incendia livor;
> Vicinus tunc forte fuit, quo concidit alto,
> Lapsus, et innexam traxit per prona catervam.
> Hoc recolens, casumque premens in corde recentem;
> Plus doluit periisse sibi quod possidet alter.
> Tum mixtus cum felle pudor sic pectore questus
> Explicat, et tali suspiria voce relaxat :
> Proh dolor, hoc nobis subitum consurgere plasma,
> Invisumque genus nostra crevisse ruina !
> Me celsum virtus habuit, nunc ecce rejectus
> Pellor, et angelico limus succedit honori.

[1] *Paradise lost*, liv. 4, v. 223-287.

Cœlum terra tenet, vili compage levata
Regnat humus, nobisque perit translata potestas.
Non tamen in totum periit : pars magna retentat
Vim propriam, summaque cluit virtute nocendi.
Nec differre juvat. Jam nunc certamine blando
Congrediar, dum prima salus, experta nec ullos
Simplicitas ignara dolos, ad tela patebit.
Et melius soli capientur fraude, priusquam
Fœcundam mittant æterna in sæcula prolem.
Immortale nihil terra prodire sinendum est;
Fons generis pereat, capitis dejectio victi
Semen erit mortis. Pariat discrimina lethi
Vitæ principium : cuncti feriantur in uno :
Non faciet vivum radix occisa cacumen.
Hæc mihi dejecto tandem solatia restant.
Si nequeo clausos iterum conscendere cœlos,
His quoque claudentur. Levius cecidisse putandum est
Si nova perdatur simili substantia casu,
Si comes excidii subeat consortia pœnæ,
Et quos prævideo nobiscum dividat ignes [1].

MILTON :

O hell ! what do mine eyes with grief behold !
Into our room of bliss thus high advanc'd
Creatures of other mould, earth-born perhaps,
Not spirits, yet to heav'nly spirits bright
Little inferior; whom my thoughts pursue
With wonder, and could love, so lively shines
In them divine resemblance; and such grace
The hand that form'd them on their shape hath pour'd.
Ah ! gentle pair, ye little think how nigh
Your change approaches, when all these delights
Will vanish, and deliver ye to woe;
More woe, the more your taste is now of joy :
Happy, but for so happy ill secur'd

---

[1] Saint Avite, liv. 2, v. 60-112.

Long to continue, and this high seat your heav'n
Ill fenc'd for heav'n, to keep out such a foe
As now is enter'd; yet no purpos'd foe
To you, whom I could pity thus forlorn,
Though I unpitied: league with you I seek,
And mutual amity so strait, so close,
That I with you must dwell, or you with me
Henceforth; my dwelling haply may not please,
Like this fair Paradise, your sense; yet such
Accep, your Maker's work; he gave it me,
Which I as freely give; hell shall unfold,
To entertain you two, her widest gates,
And send forth all her kings; there will be room,
Not like these narrow limits, to receive
Your numerous offspring: if no better place,
Thank him who puts me loath to this revenge
On you, who wrong me not; for him who wrong'd.
And should I at your harmless innocence
Melt, as I do, yet public reason just,
Honor and empire with revenge inlarg'd,
By conq'ring this new world, compels me now
To do what else, though damn'd, I should abhor [1].

Reproches d'Adam à Ève :

Ille ubi convictum claro se lumine vidit,
Prodidit et totum discussio justa reatum,
Non prece summissa veniam pro crimine poscit,
Non votis lacrymisve rogat, nec vindice fletu
Præcurrit meritam supplex confessio pœnam;
Jamque miser factus, nondum miserabilis ille est.
Erigitur sensu, tumidisque accensa querelis
Fertur in insanas laxata superbia voces :
Heu male perdendo mulier conjuncta marito !
Quam sociam misero prima sub lege dedisti,
Hæc me consiliis vicit devicta sinistris,

[1] *Paradise lost*, liv. 4, v. 358-392.

NOTES. 357

Et sibi jam notum persuasit sumere pomum,
Ista mali caput est, crimen surrexit ab ista.
Credulus ipse fui, sed credere tu docuisti,
Connubium donans, et dulcia vincula nectens.
Atque utinam felix, quæ quondam sola vigebat
Cælebs vita foret, talis nec conjugis unquam
Fœdera sensisset, comiti non subdita pravæ [1].

MILTON :

Out of my sight, thou serpent! that name best
Befits thee with him leagu'd, thyself as false
And hateful; nothing wants, but that thy shape,
Like his, and colour serpentine, may show
Thy inward fraud, to warn all creatures from thee
Henceforth; lest that too heav'nly form, pretended
To hellish falsehood, snare them! But for thee
I had persisted happy; had not thy pride
And wand'ring vanity, when least was safe,
Rejected my forewarning, and disdain'd
Not to be trusted; longing to be seen
Though by the Dev'l himself; him overweening
To over-reach; but, with the serpent meeting,
Fool'd and beguil'd; by him thou, I by thee,
To trust thee from my side, imagin'd wise,
Constant, mature, proof against all assaults;
And understood not all was but a show
Rather than solid virtue, all but a rib
Crooked by nature, bent, as now appears,
More to the part sinister, from me drawn,
Well if thrown out, as supernumerary
To my just number found. O why did God,
Creator wise, that peopled highest heav'n
With spirits masculine, create at last
This novelty on earth, this fair defect
Of nature, and not fill the world at once

[1] Saint Avite, liv. 3, v. 90-108.

With men, as angels, without feminine,
Or find some other way to generate
Mankind? This mischief had not then befall'n,
And more that shall befall; innumerable
Disturbances on earth through female snares,
And strait conjunction with this sex: for either
He never shall find out fit mate, but such
As some misfortune brings him, or mistake;
Or whom he wishes most shall seldom gain
Through her perverseness, but shall see her gain'd
By a far worse; or, if she love, withheld
By parents; or his happiest choice too late
Shall meet, already link'd and wedlock bound
To a fell adversary, his hate or shame;
Which infinite calamity shall cause
To human life, and household peace confound[1].

Dans cette description du Paradis, de l'orgueil et de la vengeance de Satan, des reproches d'Adam à Ève, saint Avite nous paraît sinon supérieur, au moins égal à Milton. La description que fait du Paradis saint Avite, un peu diffuse peut-être, est aussi plus riche, et je dirai presque plus locale; celle de Milton ressemble à toutes les peintures faciles d'un printemps éternel, d'un Élysée profane; les images et les souvenirs de la fable y abondent; on y retrouve Pan, les Grâces, les Heures; toute la mythologie ancienne y figure. Saint Avite a peint la vengeance et les regrets de Satan avec une vigueur de pensées, une fierté pleine d'audace, à laquelle Milton n'a point atteint. Dans le discours qu'il prête à Satan, Milton trahit trop l'ancien républicain, et les souvenirs du politique, *yet public reason just;* les reproches d'Adam à Ève, reproches adroitement détournés dans saint Avite, et adressés à

---

[1] *Paradise lost*, liv. 10, v. 867-908.

Dieu, nous semblent tout à la fois, dans le poète latin, plus touchans et plus vrais ; dans la tristesse d'Adam il y a encore de la tendresse : mais Milton manque tout ensemble de mesure et de naturel ; la recherche de l'esprit s'y mêle à la dureté du cœur ; il a tout l'emportement d'une querelle domestique, et l'amertume d'une vieille colère.

Prétendons-nous dire que le poème d'Avitus peut être, comme œuvre de génie, comparé à celui de Milton ? Non, sans doute ; nous voulions seulement montrer, dans son germe fécond, mais incomplet, la grande pensée du poème latin, et l'inspiration vigoureuse qu'au sixième siècle la foi communiquait encore à l'esprit ; inspiration qui, plus haute et plus soutenue dans Milton sous beaucoup de rapports, a cependant été altérée par les souvenirs d'une érudition souvent subtile, et par les habitudes singulières d'un siècle où le savoir, la religion et la politique se confondaient.

CHAPITRE VI.

Page 74 : *Là, sous l'inspiration de Charlemagne*, etc.

Voici un échantillon[1] de cet enseignement de l'école du palais ; c'est une conversation intitulée : *Disputatio* entre Alcuin et Pepin, second fils de Charlemagne.

---

[1] Cité par M. Guizot, tom. 2.

Interlocuteurs : PEPIN, ALCUIN.

Pepin. Qu'est-ce que l'écriture ?
Alcuin. La gardienne de l'histoire.
P. Qu'est-ce que la parole ?
A. L'interprète de l'âme.
P. Qu'est-ce qui donne naissance à la parole ?
A. La langue.
P. Qu'est-ce que la langue ?
A. Le fouet de l'air.
P. Qu'est-ce que l'air ?
A. Le conservateur de la vie.
P. Qu'est-ce que la vie ?
A. Une jouissance pour les heureux, une douleur pour les misérables, l'attente de la mort.
P. Qu'est-ce que la mort ?
A. Un événement inévitable, un voyage incertain, un sujet de pleurs pour les vivans, la confirmation des testamens, le larron des hommes.
P. Qu'est-ce que l'homme ?
A. L'esclave de la mort, un voyageur passager, un hôte dans sa demeure.
P. Comment l'homme est-il placé ?
A. Entre six parois.
P. Lesquelles ?
A. Le dessous, le dessus, le devant, le derrière, la droite, la gauche.
P. Qu'est-ce que le sommeil ?
A. L'image de la mort.
P. Qu'est-ce que la liberté de l'homme ?
A. L'innocence.
P. Qu'est-ce que la tête ?
A. Le faîte du corps.
P. Qu'est-ce que le corps ?
A. La demeure de l'âme.

P. Qu'est-ce que le ciel ?
A. Une sphère mobile, une voûte immense.

P. Qu'est-ce que la lumière?

A. Le flambeau de toutes choses.

P. Qu'est-ce que le jour?

A. Une provocation au travail.

P. Qu'est-ce que le soleil?

A. La splendeur de l'univers, la beauté du firmament, les grâces de la nature, la gloire du jour, le distributeur des heures.

P. Qu'est-ce que la terre?

A. La mère de tout ce qui croît, la nourrice de tout ce qui existe, le grenier de la vie, le gouffre qui dévore tout.

P. Qu'est-ce que la mer?

A. Le chemin des audacieux, la frontière de la terre, l'hôtellerie des fleuves, la source des pluies.

P. Qu'est-ce que l'hiver?

A. L'exil de l'été.

P. Qu'est-ce que le printemps?

A. Le peintre de la terre.

P. Qu'est-ce que l'été?

A. La puissance qui vêtit la terre et mûrit les fruits.

P. Qu'est-ce que l'automne?

A. Le grenier de l'année.

P. Qu'est-ce que l'année?

A. Le quadrige du monde.

P. Maître, je crains d'aller sur mer.

A. Qu'est-ce qui te conduit sur mer?

P. La curiosité.

A. Si tu as peur, je te suivrai partout où tu iras.

P. Si je savais ce que c'est qu'un vaisseau, je t'en préparerais un, afin que tu vinsses avec moi.

A. Un vaisseau est une maison errante, une auberge partout, un voyageur qui ne laisse pas de traces.

P. Qu'est-ce que l'herbe?

A. Le vêtement de la terre.

P. Qu'est-ce que les légumes?

A. Les amis des médecins, la gloire des cuisiniers.

P. Qu'est-ce qui rend douces les choses amères ?

A. La faim.

P. De quoi les hommes ne se lassent-ils point ?

A. Du gain.

P. Quel est le sommeil de ceux qui sont éveillés ?

A. L'espérance.

P. Qu'est-ce que l'espérance ?

A. Le rafraîchissement du travail, un événement douteux.

P. Qu'est-ce que l'amitié ?

A. La similitude des âmes.

P. Qu'est-ce que la foi ?

A. La certitude des choses ignorées et merveilleuses.

P. Qu'est-ce qui est merveilleux ?

A. J'ai vu dernièrement un homme debout, un mort marchant, et qui n'a jamais été.

P. Comment cela a-t-il pu être ? Explique-le-moi.

A. C'est une image dans l'eau.

P. Pourquoi n'ai-je pas compris cela moi-même, ayant vu tant de fois une chose semblable ?

A. Comme tu es un jeune homme de bon caractère et doué d'esprit naturel, je te proposerai plusieurs autres choses extraordinaires ; essaie, si tu peux, de les découvrir toi-même.

P. Je le ferai ; mais si je me trompe, redresse-moi.

A. Je le ferai comme tu le désires. Quelqu'un qui m'est inconnu a conversé avec moi sans langue et sans voix ; il n'était pas auparavant, et ne sera point après, et je ne l'ai ni entendu ni connu.

P. Un rêve peut-être t'agitait, maître ?

A. Précisément, mon fils. Écoute encore ceci : j'ai vu les morts engendrer le vivant, et les morts ont été consumés par le souffle du vivant.

P. Le feu est né du frottement des branches, et il a consumé les branches.

A. Qu'est-ce qui est et n'est pas en même temps ?

P. Le néant.

A. Comment peut-il être et ne pas être ?

P. Il est de nom et n'est pas de fait.

A. Qu'est-ce qu'un messager muet ?

P. Celui que je tiens à la main.

A. Que tiens-tu à la main?
P. Ma lettre.
A. Lis donc heureusement, mon fils.

Ce morceau bizarre, mais curieux comme témoignage intellectuel, où tout est confus, où la physique, la morale, l'anatomie, l'histoire naturelle, toutes les questions se mêlent et se pressent avec la vivacité de l'enfance et le désordre du moyen âge, où l'on met une sentence morale à la place d'une définition scientifique, ce morceau néanmoins est singulièrement remarquable. Il offre à côté de questions quelquefois puériles et de réponses peu concluantes, une grande délicatesse de sentiment, une finesse ingénieuse, une précision piquante de pensées et de style : les définitions qu'Alcuin donne de l'amitié, de l'espérance, de la foi, de la mort, de la vie, de l'homme, offrent surtout ce mérite de justesse, de concision et de vraie philosophie.

CHAPITRE VII.

Page 81 : *Elle triomphe à la bataille de Fontenay*, etc.

M. Saint-Marc Girardin a peint avec cette vivacité d'expression, avec la nouveauté d'aperçus qui caractérise son talent, cette lutte de la féodalité et de l'Eglise. Nous citerons d'après l'analyse qu'en a donnée *le Temps*, seul moyen que nous ayons de la reproduire, cette leçon que le public attend avec les autres leçons qui composent le cours de l'*Histoire de l'Allemagne*, professé à la faculté par ce jeune et brillant écrivain.

« Nous avons vu la société féodale éclore au sein de la société carlovingienne, et la dévorer peu à peu, du vivant même de son fondateur. Lui mort, et au défaut de ses successeurs, trop faibles, ou circonvenus, le *parti ecclésiastique* se porte son héritier ou son continuateur : il défend l'empire, ouvrage fait par lui et pour lui, l'empire et l'Église, posés sur la même unité et vivant l'un de l'autre.

« Le parti féodal a triomphé d'abord à l'avénement de Louis le Débonnaire. Le parti ecclésiastique a succombé avec le jeune Bernard, son premier prétendant ; mais il ne fera pas de grâce au pénitent d'Attigny, à ce pieux empereur que la féodalité tient en tutelle ; il le rejette et lui prépare une guerre implacable. Il remue l'empire, il agite la famille impériale ; et quand le parti féodal monte sur le trône avec la nouvelle épouse de Louis le Débonnaire, avec Judith, sa jeune impératrice ; quand il obtient un second partage en faveur du nouveau-né Charles, et règne en effet, le parti ecclésiastique déchaîne les passions et les jalousies qu'il avait irritées, et les trois fils d'Hermengarde, Pepin, Louis et Lothaire, déposent leur père à Verberie et enferment Judith dans un couvent.

« Mais Wala, principal agent de cette révolution, ne réussit qu'un moment : la diète de Nimègue lui arracha sa victoire. Il fallut recommencer et pousser encore les fils contre le père. Ce fut une nouvelle défaite : Louis le Germanique déposa les armes, Pepin perdit l'Aquitaine ; et ce midi de la Gaule, où l'esprit romain était le plus fort, cette province la plus ecclésiastique de l'empire, est donné à Charles, le fils de Judith et l'héritier préféré du parti féodal.

« L'Église, c'est-à-dire l'ancien régime, la société carlovingienne, ne se tient pas pour battue. Elle aussi a son héritier préféré, son candidat chéri, Lothaire, qui jusque-là s'était placé à distance. Cependant une révolte générale éclate tout à coup ; Lothaire et ses deux frères tiennent la campagne, et le parti ecclésiastique n'a point encore paru : mais il n'en était pas moins l'âme cachée de cette vaste conspiration. Que faisait alors Wala ? Il était encore au fond de son monastère de Corbie ; mais les princes lui envoyaient de pressans messages, lui députaient une armée, plutôt qu'une ambassade ; la révolution semblait attendre son chef : il hésitait, on parla de l'enlever, et il se laissa enlever. N'était-ce point scène et jeu de comédie ? Le pape Grégoire IV l'avait devancé au camp des trois frères. Il ne fut pas besoin de combattre : le pape se présenta à l'armée de Louis le Débonnaire, à l'empereur dont il reçut un accueil froid et contraint, et il s'enferma avec lui dans sa tente. Que se passa-t-il ? on ne sait ; mais la nuit, l'empereur fut abandonné par les siens et la plaine de Rothfeld nommée le *Champ du Mensonge*, ou, comme on le dit alors, « la « main de Dieu se déclara, la main de Dieu qui change « les esprits, les grands et les petits. » Et le lendemain, quand on vit l'armée de Louis le Débonnaire rangée autour de ses fils, on inséra ces mots dans la proclamation officielle de la révolte : *Dextera Dei fecit virtutem...*

« Louis le Débonnaire, Judith et Charles sont au pouvoir du parti ecclésiastique ; la faction Wala l'emporte et donne l'empire à son candidat de prédilection, à Lothaire, qui se laisse faire violence. Le parti féodal semble abattu ; mais, par un brusque retour, par une de ces vicissitudes politiques étranges et pourtant assez ordinaires dans l'histoire, la victoire échappe aux vainqueurs et revient aux vaincus; l'Église a triomphé au profit de la féodalité : Lothaire, transfuge du parti ecclésiastique, passe dans le camp féodal. C'est que la société carlovingienne avait fait son temps et n'était plus possible ; c'est que Lothaire était l'esclave de la féodalité guerrière qui l'appuyait, en stipulant le prix de ses services.

« Les vaincus, devenus les maîtres, poursuivent donc le démembrement carlovingien. Cependant Lothaire, pour son propre compte, non pour celui de l'Église, eut une ambitieuse pensée d'unité, et voulut attirer à lui tout l'empire. Ses frères crurent avoir meilleur marché du Débonnaire, et le rétablirent empereur : un évêque lui avait ôté l'épée à Soissons, un évêque la lui rendit à Saint-Denis

« Il mourut laissant l'Aquitaine et l'Allemagne soulevées, le partage incertain, Louis le Germanique et Lothaire ennemis, Charles roi sans royaume, l'empire sans empereur, les États et les peuples se cherchant des chefs.

« Une dernière lutte était inévitable. Lothaire, dans son intérêt d'agrandissement, représentait encore l'ordre carlovingien et le parti ecclésiastique ; le parti féodal, déjà fortement assis en Allemagne avec Louis le Germanique, se groupait au-delà du Rhin à l'entour du fils de Judith, de Charles le Chauve, roi de fortune et d'aventure, comme fut depuis le Béarnais, n'ayant, dit Nithard, son historien et son compagnon d'armes, lui et les siens, que ce qu'ils avaient sur le corps.

« Dans la terrible et sanglante rencontre des trois frères à Fontenay, dans ce combat lent et recueilli d'abord, puis furieux à mort et à outrance, il faut voir deux sociétés qui, lasses de la lutte, veulent en finir, rassemblent leurs forces, et résolues de rester sur place, l'une ou l'autre, s'arrêtent d'un pas avant de courir la chance de l'extermination. En effet, la société carlovingienne ne se releva pas du champ de bataille. A Fontenay, le peuple, l'empire franc est tué ; une époque historique périt tout entière. A Fontenay, la féodalité, les peuples, la France, l'Italie et l'Allemagne naissent du même coup ; le vieux monde est foulé par le nouveau ; et pour cette journée semble fait le vers de Corneille :

> Un grand destin finit, un grand destin commence.

« Les contemporains le comprenaient ainsi. Hincmar avait dit que jamais bataille ne fut plus décisive que celle de Vincy : or, Vincy, c'était l'avénement des Francs-Austrasiens et de Charlemagne, et Fontenay fut le jour de leur déchéance et de leur mort. On le sentait bien ; quelque chose de grave et de solennel avait eu lieu de ce jour-là : on appela cette victoire un triste *jugement de Dieu;* on la célébra par une messe funéraire et un jeûne de trois jours.

« Le vaincu de Fontenay, Lothaire, traîne encore la résistance. Mais Charles et Louis le Germanique sont à la tête de deux peuples, qui, dans le *serment de Strasbourg*, formulent pour la première fois leurs deux langues ; qui, dans les tournois de Worms, joûtent sous leurs bannières et leurs couleurs nationales. Ces deux peuples réunis pour les conserver sont trop forts contre Lothaire empereur. Un concile le dépose à Aix-la-Chapelle, dans la capitale même de l'empire carlovingien, frappée du même décret. Charles le Chauve, en France, se lie étroitement à la féodalité en épousant la fille de l'un de ses plus puissans chefs ; là, comme ailleurs, la féodalité consent à la royauté et l'élève, à condition de lui prendre ses dépouilles comme elle a pris celles des *hommes libres.* Le dernier carlovingien, Lothaire lui-même, reconnaît que l'Europe lui appartient : en 843, le traité de Verdun, qui date de Fontenay, ouvre enfin l'ère de la féodalité. »

CHAPITRE X.

Page 120 : *Les sermons de saint Bernard ont-ils été prononcés*, etc.

Citons un passage de ces sermons originaux ou traduits de saint Bernard ; ce morceau ne doit être que de vingt-cinq ans postérieur à son auteur :

Ci commencent li sermons saint Bernars kil fait de l'Avent et des altres festes parmei l'an.

Nos faisons vi, chier freire, l'encommencement de l'Avent cuy nous est assiez reccœniez et connis al munde, si come sunt li nom des altres solempniteiz. Mais li raison del uom n'en est mies par aventure si conne. Car li châitif fils d'Adam n'en ont cure de veriteit, ni de celes choses ka lor salueteit appartiennent, auz quierent icil les choses defaillans et très pessuntes. A quel gent ferons nos semblans les homes de cette generation, ou à quel gent cwerons nos ecos cui nos veons estre si ahers et si enracineiz ens terriens solas et ens corporiens, kil departir ne s'en puyent. Certes semblant sunt à ceos qui plungiet sunt en aucune grant awe, et ki en peril sunt de noier.

CHAPITRE XI.

Page 128. *Les privilèges qui leur furent accordés.*

Votre voisin, le roi d'Aragon, veut, avec son université de Saragosse, faire une Étude générale [1], une Université de Paris. Il en demande les statuts; je lui conseille de demander aussi les régens et les écoliers. Mais que vous importe? me direz-vous; faites-moi connaître l'Université de Paris, je la ferai connaître au roi d'Aragon; je ne veux que cela; car il ne veut pas autre chose; car il veut seulement une université sur le modèle de celle de Paris : frère André, je vais le satisfaire ou vous satisfaire.

Il faut d'abord que son université soit en partie ecclésiastique, en ce que ses membres porteront nécessairement l'habit de clerc; et en partie laïque, en ce que ses membres ne seront plus nécessairement tenus à avoir la tonsure [2].

Il faut ensuite qu'il la divise en quatre facultés : celle de théologie, celle de décret ou droit canon, celle de médecine, celle des arts. Vous voudrez savoir pourquoi j'omets la faculté de droit civil, aujourd'hui une des principales branches de l'enseignement public; je vous répondrai que si le roi d'Aragon établissait à Saragosse cette faculté, son université ne serait plus comme celle de Paris.

---

[1] Les universités prenaient aussi le nom d'*Étude générale.* Historia Universitatis. Cap. juramento baccaliorum, *auctore Buleo.*

[2] BULEUS, *sub anno* 1341.

Il faut que la faculté des arts, seulement chargée d'enseigner la grammaire, la rhétorique et la philosophie, qui dans la hiérarchie des sciences est la dernière, soit la première; il faut que les autres facultés obéissent à son chef, qu'on appelle recteur; il faut qu'elles ne puissent l'élire; il faut qu'elle seule l'élise. Ce n'est pas très-raisonnable, mais c'est comme à Paris.

Il faut que cette faculté des arts soit divisée en nations, que les nations soient divisées en provinces, que les provinces soient divisées en royaumes. Ces divisions ne sont pas non plus très-bonnes, mais je ne vous les donne que pour les divisions de l'université de Paris.

Il faut aussi que l'autorité qui pourra faire arrêter les écoliers ne puisse les juger, et que l'autorité qui pourra les juger ne puisse les faire arrêter.

De plus, que tous les écoliers et tous les membres de l'université, n'importe qu'ils aient des différends ou entre eux ou avec des habitans de la ville, soient jugés d'après leurs priviléges.

De plus, que la collection de ces priviléges forme une législation particulière qui les exempte de la législation générale.

Pour que le roi d'Aragon ait à Saragosse une véritable université de Paris, il est encore indispensable que la sienne s'empare d'un vaste terrain qui portera le nom de Pré-aux-Clercs, où les écoliers se prétendront exclusivement maîtres, où ils insulteront, où ils maltraiteront ceux qui voudront contester leurs droits.

Les écoliers devront, en outre, se conduire dans les rues de la ville à peu près comme dans le Pré-aux-Clercs.

Le roi d'Aragon devra aussi trouver convenable que

son université censure les actes du gouvernement, les actions des grands de l'État, les opinions du pape, la doctrine du clergé séculier et régulier.

Il y aura encore plus de ressemblance si l'université de Saragosse porte le titre de fille aînée de rois ; si cette fille aînée est tracassière, capricieuse, et si, lorsqu'on voudra lui parler raison, elle ne manque pas de faire suspendre les prédications, de faire fermer les églises, afin que le peuple mutiné reflue vers les hôtels des magistrats ou le palais du roi.

Enfin, et comme dernière condition, cette université sera tout à la fois si puissante que, dans certains temps, le pape, le roi, lui fassent humblement la cour ; si faible que, dans d'autres temps, un simple délégué du pape puisse la réformer jusque dans ses institutions fondamentales ; si pauvre, qu'elle n'ait pas en propre la plus petite église pour ses offices, le plus petit édifice pour ses réunions, en sorte qu'elle soit obligée de tenir ses assemblées autour des bénitiers des grandes églises, et de déposer dans des couvens du voisinage ses coffres, ses arches et ses archives.

(A. Monteil, *Hist. des Franç.*, tom. 1, p. 232.)

CHAPITRE XVI.

Pag. 189. *Elle est remplacée en France par le roman.*

Voici un exemple de ce passage de la langue latine à la langue romane :

De so fai ben femna parer
Ma dompna, per qu'ieu lo retrai
Que so c'om vol non vol voler
E so c'om li deveda fai [1].

De cela fait bien femme paraître
Ma dame, c'est pourquoi je le retrace,
Vu que ce qu'on veut ne veut vouloir
Et ce qu'on lui défend fait.

L'on voit, dans la comparaison de ce passage roman avec la traduction littérale, 1° la ressemblance de construction de *de so* avec *de cela* ; *perqu'* avec *c'est pourquoi* ; *ieu lo retrai* avec *je le retrace* ; *om vol* avec *on veut* ; *e so c'om li deveda* avec *ce qu'on lui défend*. 2° Outre les mots latins *de*, *per*, *non*, la ressemblance des mots *ben* et *bene*, *femna* et *femina*, *parer* et *apparere*, *dompna* et *domina*, *retrai* et *retracto*; *so* et *ipso*, *om* et *omnes*, *vol* et *volunt*, *vol* et *volt*, *li* et *illi*, *deveda* et *devetant*, *fai* et *facit*.

CHAPITRE XXI.

Pag. 250. *Villehardoin annonce bien encore en commençant*, etc.

Sachiés que 1198 après l'incarnation notre Sengnor J.-C. al tems Innocent III, apostoille de Rome, et Filippé-Auguste, roi de France, et Richart, roi d'Engleterre, ot un saint homme en France qui ot nom Folque

---

[1] BERNARD DE VENTADOUR, cité par M. Raynouard, page 130 de sa *Grammaire*.

de Nuilli ; cil Nuillis siest entre Lagny sur Marne et Paris ; et il ere prestre, et tenoit la parroiche de la ville : et cil Folques dont je vous di, comença à parler de Dieu par France et par les autres terres entor; et notre sires fist maints miracles por luy. Sachiès que la renomée de cil saint home alla tant, qu'elle vint à l'apostoille de Rome Innocent, et l'apostoille envoya en France et manda al prodome que il empreschast des croix par s'autorité : et après y envoya un suen chardonal maistre Perron des Champes croisié; et manda par lui le pardon tel come. vous dirai. Tuit cil qui se croisseroient et feroient le service deu un an en l'ost, seroient quittes de toz les péchiés que ils avoient faits, dont ils seroient confessés. Por ce que cil pardons fu issi grand, si s'en esmeurent mult li cuers des genz, et mult s'en croisièrent.

(VILLEHARDOUIN, Édit. de M. Petitot.)

CHAPITRE XXII.

Pag. 260. *De l'espérance que conserva le latin.*

Cette lutte entre la langue latine, la langue romane et la langue italienne, est pour ainsi dire attestée dans une pièce de Dante, sous le titre de *Schezzo in tre lingue :* nous citerons cette pièce, curieux témoignage de l'indécision qui alors régnait dans les idiomes, qui tous conservaient le cachet d'une même origine :

Facies his omnibus una,
Sed diversa tamen, qualis decet esse sororum.

Ahi faulx ris per qe trai haves
Oculos meos? Et quid tibi feci,
Che fatto m'hai cosi spietata fraude?
Jam audivissent verba mea Græci:
Sai omn autres dames, et vous saves,
Che ingannator non è digno di laude:
Tu sai ben, come gaude
Miserum ejus lor, qui præstolatur:
Eu vai sperant, et par de mi non cure:
Ahi deu qantes malure,
Atque fortuna minosa datur
A colui che aspettando il tempo perde
Nè giammai tocca di fioretto verde.
Conqueror, cor suave, de te primo,
Che per un matto guardamento d'occhi
Vos non dovris aver perdu la loi :
Ma e' mi piace ch' al dar degli stocchi,
Semper insurgunt, contra me de limo;
Don eu soi mort, e per la fed quem troi
Fort mi desplax; ahi pover moi,
Ch' io son punito, ed aggio colpe nulla.
Nec dicit ipsa malum est de isto;
Unde querelam sisto;
Ella sa ben che, sé 'l mio cor si crulla;
A plaser d'autre, qe de le amor le set
Il faulx cor grans pen en porteret.

Ben avrà questa donna il cuor di ghiaccio,
Et tan daspres, qe per ma fed e sors,
Nisi pietatem habuerit servo,
Ben sai l'amors (seu ie non hai socors)
Chè per lei dolorosa morte faccio;
Neque plus vitam sperando conservo.
Veh omni meo nervo,
Sella non fai qe per son sen verai
Io vegna a riveder sua faccia allegra:
Ahi Dio, quanto è integra!
Mas eu men dopt, si grand dolor en hai:

Amorem versus me non tantum curat,
Quantum spes in me de ipsa durat.

Canson, vos pogues ir per tot le mond;
Namque locutus sum in lingua trina,
Ut gravis mea spina
Si saccia per lo mondo, ogn' uomo il senta :
Forse pietà n' avrà chi mi tormenta.

(*Poesie varie*, Canzone xi.)

CHAPITRE XXV.

Pag. 306. *Le grec moderne remonterait même plus haut.*

Avant d'avoir des ouvrages écrits en leur langue actuelle, les Grecs en eurent où leur langue ancienne avait subi des modifications remarquables, par lesquelles elle tendait déjà aux formes plus simples, et à l'allure moins hardie, mais plus aisée, de l'idiome moderne. Les ouvrages destinés à l'instruction religieuse du peuple, les hymnes sacrés, les homélies, les vies des saints et des martyrs furent, en grande partie, de ce nombre. On y peut comprendre aussi des écrits profanes composés pour l'amusement des oisifs, et surtout ces romans érotiques du Bas-Empire, dont plusieurs sont venus jusqu'à nous, et parmi lesquels le respectable et docte Coray a particulièrement désigné ceux d'Héliodore, de Xénophon d'Éphèse et de Chariton, comme entremêlés déjà de locutions propres au grec moderne. Il y a lieu de présumer que celui-ci existait dès-lors comme un dialecte à part, détaché du grec ancien.

L'habitude d'entremêler les dialectes, peu importe que ce fût à dessein et par mauvais goût, ou par pure ignorance, était un grand pas vers la tentative d'écrire séparément, et par conséquent de polir et de fixer celui du peuple. Ce n'est toutefois que vers la fin du onzième siècle que l'on trouve des documens et des témoignages qui attestent qu'alors, au moins, on avait commencé à faire usage du grec vulgaire dans des ouvrages en prose, probablement destinés à l'instruction du peuple. On cite une chronique universelle de Simon Sethos, écrite en grec vulgaire, de 1079 à 1080.

Vers la même époque, une autre innovation se faisait ou s'était faite dans la littérature grecque. L'ancien système de versification, sans cesser d'être connu et même suivi de ceux qui prétendaient au titre de lettrés, avait été abandonné dans l'usage vulgaire. A l'hexamètre on avait substitué ce que l'on appelait le vers *politique*, vers fondé sur un principe tout autre et beaucoup plus simple. On a des preuves certaines que, dès la fin du onzième siècle et dans le cours du douzième siècle, les vers *politiques* étaient employés dans presque tous les ouvrages de poésie, dans ceux même écrits en grec ancien. C'est donc un fait généralement constaté que, dès l'an 1100, au plus tard, deux des principales conditions indispensables pour qu'une poésie nouvelle, plus ou moins populaire, pût naître et se développer dans la Grèce, se trouvaient remplies : l'idiome vulgaire était fixé et assoupli par un commencement de culture, et un mètre approprié à l'oreille du peuple était déjà en vogue.

Les deux plus anciennes compositions en cet idiome et dans ce mètre, qui me soient connues, sont toutes deux de Théodore Prodromos, plus connu par le surnom de Phtochoprodomos, moine de Constantinople, qui vivait dans la première moitié du douzième siècle : l'une est une espèce de satire contre le supérieur de son monastère; l'autre est une épître adressée à l'empereur Manuel de Comnène (vers 1150), dans laquelle il se lamente platement du peu de fruit qui lui revient d'être savant, et d'avoir consumé sa jeunesse dans les études. Il n'y a point d'apparence que ces vers vulgaires fussent les premiers que l'on eût écrits à Constantinople ; il est infiniment plus probable que Prodromos ne fit, en les composant, que suivre des exemples déjà donnés.

(M. Fauriel, *Chants populaires de la Grèce*, disc. préliminaire, p. XII et XIII.)

MÊME CHAPITRE.

Pag. 307. *Qui, réfugié avec la liberté dans la cabane du Klephte*, etc.

Rien de plus frais, de plus fier, de plus poétique que le chant du Klephte mourant : « Le soleil disparaissait, et Dimos donnait ses derniers ordres : Vous, mes enfans, allez chercher de l'eau pour votre repas du soir ; toi, mon neveu, assieds-toi là près de moi, prends mes armes, et sois capitaine ; et vous, mes enfans, prenez mon sabre délaissé, coupez de verts feuillages, jonchez-en la terre pour que je repose. Amenez-moi le père spirituel, afin qu'il me confesse et que je lui dise tous les péchés que j'ai faits. Je fus trente ans Armatole et vingt ans Klephte : maintenant, la mort est venue, et je veux mourir. Faites mon tombeau ; faites-le-moi large et haut, pour que j'y puisse combattre debout : laissez à droite une fenêtre pour que les hirondelles viennent m'annoncer le printemps, et les rossignols me chanter le beau mois de mai. »   (*Chants populaires.*)

CHAPITRE XXVI.

Pag. 319. *Et Rienzi lui-même, pour réveiller la Rome des Papes*, etc.

Son emploi l'appelait au Capitole; il y fit exposer un grand tableau du côté de la place où se tenait le marché. On y voyait, dit l'historien de Rome, anonyme et contemporain, une grande mer fortement courroucée ; au milieu un vaisseau, sans timon et sans voiles, semblait sur le point de couler à fond. Une femme, à genoux sur le tillac, était vêtue de noir, et portait la ceinture de tristesse ; sa robe était déchirée sur la poitrine; ses cheveux étaient épars ; ses mains croisées dans l'attitude de prier, comme pour obtenir d'échapper au péril. Au-dessus on voyait écrit : « C'est ici Rome. » Autour de ce vaisseau on en voyait quatre autres qui déjà avaient fait naufrage ; leurs voiles étaient tombées ; sur chacun on voyait le cadavre d'une femme avec ces noms : Babylone, Carthage, Troie et Jérusalem ; et au-dessus : « C'est l'injustice qui les mit en danger et qui les fit périr. » Lorsque le peuple, attroupé autour de ce tableau, l'eut considéré quelque temps, Colas s'avança au milieu de tous ; et avec une éloquence vigoureuse, il tonna contre les forfaits des nobles qui entraînaient leur patrie dans l'abîme. Quelques jours après, il fit placer dans le chœur de Saint-Jean-de-Latran une table d'airain avec une belle inscription latine qu'il avait découverte. Il invita les savans et le peuple à venir la déchiffrer; et lorsque l'assemblée fut formée, il s'avança pour faire lecture de cette inscription. C'était un sénatus-consulte par lequel le sénat conférait à Vespasien les pouvoirs divers des empereurs de Rome; acte d'asservissement dans lequel les formes de la liberté étaient encore conservées. Colas, après en avoir achevé l'explication, se retourna vers le peuple assemblé : « Vous voyez, seigneurs, dit-il, quelle était l'antique majesté du peuple de Rome ; c'est lui qui conférait aux empereurs, comme à ses vicaires, leurs droits et leur autorité ; ceux-ci recevaient l'être et la puissance de la libre volonté de vos ancêtres : et vous, vous avez consenti que les yeux de Rome lui fussent arrachés ; que le pape et l'empereur abandonnassent vos murs, et ne dépendissent plus de vous. Dès-lors la paix a été bannie de cette enceinte ; le sang de vos nobles et de vos citoyens a été versé inutilement dans des querelles privées ; vos forces se sont épuisées dans la discorde ; et la ville autrefois reine des nations, en est devenue la risée. Romains, je vous en conjure, songez que vous allez être le spectacle de l'univers ; le jubilé approche, les chrétiens des extrémités de la terre viendront visiter votre ville ; voulez-vous qu'ils n'y trouvent que faiblesse et que ruine, qu'oppression et que forfaits ?

(Gibbon, l. 12, édition de M. Guizot.)

CHAPITRE XXVIII.

Pag. 332. *De ces dix siècles taxés d'ignorance et de barbarie datent*, etc.

Dès les premières années du moyen âge, on voit s'élever des *hôpitaux*, des *asiles* pour les *enfans trouvés* et les *vieillards*, des *maisons de retraite* pour les pauvres, établissemens qui, sous l'influence du christianisme, devinrent bientôt communs à tous les peuples civilisés. Quelques coutumes des barbares, adoptées par les vaincus, ajoutent au luxe et aux jouissances de la vie. Tel est l'usage des *pelleteries* et des *fourrures*, que les Romains ignoraient. Les anciens montaient à cheval sans étriers et sans selle ; cet usage date du cinquième siècle. On n'avait employé, jusqu'au huitième siècle, que le parchemin, le papyrus et les tablettes enduites de cire, pour y insérer ses pensées. Un nommé Amra, de la Mecque, imagine, vers l'année 706 de notre ère, de piler le carton pour en faire du *papier*. Le *papier de chiffons* est inventé vers 1250. L'érudit Montfaucon a vainement essayé de remonter à la véritable origine de cette invention si précieuse. Pendant le cours du dixième siècle, au sein de la barbarie la plus profonde, des moines oisifs inventent les *horloges*. Auparavant on se servait de clepsydres, de sabliers et de gnomons. Vers le onzième siècle, les bénédictins élèvent les premiers *moulins à vent* dans leurs domaines. Un bourgeois de Middlebourg invente les *lunettes*, et fournit à Copernic et à Newton les instrumens de leurs conquêtes. L'invention de la *boussole*, ou plutôt la découverte de la polarité de l'aimant, se perd dans les ténèbres du onzième siècle. Les Arabes, cent ans plus tard, nous donnent l'*alun*, le *sel ammoniac* et l'*eau forte*, substance dont l'emploi a créé tant de nouvelles industries. Les Juifs établissent en Orient de vastes fabriques de teinture. L'industrie enrichit Venise, les villes libres des Pays-Bas, et prépare la grandeur de Florence. Linné prétend que la plupart des végétaux qui servent à notre nourriture, ont été apportés par les Goths en Europe, et cultivés par les moines : il cite le *houblon*, les *épinards*, l'*artichaut*, parmi ces nouveaux alimens. Les *signaux* employés dans la tactique navale datent de l'empire grec ; l'*éclairage* et le *pavage* des rues remontent à la même origine. Les premières cheminées furent construites à Venise, ou, selon Villani, à Florence. Au treizième siècle, la *poudre à canon*, dont les Indiens connaissaient le secret, fut communiquée aux Arabes par ces derniers, et aux Européens par les Arabes vers le commencement du quatorzième siècle. L'*imprimerie* et la *gravure*, qui ont une commune origine, et dont la découverte fut préparée de longue main par l'habitude de graver sur bois des légendes et des images, appartiennent à la même époque. L'invention de la *peinture à l'huile*, faussement attribuée à Van-Dyck, remonte un siècle plus loin ; un tableau de Jean de Mutina, peint à l'huile sur bois, porte la date de 1280. L'art de fabriquer des *miroirs de verre* en interceptant les rayons solaires au moyen d'une couche de vif-argent, n'était point connu avant le quatorzième siècle. A la même époque on commença à soumettre le commerce à un code spécial ; les *lettres de change* furent inventées. Barcelone eut son *code maritime*, qui servit de modèle à toutes les lois commerciales portées dans la suite sur le même sujet. Le *tricot* et la *dentelle* furent inventés en Italie. Si nous voulions descendre jusqu'aux plus vulgaires détails, nous ne craindrions pas de citer plusieurs usages domestiques, regardés aujourd'hui comme indispensables, et qui furent mis en vogue par les Italiens du moyen âge : tel est l'usage des *fourchettes* et celui du *tournebroche*. Je ne parle pas des résultats si nombreux de la grande découverte de Colomb ; la *cochenille*, la *canne à sucre*, une multitude de substances utiles et nouvelles sont dues à la même cause, qui se rapporte elle-même à l'invention de la boussole.

(Ph. Chasles, *Revue de Paris*.)

FIN DES NOTES.

TABLE

DES MATIÈRES.

	Pages.
CHAPITRE Ier. — Plan de l'ouvrage.	1
CHAP. II. — Origines du moyen âge.	12
CHAP. III. — Les Gaules. — Leur état intellectuel avant et sous la domination romaine.	21
CHAP. IV. — Les Francs dans les Gaules. — Époque transitoire. — Sidoine Apollinaire. — Grégoire de Tours.	40
CHAP. V. — Poésie. — Fortunat. — Saint Avite. — Légendes. — Éloquence religieuse. — Pouvoir du clergé.	51
CHAP. VI. — Charlemagne. — Alcuin. — Éginhard.	64
CHAP. VII. — Successeurs de Charlemagne. — Décadence et progrès.	78
CHAP. VIII. — Irlande. — Écoles italienne et normande. — Bède. — Anselme. — Lanfranc.	89
CHAP. IX. — Abailard. — Pope. — J.-J. Rousseau.	99
CHAP. X. — Saint Bernard. — Suger.	115
CHAP. XI. — Universités du moyen âge. — Leur mission politique.	126
CHAP. XII. — Scolastique. — Ses différens caractères.	136
CHAP. XIII. — Essais d'indépendance religieuse.	147
CHAP. XIV. — Des lettres et des sciences aux douzième et treizième siècles.	161
CHAP. XV. — Arabes. — Leur influence sur l'Europe.	174

Chap. XVI. — Naissance des idiomes modernes. — Roman vulgaire. 180

Chap. XVII. — Langue théotisque ou tudesque. — Elle se sépare du roman. 194

Chap. XVIII. — Développement de la langue et de la poésie wallonnes. — Littérature savante. 207

Chap. XIX. — Littérature provençale. — Causes historiques de sa décadence. 216

Chap. XX. — Romans. 231

Chap. XXI. — Chroniques. 244

Chap. XXII. — Italie. — Formation de la langue vulgaire. — Conjectures. 253

Chap. XXIII. — Dante et Pétrarque. 264

Chap. XXIV. — Esquisse de la langue espagnole et de la littérature anglaise. 276

Chap. XXV. — Littérature du Bas-Empire. 287

Chap. XXVI. — Les Grecs en Italie. — Renaissance de l'antiquité. — Son influence. 308

Chap. XXVII. — De la littérature savante et de la littérature romane au moyen âge. 322

Chap. XXVIII. — Progrès du moyen âge. 330

Notes. 341

FIN DE LA TABLE.

www.ingramcontent.com/pod-product-compliance
Lightning Source LLC
Chambersburg PA
CBHW060614170426
43201CB00009B/1015